인공지능 시대의 광고윤리

Advertising Ethics Of Artificial Intelligence Era

유승철 · 상윤모 · 엄남현 · 양승광 공저

학지사비즈

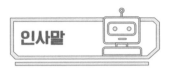

디지털에 이어 올해 초 등장한 챗GPT는 인공지능 시대를 본격적으로 열었습니다. 크리에이티브가 무엇보다 중요한 광고산업에 신기술이 가져올 변화가 무엇인지 늘 고민해 왔던 광고인들은 또다시 인공지능이란 파도에 기민하게 대처할 수밖에 없게 되었습니다. 광고산업은 트렌드에 가장 민감하게 반응하고 변화에 빠르게 대응하면서 기회를 놓치지 않기 위해 혁신과 도전을 거듭하며 성장해 왔기 때문입니다.

인공지능 기술이 일상 곳곳에 자연스럽게 활용되는 시대에 살게 되면서, 늘 머릿속 한편에 한 가지 고민이 있었습니다. 바로 1984년에 광고단체연합회(현 광고총연합회의 전신)에서 제정한 '광고윤리강령' 7개항입니다. 40년이 지난 현재, 광고 미디어 산업이 기술의 발전과 더불어 급변하고 있지만, 그동안 광고가 지녀야 할 원칙이나 가치에 시대상을 충분히 담지 못하고 있다는 생각 때문입니다. 기술의 발전으로 더 빠르게 광고가 제작되고, 데이터를 통해 개인화된 맞춤형 광고로 효율성을 극대화한 성과형 광고가 각광받고 있지만, 광고 윤리 이슈에 대해서는 소홀하지 않았나 하는 반성을 하게 됩니다.

기술이 소비자와의 접점을 다양하게 만들어 주는 만큼 앞으로 윤리 문제는 크고 작은 생각거리를 만들어 낼 것입니다. 더구나 요즘 같이 가짜 뉴스가 사회 문제가 되고 있는 상황에서 광고 역시 사회적 책임을 다해야 할 때라고 생각합니다.

이 책은 광고산업의 변화와 앞으로 직면하게 될 윤리적 쟁점들에 대한 대응 방안을 엮은 만큼, 인공지능 시대의 올바른 광고윤리 발전에 대해 생각할 수 있는 기회가 될 것입니다. 더불어 이를 토대로 2024년에 '광고윤리강령'을 새롭게 개정하는 계기가 되기를 기대합니다.

한국광고총연합회 회장 김낙회

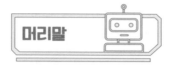

정말 위험한 변화는 '컴퓨터가 인간처럼 생각하는 것'이 아니라
'인간이 컴퓨터처럼 생각하는 것'이다.

———

The real danger is not that computers will begin to think like men,

but that men will begin to think like computers.

– Sydney J. Harris.

우리는 지금 인공지능의 시대에 살고 있다. 챗GPT로 대표되는 생성형 인공지능과 일상 대화가 가능한 인공지능 로봇이 이제 낯설지 않아졌다. 이 시대는 기술의 급속한 발전으로 많은 가능성을 열어 놓고 있지만, 동시에 그 기술을 올바르게 사용하기 위한 윤리적인 고민을 요구한다. 특히 광고 산업에서는 이러한 고민이 절실하게 필요하다. 광고는 사회의 거울이자, 사람들의 인식과 행동 그리고 가치관에 영향을 주는 중요한 매개체이기 때문이다. 또 경제적·문화적 영향력이 배가되고 있기 때문이다.

저자는 지난 20여 년 동안 광고와 미디어 산업의 여러 변화와 도전을 지켜보았다. 그중에서도 최근 몇 년 동안 가장 주목받는 키워드가 바로 '인공지능'이다. 인공지능은 단순히 기술의 발전만을 의미하는 것이 아니라 사회적·문화적·경제적 차원에서의 근본적인 변화를 상징하며, 이 변화는 광고산업에도 깊은 영향을 미침을 명심해야 한다. 우리는 인공지능이 개입한 광고가 얼마나 많이 나타났는지, 그 광고가 어떻게 사람들의 인식과 행동을 변화시키는지를 일상에서 목도하고 있다. 그런데 이러한 변화와 기술의 발전 속에서 광고의 근본적 가치와 윤리는 어떠해야 하는지에 대한 고민은 충분히 이루어지지 않고 있다. 미국의 저널리스트 시드니 해리스(Sydney J. Harris)가 이야기한 것처럼 우리 시대에 정말 위험한 변화는 '컴퓨터가 인간처럼 생각하는 것'이 아니라 '인간이 컴퓨터처럼 생각하는 것'이다. 윤리적 판단과 철학 없이 마케팅 효과에만 매달리는 광고가 가져올 해악은 상당할 것이다. 인간은 '컴퓨터(인공지능)의 어깨 위'에서 조망하고 생각하며 또 판단해야 한다.

이 책은 그런 고민의 시작점이 되고자 한다. 인공지능과 광고윤리가 어떻게 교차하는지, 이 교차점에서 우리가 어떤 질문과 고민을 가져야 하는지를 다룬다. 이 책의 목적은 학술적 논의만을 위한 것이 아니다. 오히려 이 책을 통해 광고와 관련된 실무자들이 인공지능 시대에서의 우리 광고산업이 직면한 윤리적 고민과 대응 방안에 대한 영감을 얻을 수 있기를 바란다. 광고는 사회와 문화의 거울이자, 사람들의 생각과 행동에 영향을 주는 중요한 도구이다. 따라서 광고산업은 우리 산업이 지니는 역할과 책임을 잊지 말아야 할 것이다. 기술이 발전하고 사회가 변화하는 가운데, 우리는 광고윤리의 새로운 지평을 열어 나가야 한다. 이 책은 그 작은 시작이 되고자 한다.

저자들은 미디어, 광고, 법 등 각자의 전문 분야에서 깊은 연구와 경험을 바탕으로 광고윤리의 다양한 주제를 다루고 있다. 이 책에서는 광고의 표현과 저작권, 광고에서의 젠더 감수성과 혐오 표현 그리고 광고윤리의 새로운 도전 등 다양한 주제를 다룬다.

제1장에서는 '인공지능 시대, 광고윤리의 가치와 필요성'을 다룬다. 인공지능의 발전 속에서 광고윤리의 진정한 가치와 그 필요성에 대해 탐색한다. 제2장에서는 '광고윤리와 광고법의 특징'에 집중해 광고법과 광고윤리 사이의 교차점과 그 특징을 세밀하게 분석한다. 제3장에서는 '광고 표현과 저작권'을 중심으로 광고의 창작성과 저작권의 균형 및 윤리적 문제점을 탐구한다. 제4장에서는 '상업적 표현으로서 광고 표현의 자유와 한계'를 통해 광고의 표현 자유와 그것의 한계에 대한 심층적인 논의를 진행한다. 제5장에서는 '광고 자율심의 관련 이슈와 도전: 기사형 광고'를 중심으로 기사형 광고의 윤리적 도전과 자율심의의 중요성을 다룬다. 제6장에서는 '광고에서의 젠더 감수성과 광고윤리'를 다룬다. 광고 내 젠더 표현과 그에 따른 윤리적 문제점을 세밀하게 살펴본다. 제7장에서는 '광고에서의 혐오 표현과 광고윤리'를 다루며, 광고의 혐오 표현이 가져오는 윤리적 문제점과 그 해결 방안을 제시한다. 제8장에서는 '인공지능 시대 광고윤리의 새로운 도전: 다크 마케팅과 브랜드 안전'을 주제로, 인공지능과 광고윤리 사이의 새로운 도전과 기회를 탐색한다. 제9장에서는 모든 저자가 한국광고총연합회 정현영 팀장의 사회로 진행한 토론회를 '생성형 인공지능 시대에 필요한 광고윤리를 위한 특별토론'이라는 제목으로 구성하였다. 이 토론회에서는 현실적이고 실행할 수 있는 광고윤리강령 제정에 대한 제안과 의견이 교환되었다.

광고, 마케팅 분야에서 윤리와 관련된 책은 찾기가 힘들다. 또 관련한 학술 논문조차 손에 꼽을 정도로 광고윤리는 비인기 분야이다. 이런 척박한 환경에서 이 책의 출판을 지원하고, 그 과정에서 끊임없는 격려와 조언을 주신 학지사 대표 김진환 사장님께 진심으로 감사의 마음을 전한다. 학지사의 전문성과 헌신적인 태도 없이는 이 책이 세상에 나오기 어려웠을 것이다. 이 책의 출판 과정을 이끌어 주신 학지사의 최임배 부사장님, 김순호 이사님, 편집을 담당하신 차형근 선생님께 특별히 감사드린다. 광고 현장에서의 실질적인 도전과 윤리적 고민에 대한 소중한 자료와 인사이트를 제공해 주신 한국광고총연합회 김낙회 회장님께도 깊은 감사를 드린다. 한국광고총연합회의 지원 덕분에 이 책은 학문적인 논의를 넘어 광고 마케팅 실무 현장에서의 실질적인 유용성을 지니게 되었다. 저자 토론회를 종합해 마지막 제9장을 집필해 주신 한국광고총연합회 정현영 팀장님께 특별히 감사를 전한다.

마지막으로, 이 책의 가치를 끌어올리는 데 이바지한 저자 여러분께 진심으로 감사드린다. 각자의 전문 분야에서의 깊은 연구와 학술/실무 경험을 바탕으로 이 책에 귀중한 내용을 제공해 주셨다. 이 책은 그 노력과 헌신 덕분에 광고와 인공지능의 교차점에서의 윤리적 고민을 탐구하는 데 중요한 기초 자료가 될 것이다. 이 책이 광고의 윤리적 고민에 대한 새로운 지평을 제시하는 데 도움을 줄 수 있기를 바란다.

이화여자대학교 이화-포스코관에서

유승철 교수

차례

09
생성형 인공지능 시대에 필요한
광고윤리를 위한 특별토론 · 339

01

인공지능 시대,
광고윤리의 가치와 필요성

유승철(이화여자대학교 커뮤니케이션·미디어학부 교수)

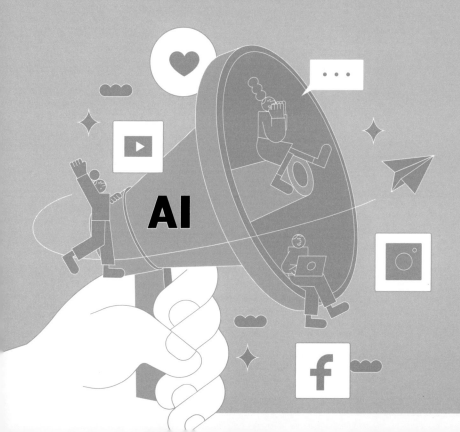

// 들어가는 글

　현대 소비자는 24시간 정보의 홍수에 휩싸여 있으며 정보 가운데 압도적인 양을 차지하는 것이 바로 상업적 정보를 대표하는 '광고(advertising)'다. 스마트폰의 작은 화면부터 도시 거리의 초대형 디지털 사이니지(digital signage), 소셜 미디어 피드에서 스트리밍 OTT 플랫폼에 이르기까지 일상의 모든 접점에서 우리는 광고를 만나고 있다. 또 광고의 양뿐 아니라 광고의 형태 역시 콘텐츠와 구분하기 힘든, 기사형 광고가 디지털 포맷으로 진화한 네이티브 광고(native advertising)로 대표되는 '하이브리드(hybrid) 신유형 광고'로 진화하고 있다(유승철, 2016). 이러한 광고의 양적·질적 성장 속에서 '광고의 윤리적 성찰'에 대한 필요성이 중요해지고 있다.

　광고윤리(advertising ethics)의 본질은 '소비자의 존엄성과 권리를 존중하고 보호'하는 것이다. 이를 위해서는 제품 또는 서비스에 대한 상업적 메시지에 '정직성, 공정성 및 투명성'이 필요하다(Zinkhan, 1994). 광고가 소비자와 사회에 주는 광고의 잠재적 영향을 고려하면 마케터는 광고를 제작하고 전파하는 데 책임 있는 결정을 내려야 한다. 최근 우리는 인공지능(artificial intelligence: AI), 더 나아가 생성형 인공지능(Generative AI)으로 대표되는 첨단 기술과 광고의 융합을 목도하고 있다. AI는 애드테크(Ad-Tech)의 핵심으로 광고의 새로운 시대를 선도하면서 브랜드와 소비자 간의 보다 개인화되고 매력적이며 또 효율적인 커뮤니케이션을 가능하게 한다(Ford et al., 2023). 그러나 광고산업에 AI를 도입하는 것은 지금까지 직면하지 못했던 윤리적 문제를 수반한다는 점에 주목해야 한다. 개인정보 및 소비자 데이터 보호, 투명성 및 설명 가능성에 관련한 문제, 공정성 및 차별 금지, 디지털 조작과 광고사기를 포함한 광범위한 문제들이 바로 그 예다. AI 기술은 광고를 더 나은 방향으로 변화시킬 수 있는 막대한 잠재력을 가지고 있지만, 관련 윤리적 문제를 해결하지 않고 이러한 기술을 무비판적으로 수용할 때 업계와 소비자에게 가져올 부정적 파장은 매우 심각하다.

광고는 시장경제와 소비자 행동뿐만 아니라 문화 콘텐츠로서 사회 전반에도 막대한 영향을 미친다(Rossiter & Percy, 1987). 그래서 마케터는 광고 실무에 있어서 윤리적 원칙을 최우선에 두어야 한다. 이를 통해 브랜드-소비자와의 신뢰를 구축하고 더 건강한 사회 환경을 조성하며 광고산업의 지속가능한 성장에도 이바지할 수 있다. 앞서 언급한 맥락에서 급속한 기술 발전의 여파로 광고와 관련된 윤리적 지침을 재평가하는 것이 필수적이다. 이러한 재평가 작업을 통해 광고 효과를 높일 목적으로 AI를 활용할 뿐 아니라 AI를 활용한 광고가 높은 수준의 윤리적 기준에 부합하도록 해야 한다. 이 장에서는 현대 사회, 특히 'AI 기반 애드테크'라는 맥락에서 광고윤리가 지니는 가치와 변화의 방향성을 제시하려고 한다.

// 인공지능 기반 애드테크: 광고의 패러다임 전환

AI의 출현은 더 높은 정밀도, 개인화 및 효율성으로 특징지어지는 광고의 새로운 시대를 열었다. 방대한 양의 빅 데이터를 놀라운 속도와 정확도로 처리할 수 있는 AI의 잠재력은 광고주가 잠재고객에게 도달하고 참여를 유도할 수 있는 전례 없는 기회를 열게 된 것이다. AI 기반 미디어 기술은 여러 면에서 광고산업에 혁명을 일으키고 있다.

첫째, 광고에서 더 높은 수준의 개인화를 가능하게 한다. AI 알고리즘은 개별 소비자 행동, 선호도 및 습관을 분석하여 소비자의 공감을 불러일으킬 확률이 더 높은 개인화된 광고를 효과적으로 제공할 수 있다. 이 타깃 최적화(target optimized)된 광고 접근 방식은 광고 캠페인의 효과를 높이는 동시에 소비자의 경험의 질을 높인다.

둘째, AI 기술은 광고의 창작 과정을 효율화시키고 있다. 광고 콘텐츠 생성에서 광고 디자인 최적화에 이르기까지 AI는 광고 크리에이티브에 매우 유용한 도구임이 속속 입증되고 있다. 반복적인 광고 제작 작업 전반을 자동화하고, 창의적 아이디어를 위한 여유 시간을 확보하며, 광고기획과 제작 및 유통 과정에서 데이터 기반 접근 방식을 가능하게 한다.

셋째, AI는 광고가 배포되고 소비되는 방식에 혁명을 일으키고 있다. AI로 구동되는 프로그래매틱 광고(programmatic advertising)는 광고 매체 구매(buying) 프로세스를 자동화하여 광고 집행을 보다 효율적이고 정확하게 만든다. 이를 통해 광고주는 적절한 시간과 장소 및 상황(time place occasion: TPO)에 적합하게 타깃 고객에게 도달할 수 있으며 광고 투자 수익을 높일 수 있다.

넷째, AI는 광고성과에 대한 통찰을 제공한다. AI는 고급 분석을 통해 광고 캠페인의 효과를 실시간으로 측정하여 향후 캠페인을 최적화할 수 있는 광고효과 인사이트를 제공할 수 있다. 이런 효용은 유연한 의사결정이 광고성과에서 상당한 차이를 만들 수 있는 오늘날의 급변하는 마케팅 환경에서 더욱 중요하다.

[그림 1-1] 생성형 인공지능을 활용한 가상현실 모델 성형외과 광고
*출처: https://www.instiz.net

// 인공지능 시대 광고윤리의 가치

광고의 시대가 저물었다고 혹평하는 사람도 늘고 있고 또 광고에 대한 회의주의도 그 어느 때보다 크다. "나는 광고의 영향을 안 받지만 다른 사람은 걱정된다."라고 말하는 사람도 많다. 바로 미디어학에서 이런 현상을 '제3자 효과(third-person effect)'라고 부른다 (Davison, 1983). 하지만 광고의 영향을 부정하는 소비자도 종국에는 어느 시점에서 광고된 제품을 구매하게 된다. 미디어의 전면적 디지털화에 따라 광고와 정보의 구분이 불분명해지고 온라인 뉴스에서 기사와 광고의 구분은 날로 모호해지고 있다. 한편으로는 광고의 정보적인 품질을 높이기 위해 기사에 못지않은 정보력과 표현력을 지닌 광고도 늘고 있다. 아이러니하게도 '광고의 영향력'은 그 어느 때보다 막강해지고 있는 것이다. 글로벌 플랫폼 기업의 핵심 수익원은 단연 '광고'다. "구글이야말로 99%의 수익을 광고에 의존하는

테크놀로지 회사다."라고 강조한 전 구글의 회장 에릭 슈미트(Eric Schmidt)의 토로[1]는 다른 플랫폼에도 유사하게 적용된다.

광고의 형태가 바뀌었을 뿐 우리 주변을 둘러싸고 있는 광고의 총량은 '우상향'하고 있다. 실제로 2019년 신문산업 매출은 지면 구독 수익 50.2%, 지면 광고 수익 35.1%, 디지털 광고 수익 10.5%, 디지털 구독 수익 4.2%로 구성되었다고 한다(PwC, 2019). 협찬 행사(sponsor event) 등 간접적 형태의 광고까지 포함한다면 신문사 재정의 약 절반 이상에 육박하는 재원이 바로 광고에서 나온다. 특히 국내 언론사는 신문사 경영을 광고 수익에 절대적으로 의존하고 있다. 디지털 구독 모델 구축 등 유료화 및 독자들의 뉴스 이용 행태에 대한 과학적이고 체계적인 분석을 통한 맞춤 서비스 제공 등이 주목받고 있지만, 척박해진 미디어 시장 환경에서 이와 같은 혁신은 요원하다. 결국 온라인 신문을 필두로 한 미디어 서비스에서 높은 광고 의존도의 추세와 광고 총량의 증가는 상당 기간 지속할 것으로 전망할 수 있다. 바야흐로 오늘날 우리는 광고의 최전성기에 살고 있다. 그래서 광고윤리에 대한 진지한 고민이 더 필요하다.

광고는 '과학과 예술의 종합체'라고 불린다(Rossiter & Percy, 1987). 현대 광고 100여 년 역사에서 소비자 과학으로서의 딱딱한 광고와 문화적 표현으로서의 광고가 엎치락뒤치락하면서 현재에까지 이르고 있다. 요즘 광고산업을 보면 '과학으로서의 광고'가 왕좌를 차지한 듯하다. AI로 소비자 빅 데이터를 분석해 교묘하고 또 정

1) Sullivan, D. (2020). Schmidt: Google Still A Tech Company Despite The Billboards. Search Engine Watch. https://www.searchenginewatch.com/2006/06/12/schmidt-google-still-a-tech-company-despite-the-billboards/

밀하게 우리를 따라다니는 광고의 십자포화 속에서 소비자는 물건을 안 사고는 버티기 정말 힘들다. 온라인 포털과 뉴스 사이트를 가득 채운 폭력적이고 음란한 광고는 보는 사람의 클릭(click)을 갈구하고 있다. 다행히 최근에는 '비윤리적 광고'가 광고주의 브랜드 가치뿐 아니라 매체의 신뢰도까지도 떨어트린다는 지각이 커지고 있다. 해외 선진국들에서는 광고 표현이나 게재되는 맥락이 비윤리적인지를 판단해서 광고를 게재하려는 브랜드 세이프티(brand safety) 운동이 주목받고 있다(Loken & John, 2023). 광고업계도 이제는 노출량이나 클릭률과 같은 정량적 효과뿐 아니라 광고의 건전성과 윤리까지 챙기기 시작했다.

광고의 정의는 주체와 시기에 따라 상이하지만, 광고를 구성하는 기본 요소들은 공통적으로 내포되어 있다. 그것은 바로, 첫째, 광고주의 명시(identified sponsor), 둘째, 비대인적 제시 및 촉진(non-personal presentation), 셋째, 아이디어, 상품, 서비스 제시(goods, ideas, services), 넷째, 유료형식(paid form), 다섯째, 설득 및 영향을 미치기 위한 것(to persuade or influence)이다(Holm, 2023). 그렇다면, 과연 광고윤리란 무엇인가? 윤리(倫理, ethics)는 인간이 지켜야 할 도리, 즉 실제의 도덕이 되는 원리를 의미한다. 그렇다면 도덕(道德, morality)은 무엇인가? 도덕이란 사회의 구성원이 양심, 사회적 여론, 관습 따위에 비추어 마땅히 지켜야 할 행동 준칙이나 규범을 의미한다(정원규, 2002). 한편, 법(法)은 입법자에 의해 만들어진 타율적(他律的)이고 강제적(强制的)인 규범이고 정의, 합목적성, 법적 안정성을 추구한다(정원규, 2002). 법과 윤리의 차이점은 다음과 같다. 첫째, 법이 문자로서 입법화된 데 반해서 후자는 비문자 상태로 남아 있는 경우가 다수다. 둘째, 법이 강제성과 구속력을 갖고 권력을 발동하지만 윤리는 그렇지 못하다. 셋째, 법이 물리적으로 존재하지만 윤리는 심리적으로만 존재한다. 이러한 차이에도 불구하고 법과 윤리는 다 같이 사회적 규범으로서 그 구성원의 행동을 규제하는 사회적 장치라는 점에서 같은 기능을 한다(중앙일보, 1992). 예컨대, 2021년부터 우리 정부는 SNS에 뒷광고(광고주 명시 없는 콘텐츠형 광고)가 발생할 시 광고주와 인플루언서에 대해 '표시광고법' 위반에 따라 관련 매출액의 2% 이하 혹은 5억 원 이하의 과징금을 부과한다고 한다.[2] 이처럼 강한 법적 규제가 있기 전에 미디어/광고산업이 공유하는 '광고주 명시(identified sponsor)'에 대한 윤리적 규범이 존재한다. 앞에서 언급한 사회와 업계에 존재하는 윤리가 작동하지 않을 때 비로소 '법적 강제성'이 동원된다.

광고는 강력한 상업 커뮤니케이션 도구이며 AI 기술을 통해 그 영향력이 배가되고 있다. 구체적으로 소비자에게 제품과 서비스를 소개할 뿐만 아니라 사회적 규범과 개인행동에 지대한 영향을 미친다. 따라서 광고산업은 이런 권한을 책임감 있게 행사해야 한다. 광고윤리의 핵심 원칙은 AI와 광고가 융합하는 첨단 광고 환경에서도 크게 다르지 않다. 광고윤리는 광고가 만들어지고 전달되는 방식을 지배하는 도덕적 원칙 체계로 구성된다. 이런 도덕 체계에는 소비자 대상 상업적 커뮤니케이션에 있어서 진실하고 투명해야 하며, 소비자의 개인 정보를 보호하고, 공정성을 보장하며, 또 조작적이

---

2) 원선용(2020. 10. 30) SNS 뒷광고, 광고주 · 인플루언서 모두 처벌
   http://www.sisanews.kr/news/articleView.html?idxno=54894

거나 기만적인 것으로 간주될 수 있는 메시지에 대한 규율을 포함해야 한다.

광고에서 '시청자의 주의(audience attention)'는 바로 '금전적 가치'다. 격화된 미디어 시장환경 속에서 독자의 주의를 끌기 위해서라면 윤리와 비윤리의 경계선을 넘는 광고를 게재하고자 하는 달콤한 유혹을 이기기 쉽지 않다. 비윤리적 광고 때문에 소비자가 직접적 피해를 입는 일이 없는 상황이라도, 반복적인 비윤리적 광고 노출은 소비자에게 심리적 불편함을 초래할 수 있다. 실제로, 농림축산식품부가 실시한 '2019 가공식품 소비자 태도조사'에 따르면 국산 건강기능식품 구입 시 효능·효과에 대한 허위·과대 광고로 불편하다는 의견이 51.5%로 높게 나오기도 했다(농림축산식품부, 2020). 한편으로 2018년 9월 28일 의료광고 심의제도 강화 이후 지하철역 성형외과 광고에서 또 다른 변화가 시작되었다. 지하철 성형광고의 경우 의료광고 심의제도 강화 이후 과거에 비해 그 수가 줄어 가고 있다. 한편, 유튜브와 인스타그램을 중심으로 한 소셜 미디어 성형광고는 여전히 규제 사각지대에 놓여 있다. 무분별한 온라인 성형광고에 대한 소비자의 불쾌감, 불법/사기성 광고, 성 상품화 등 다양한 문제가 불거지고 있는 것이다. 서울시 환자권리 옴부즈만의 2019년 조사에 따르면 성형외과와 피부과 의료광고 10개 중 8개는 의료법 위반이 의심되는 광고이며 성형 의료광고의 약 절반(46.8%) 가까이는 진료비 할인 광고였다. [3]

---

3) 한의신문. (n.d.). 성형외과 SNS광고 80%는 의료법 위반−한의신문. 한의신문. https://www.akomnews.com/bbs/board.php?bo_table=news&wr_id=37656

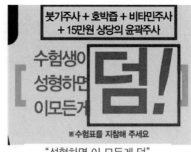

"94% ~~800,000원~~ → 49,000원"

"성형하면 이 모든게 덤"

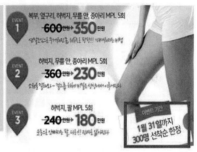

"부모님 동반 시 추가혜택"

"1월 31일까지 300명 선착순 한정"

[그림 1-2] 인스타그램을 활용한 불법 성형광고

*출처: https://www.akomnews.com/bbs/board.php?bo_table=news&wr_id=37656

그래서 광고윤리의 핵심 과제는 광고주 또는 매체의 이익이 아니라 '소비자의 권리와 복지(consumer rights and welfare)'를 최우선으로 생각하는 것이다. 광고는 상업 커뮤니케이션이 소비자를 오도하거나 물리적ㆍ심리적 해를 끼치지 않도록 해야 한다. 제품 또는 서비스의 허위 진술, 사기성 높거나 기만적인 광고 기술, 취약 계층에 대한 착취는 모두 광고에서 비윤리적 광고의 대표 사례다. 또한 윤리적 광고는 청중의 다양한 문화적ㆍ사회적ㆍ개인적 가치를 존중해야 한다. 고정 관념, 편견 및 차별적인 내용은 윤리적으로 문제가 클 뿐 아니라 사회 전반에 해악이 된다. 실례로 「의료법」제56조(의

[그림 1-3] 허위광고 사례
*출처: http://www.outdoornews.co.kr/news/articleView.html?idxno=21144

료광고금지)에서는 비급여 진료비에 대한 할인·면제 광고(이벤트성 가격할인 광고 등), 환자의 치료경험담을 통해 치료효과를 오인하게 하는 광고, 다른 의료인 및 의료기관과의 비교 광고 등을 금지하고 있다. 구체적으로, SNS를 통해 무료로 시술을 해 준다면서 체험단, 지원자 등을 모집하는 광고 등에 대한 법적 대응이 시급하다. 유튜브 등에서 많이 나타나고 있는 전문가 의견 형태의 콘텐츠와 유사한 동영상 광고(또는 비디오 네이티브 광고, video native advertising)에 대한 의료광고 기준을 명확히 해야 한다. 세부적으로, 성형 의료인 개인 의견이나 공인되지 않은 시술에 대한 효능 효과 등이 믿을 만한 정보로 시청자에게 노출되는 것을 금지해야 한다.

윤리적 광고의 중요성은 소비자 보호의 영역을 넘어 브랜드 명성

(brand reputation)에 대한 영향으로 확장된다. 기업의 광고 집행에 있어서 윤리적 지침을 준수하는 것이 종국에는 강력한 브랜드 평판을 구축하고 유지하는 데 필수적이다. 소비자가 기업의 윤리적 경영을 중시하는 현대 사회에서 비윤리적인 광고에 관여하는 기업은 브랜드 이미지를 손상하고 소비자 신뢰를 떨어트릴 위험이 크다. 글로벌 경영에서 화두가 된 환경 · 사회 · 지배구조(environmental, social and corporate governance: ESG)가 기업의 선택이 아닌 필수 조건이 되면서 광고윤리 역시 기업 커뮤니케이션의 토대 역할을 담당하게 된 것이다. 요약하면, 광고윤리는 광고 실무에서 정직, 공정성, 존중 및 책임을 지키겠다는 광고업계의 구체적인 약속을 의미한다. 이러한 원칙은 소비자의 보호와 권리보장뿐 아니라 기업의 장기적인 성공과 신뢰에도 결정적임을 명심해야 한다.

// 국내 및 해외 광고윤리강령과 광고윤리

AI 시대의 광고윤리 논하기에 앞서 일반적인 광고윤리 개념을 광고 실무 중심으로 이해하기 위해서는 광고 관계기관들이 선포한 '광고윤리강령(advertising code of ethics)'을 살펴보는 것이 유의미할 것이다. 국내 다양한 미디어 광고 관계기관이 광고윤리강령을 보유하고는 있으나 광고심의를 담당하는 전문기관을 제외하고는 대다수 기관이 광고윤리강령을 수정 · 보완하지 않고 있는 상황이다. 실제로 다수의 광고 관련 기관의 홈페이지에서 광고윤리강령을 찾기 어렵거나 있더라도 활용되지 않고 또 외부에 공개하지도 않고 있다.

국내 광고산업이 장기적 저성장과 경기불황을 겪어 가는 가운데 과당 경쟁 속 생존에 급급한 나머지 지난 30여 년 동안 광고의 윤리적 기준을 높이지 못해 왔다고 이해할 수 있다.

국내 광고윤리강령 가운데 대표적인 것은 '한국광고단체연합회(2012년 한국광고총연합회로 명칭 변경)'의 광고윤리강령이다. 대중의 복지, 사회의 규범과 양속, 광고의 진실성, 비방 금지, 표절 금지, 거래의 공정성을 강조하고 있다. 구체적인 활동기준은 ICC(국제상업회의소)의 광고윤리강령을 따른다는 점이 주목할 만하다. 최근 기업의 사회적 책임과 윤리경영의 중요성이 강조되면서 국내기관들도 관련 윤리강령을 수정 및 보완할 것으로 기대된다. 대표적인 국내 미디어/광고 관련 기관들의 광고윤리강령은 다음과 같다(조병량, 2012).

⟨표 1-1⟩ 국내 대표적인 광고윤리강령

국내 대표적인 광고윤리강령
• 한국광고단체연합회(현 한국광고총연합회) 광고윤리강령(1972. 7. 26, 7개 항목)
• 한국광고주협회 광고윤리강령(1989. 8. 22, 7개 항목)
• 한국광고업협회 광고윤리강령(1986. 10. 23, 7개 항목)
• 한국광고자율심의기구 광고윤리강령(1995. 2. 24, 5개 항목)
• 한국신문윤리위원회 신문광고윤리실천요강(1976. 10. 27, 18개 항목, 2022년 전면 개정)
• 한국방송광고공사 방송광고윤리강령(1992. 7, 9개 항목)
• 한국방송광고공사 방송광고윤리 실천기준(1992. 7, 5개 조)
• ICC 광고활동 국제기준(1937 제정, 1973 개정, 27개 조 / 2018년 개정)
• 대한화장품협회 화장품 표시-광고윤리강령(6개 항목)

해외의 많은 미디어 관련 기관이 광고윤리강령을 지니고 있지만, ICC(국제상업회의소, International Chamber of Commerce)의 규정(ICC

Advertising and Marketing Communications Code)에 기초하는 경우가 많다. 1920년에 시작된 ICC(국제상공회의소: 國際商工會議所)는 세계에서 가장 큰 규모의 기업 관련 국제기관으로 130개국의 수많은 기업이 회원사로 가입되어 있다. 국제통상활동의 활성화와 국제적 상사분쟁 해소에 이바지하고 있으며 자연스럽게 ICC가 제시한 '광고윤리강령'도 일종의 국제표준으로 국내외 국가들이 대폭 수용하고 있다.[4] ICC의 광고윤리강령은 비교적 최근(2018년 10차 개정, 10th code revision)에 개정되어 본 연구에 여러 가지 실용적 가치가 높다. 58페이지에 달하는 방대한 분량으로 본지를 통해 모두 제시할 수는 없지만, 총 26개의 대항목과 2018년 개정의 요지만 추려서 정리하면 다음과 같다.

〈표 1-2〉 ICC 광고윤리강령(2018 개정)에서 23개 대항목

ICC 광고윤리강령(2018 개정)에서 23개 대항목
1. 기본원칙(Basic Principles)
2. 사회적 책임(Social Responsibility)
3. 품위(Decency)
4. 정직(Honesty)
5. 진실(Truthfulness)
6. 지속가능성(Substantiation)
7. 광고 식별성 및 투명성(Identification and Transparency)
8. 광고주 명시성(Identity of the Marketer)
9. U정보 정확성(Use of Technical/Scientific Data and Terminology)
10. 무료 보장 어구 활용(Use of "Free" and "Guarantee")

---

4) 내용참고 https://iccwbo.org

11. 비교광고(Comparisons)

12. 명예훼손(Denigration)

13. 증언(Testimonial)

14. 저작권 침해(Portrayal or Imitation of Persons and References to Personal Property)

15. 타 기관 로고 사용(Exploitation of Goodwill)

16. 모방(Imitation)

17. 안전과 건강(Safety and Health)

18. 어린이 청소년의 인지와 행동(Children and Teens)

19. 데이터 보호(Data Protection and Privacy)

20. 커뮤니케이션 비용(Transparency on Cost of Communication)

21. 요청하지 않은 제품 광고(Unsolicited Products and Undisclosed Costs)

22. 환경 친화적 행동(Environmental Behaviour)

23. 제품 및 서비스에 대한 최소의 책임(Responsibility)

24. 강령의 위반(Effect of Subsequent Redress for Contravention)

25. 실행(Implementation)

26. 관계기관의 규제(Respect for Self-Regulatory Decisions)

ICC의 광고윤리강령은 광고와 관련된 전 분야를 포괄한다고 할 정도로 다양한 영역을 다루고 있다. 강령의 이름은 단순하지만, 각 조항에 관련된 내용은 매우 상세하게 다뤄지고 있음을 확인할 수 있다. ICC의 광고윤리강령이 광범위한 이유는 신문뿐 아니라 소셜 미디어 VR/AR을 포함한 첨단 신생 미디어 전체에 게재되는 모든 광고에 관한 윤리적 기준이기 때문이다. ICC 광고윤리강령에서 2018년도 주요 개정 사항을 보면 이를 쉽게 이해할 수 있다.

〈표 1-3〉 ICC 광고윤리강령에서 2018년도 주요 개정 사항

ICC 광고윤리강령에서 2018년도 주요 개정 사항
1. addressing in Chapter C direct marketing and digital marketing communications by combining previous Chapters C and D => 간명성 확보를 위한 두 챕터의 병합
2. clearer transparency and disclosure concerning commercial versus editorial and user-generated content => 기사와 UGC와 대비되도록 광고임을 밝혀야 함
3. clearer application to all mediums and platforms including social media, mobile, virtual and marketing communications using artificial intelligence => 새롭게 늘어 가고 있는 소셜 미디어, 모바일, 가상현실, 인공지능까지 포함됨

앞에서 검토한 ICC의 예제에서 알 수 있는 것처럼, 각 기관의 윤리강령 제정 시점과 현재 디지털 중심의 미디어 환경과는 크게 달라 AI 시대 미디어산업의 현상을 반영해 개정된 광고윤리강령이 필요하다. 정보 기술적인 면에서 미디어 환경은 변화가 크지만 '상품의 진실을 소통해 독자에게 효용을 준다'는 광고의 윤리적 기본 틀은 크게 다르지 않다. 광고의 윤리적 문제에 대한 위반사항도 시간은 많이 흘렀지만 비슷한 면이 크다. 세계 선도 국가들의 광고윤리강령의 특징을 비교하면 다음과 같다.

- 미국: 미국 광고 연맹(American Advertising Federation: AAF)의 광고윤리강령 AAF의 윤리강령은 진실성과 정직성을 강조한다. 소비자의 혼란이나 잘못된 정보로 이어질 수 있는 광고 제작을 억제하고 개인 정보 보호 권리를 포함한 소비자의 권리에 대한 존중을 장려한다.

- 유럽 연합: EASA(European Advertising Standards Alliance) 광고 윤리강령은 투명성, 미성년자 보호 및 개인 정보 존중에 특히 강력한 지침을 통해 책임 있는 광고를 강조한다. 필요한 경우 법으로 보완되는 자율 규제를 강력하게 장려하는 경향이 있다.
- 중국: 중화인민공화국 광고법(中华人民共和国广告法)[5] 중국의 접근 방식은 허위 광고 및 불공정 경쟁에 대한 엄격한 법률로 상대적으로 규제적이다. 이 법은 광고의 모든 측면을 규제하며 이를 준수하지 않을 경우 막대한 벌금이 부과되거나 영업 정지 가 발생할 수 있다.
- 일본: 일본 광고 심사 기구(Japan Advertising Review Organization, JARO) 가이드라인[6]은 소비자 중심적이며 공정성, 정직성 및 피 해 방지에 중점을 둔다. 그들은 기업의 자발적 규제를 강조하고 광고주가 소비자를 오도하거나 불이익을 주지 않는 책임 있는 광고를 위해 노력하도록 권장한다.
- 호주: AANA(Australian Association of National Advertisers) 윤리 강령 AANA 윤리강령은 다양한 광고 매체에 대한 구체적인 지 침을 통해 소비자에 대한 정직, 공정성 및 존중을 장려한다. 입 법으로 보완된 자율 규제 접근 방식에 근간을 두고 있다.

해외 광고윤리강령들이 유사하면서도 규제의 강도와 자율성 면 에서 차이점이 존재한다. 광고윤리강령이 주로 다루는 주제 요소들 을 미국의 광고윤리강령을 분석한 표로 제시하면 다음과 같다.

---

5) https://world.moleg.go.kr/
6) https://www.jaro.or.jp/

〈표 1-4〉 미국 광고윤리강령의 세부 요소 분석

광고윤리강령에 나타난 요소	빈도	누적 %
진실과 정확	26	100
입증과 요구	21	81
증언과 확인	16	62
일러스트레이션	16	62
비교광고	15	58
완전한 정보의 공개	14	54
가격표시	13	50
과대광고	13	50
품 위	12	46
신용판매	10	38
미성년자 대상	9	35
미끼광고	9	35
"무료" 단어의 사용	8	31
레이아웃	8	31
경품광고	8	31
신용	7	27
건강용품	7	27
매체수용	7	27
전문적 용어의 사용	6	23
사회적 집단의 비난	5	19
별표인용	5	19
공장, 제작자, 도매상인 등의 어휘 사용	5	19
위협소구	3	12
광고량	3	12
교역허용	3	12
생략	2	8
사업의 등록연도, 규모, 허가	2	8
공공이익을 위항 광고할애	1	4

* 출처: 광고의 윤리와 법과 규제(조병량, 2012).

한국 사회에서 광고윤리 관련 문제는 실제로 어떠할까? 광고윤리 문제에 관련된 체계적인 조사는 이뤄지지 않고 있지만 한국신문윤리위원회[7]의 광고윤리 관련 심의자료를 토대로 이를 가늠해 보면, 2020년 기준으로 문제가 가장 큰 신문광고윤리 이슈는 바로 '허위광고(242건)'와 '미풍양속저해광고(145건)' 그리고 '법규위반광고(73건)'였다. 빈도수가 많았던 '신뢰훼손광고(2017년 당시 190건)'가 크게 줄었다는 점에서 신문광고문화가 긍정적으로 개선되었다고 이해할 수 있지만, 모바일 기기 중심으로 온라인 광고가 증가하면서 허위광고 등은 여전히 큰 비중을 차지하고 있음을 확인할 수 있었다.

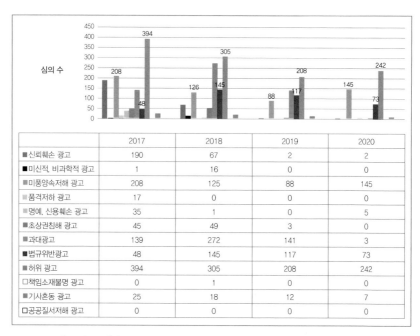

	2017	2018	2019	2020
■신뢰훼손 광고	190	67	2	2
■미신적, 비과학적 광고	1	16	0	0
■미풍양속저해 광고	208	125	88	145
▦품격저하 광고	17	0	0	0
▦명예, 신용훼손 광고	35	1	0	5
■초상권침해 광고	45	49	3	0
■과대광고	139	272	141	3
■법규위반광고	48	145	117	73
■허위 광고	394	305	208	242
□책임소재불명 광고	0	1	0	0
■기사혼동 광고	25	18	12	7
□공공질서저해 광고	0	0	0	0

[그림 1-4] 한국신문윤리위원회 조항별 심의현황(2017~2020년)

7) http://www.ikpec.or.kr/

// 인공지능 시대의 광고 그리고 윤리적 딜레마

앞서 광고윤리강령을 통해 국내외 광고윤리에 대한 일반적 범위와 내용을 알아보았다. AI 시대의 광고윤리가 기존의 광고윤리와 유사한 부분도 있겠지만 차별적인 부분 또는 특별히 주목해야 할 영역은 무엇이 있을까? AI 기반 미디어 기술은 광고산업에 놀라운 이점을 가져다주는 동시에 신중하게 고려해야 할 심오한 윤리적 문제를 제기하고 있다. 우선, 광고에 AI를 사용하려면 방대한 양의 개인 데이터를 수집하고 분석해야 하므로 잠재적인 개인 정보 보호 및 데이터 보안 문제가 발생할 수 있다. AI의 자동화된 의사결정 프로세스는 제3자가 알기 힘들므로 투명성과 책임성 관련한 문제가 거론된다. 또, AI 알고리즘은 의도치 않게 소비자의 편견과 고정관념을 영속화함으로써 사회/문화에 부정적 영향을 행사한다. 광고산업은 AI가 제공하는 기회를 수용하면서 동시에 AI가 도입하는 윤리적 딜레마와도 씨름해야 한다.

소비자 개인 정보 보호 및 동의

AI 기반 광고는 소비자 데이터의 수집 및 분석에 크게 의존한다. 이 데이터를 통해 보다 개인화된 광고를 제공할 수 있지만 심각한 개인 정보 보호 문제도 동시에 야기한다. 소위 리타깃팅(re-targeting)광고라고 불리는 개인정보 활용 온라인 광고는 특정 신문사 웹사이트를 독자가 떠난다고 하더라도 며칠에서 길게는 몇 주까지 따라다니면서 구매를 추동한다. 의도적으로 또는 실수로 소비자가 흘린 개인정보가 독자에게 장기간 성가심과 불쾌감을 줄 수 있음에 주의해야 한다. 개인 맞춤형 광고는 집행 이전에 개인의 허가(permission)를 얻어야 하는데 이런 부분이 무턱대고 생략되거나 허가를 주는 주체가 허가 제공 여부에 대해 제대로 인지하지 못할 정도로 허가과정이 지나치게 간소화된다는 점도 우려로 지적된다. "소비자는 수집되는 데이터의 범위를 알고 있는지?" "데이터 사용에 대해 정보에 입각한 동의를 했는지?" "소비자 데이터는 어떻게 저장되고 보호되는지를 공지했는지?" 등은 AI 기반 광고에서 개인 정보 보호 및 동의의 윤리적 원칙을 유지하기 위해 진단해야 하는 중요 질문들이다.

소비자 데이터 오용의 가장 악명 높은 예는 페이스북-케임브리지 애널리티카 정보 유출 사건(Facebook-Cambridge Analytica Data Breach)이다.[8] 2015년 정치 마케팅 컨설팅 회사인 케임브리지 애널리티카(Cambridge Analytica)는 유권자의 정교한 심리적 프로필을 구축하기 위해 명시적인 동의 없이 수천만 명(약 5천만 명으로 추정)의 페이스북(Facebook) 사용자의 개인 데이터를 사용했다. 이 프로필은 정치 광고 캠페인에서 유권자를 조작하는 데 사용되었다. 이 사건은 AI 시대에 개인 데이터의 잠재적 오용과 엄격한 데이터 보호 조치의 필요성에 대한 세계적인 인식을 불러일으켰다.

---

8) Davies, Harry (December 11, 2015). "Ted Cruz campaign using firm that harvested data on millions of unwitting Facebook users". 《the Guardian》

알고리즘 투명성 및 설명 가능성

　복수의 산재한 온라인 사이트를 광대역으로 묶은 광고 네트워크(애드네트워크 ad-network) 형성을 통해 자동화된 광고주 서비스가 늘고 있다. 이런 시스템의 고도화 및 광고비의 RTB(Real Time Bidding: 실시간 입찰 방식) 적용으로 광고주 관점에서는 디지털 캠페인 운영에서 효율성이 높아지고 있다. 광고주의 특정 요구에 따라 온라인 신문 인벤토리를 묶어 구성해 주는 미디어 애그리게이터(media aggregator)서비스가 고도화되는 중이다. 이런 글로벌 단위의 콘텐츠 네트워크는 향후 IOT 연관 기술의 발전을 통해 각기 다른 시스템이나 기기 연결도 가능해질 것이며 AI의 도움으로 급속히 발전할 것이다. AI 알고리즘은 의사 결정 과정이 불투명하고 해석하기 어려운 '블랙박스(black box)'로 작동하는 경우가 많다. 이러한 투명성 부족은 광고윤리적 측면에서 문제가 될 수 있다.

　애드네트워크(ad-network)가 고도화되면서 온라인에 게재될 광고 제작과 배포의 역할과 주체가 분리되고 있다는 점에 주목해야 한다. 이럴 때 특정 광고와 관련해서 윤리적 문제가 발생할 때 책임소재를 묻기가 어렵다는 문제를 담보한다. 실제 광고주는 최종 광고 노출 총량에 대해 요구만을 요청하는 경우가 대부분이다. 어떤 사이트에 어떻게 전달되는지를 묻기는 힘들고 그 집행도 사람이 아닌 AI가 담당한다.

　AI 알고리즘이 특정 개인에게 광고를 표시하거나 표시하지 않기로 하였을 때 해당 결정이 내려진 이유를 공개하는 것이 중요하다. 알고리즘 투명성 부족은 소비자들 사이에 광고주와 마케팅에 대한

불신과 회의론으로 이어질 수 있다. 관련한 예로, 온라인 대출 플랫
폼에서 사용하는 AI 알고리즘은 저소득층에게 대출 광고를 불균형
적으로 표시하여 재정적 취약성을 악용하는 것으로 나타났다. 질문
을 받았을 때 회사는 AI가 왜 그런 결정을 내렸는지 설명할 수 없었
고 AI 의사결정에서 '블랙박스' 문제를 강조했다. 이런 사례는 소비
자 신뢰를 유지하는 데 있어 알고리즘 투명성의 중요성을 일깨워 준
다. 국내에서도 2020년 거대 포털 사업자 네이버가 자사의 이익에
맞게 검색알고리즘을 '조작'한 이유로 공정거래위원회에 적발돼 270
억 원 상당의 과징금을 물게 됐다.[9] 플랫폼 사업자가 자사에 유리하
게 검색알고리즘을 조정 · 변경하는 방식으로 이른바 '자사 우대'를
한 행위라고 판단한 것이다.

광고의 공정성 및 차별 금지

AI 알고리즘은 기존에 구축된 데이터에서 학습한다. 학습한 데이
터에 편향(bias)이 포함되어 있으면 알고리즘은 이러한 편향을 영속
화하고 증폭시킬 수 있다. 광고의 맥락에서 이는 차별적인 광고 관
행으로 이어질 수 있다. 예를 들어, AI 알고리즘은 편향된 데이터를
기반으로 특정 인구 통계를 의도치 않게 타깃팅하거나 제외할 수 있
다. 인종 차별, 성별차별, 지역차별, 빈부차별 등 기존 사회의 문제
를 확대할 소지가 크다.

---

9) 네이버의 '검색알고리즘 조작'이 사실로 드러났다. 미디어오늘. (2020, October 6). http://
www.mediatoday.co.kr/news/articleView.html?idxno=209643

[그림 1-5] 성인물 비디오 게임에 대한 광고 예제(게임 '왕비의 맛' 광고 갈무리)
*출처: https://www.gametoc.co.kr/news/articleView.html?idxno=53789

실례로 소셜 미디어 플랫폼에서 여성 사용자보다 남성 사용자에게 고임금 구인 광고를 더 자주 게재하는 것으로 나타났다.[10] 구체적으로 한 실험에 따르면 구글(Google)은 '연봉 2억 원 이상($200,000+)' 임원직에 대한 경력 코칭 서비스 광고를 남성 그룹에는 1,852회, 여성 그룹에는 단 318회만 표시한 것으로 나타났다. AI 알고리즘은 기존 누적된 데이터를 사용하여 광고를 표시할 대상을 결정했으며, 의사 결정에서 의도치 않게 사회적 성별 편견을 확대 재생산 한 것이다. 이 사례는 편향을 영속화하는 AI 알고리즘의 위험과 그러한 편향을 감지하고 완화하는 메커니즘의 필요성을 보여 주고 있다.

---

10) Guardian News and Media. (2015, July 8). Women less likely to be shown ads for high-paid jobs on Google, study shows. The Guardian. https://www.theguardian.com/technology/2015/jul/08/women-less-likely-ads-high-paid-jobs-google-study

기만적 광고, 디지털 조작 및 사기

AI가 초개인화된 광고를 만들 수 있는 능력으로 인해 소비자 행동을 조작하고 기만할 위험이 있다. 광고는 개별 소비자의 선호도와 행동에 맞게 조정되어 잠재적으로 취약성을 악용하여 과소비로 이어지거나 소비자에게 최선의 이익이 아닐 수 있는 구매 결정을 만들어 낼 수 있다. 더 나아가 광고주가 불법적인 방법으로 소비자를 속이고 매출을 늘릴 수 있다는 점도 우려된다.

예를 들어, 몇몇 온라인 도박 사이트는 AI를 사용하여 잠재적인 도박 중독 문제가 있는 개인을 식별한 다음 개인화된 광고로 타깃팅하여 더 심한 도박 중독을 유도하기도 했다.[11] 이스라엘의 한 기업[12]이 주도한 본 프로젝트는 도박 중독자에 대한 식별을 위해서 도박 중독자들의 특징적인 행동 패턴을 분석하는데, 도박하는 주야간 시간, 도박 사이트에서 보내는 시간, '손실을 회복하기 위해' 게임을 얼마나 계속하는지 등의 행동 징후들을 종합해 최종적으로 타깃을 선정했다고 한다.

디지털 광고의 경우 사전 심의가 현실적으로 불가능하며 심의 주체 역시 불분명하다. 윤리적 문제를 발견하고 경고를 전하는 정도로는 시장에 압력을 행사하기는 힘들다. 이런 점에서 자극적이고 기만적인 광고 표현은 늘어 가고 있다. AI를 활용해 1초에도 수백 수천 건의 디지털 광고가 생성되는 요즘, 비윤리적 광고의 증가

---

11) Grossman, A. (2023, May 4). How AI is identifying problem gamblers. NoCamels. https://nocamels.com/2023/04/how-ai-is-identifying-problem-gamblers/
12) https://www.optimove.com/

세가 두드러진다. 표시·광고의 공정화에 관한 법률(법률 제15699호, 2018. 6. 12., 일부개정)이 존재하지만 워낙 집행되는 광고량이 많고 법적 분쟁으로 발전할 정도로 심각한 사안은 적은 편이라 '광고 주체와 매체사의 윤리적 판단'의 문제로 귀결되거나 경고장 전달 정도로 마무리된다.

[그림 1-6] 모바일 사기광고 사례

* 출처: https://www.youtube.com/watch?app=desktop&v=JEMKU5we7V8

한편, 정보를 전달하고 있는 동시에 광고와 메시지가 혼합되어 분리하기 어려운 형태의 광고가 증가하고 있다. 광고계에서는 이런 기사형 광고의 흐름을 광고의 네이티브화 또는 네이티브 광고(native advertising)라고 부른다. '태생의' '토박이'라는 뜻을 가진 네이티브(native)와 광고(advertising)의 합성어인 네이티브 광고는 마케팅 메시지를 콘텐츠(정보)의 형식으로, 마치 언론 매체의 기사나 방송 매체의 프로그램처럼 전달하는 디지털 형태의 광고를 의미한다. 광고의 역사적 배경과 연결해 보면 네이티브 광고는 애드버토리얼(advertorial: 신문, 잡지와 같은 인쇄 매체에 기사의 형태를 빌려 광고하는 광고 유형)과 인포머셜(informercial: 방송 매체를 활용한 콘텐츠형 광고)의 장점을 절묘하게 결합한 복합형 포맷(hybrid format) 광고라고 해석할 수 있다.

[그림 1-7] 해외의 네이티브 광고 예제

* 출처: https://theconversation.com/why-bad-ads-appear-on-good-websites-a-computer-scientist-explains-178268

이런 신유형 광고는 소비자에게 정보적 효용이 높다는 점에서 한편으로 장려할 만하지만, 신문기사와 유사한 이유로 소비자 기만적인 요소를 지니고 있다는 측면에서 주의가 필요하다. 광고 문해도(advertising literacy)가 부족한 어린이, 청소년, 노인이나 낮은 사회경제적 계층(low SES: Socioeconomic Status) 집단의 경우 광고가 아니라 기사로 인식하는 경향이 있다. 2021년부터 미국 월스트리트저널(WSJ)은 웹사이트의 '사실'과 '의견' 기사까지 분명하게 구분하려는 움직임을 보이는 등 언론의 신뢰성 확보를 위해 노력하고 있다.[13]

---

13) https://www.niemanlab.org [Nieman Lab]

종이신문에서는 보도와 사설이 섹션을 통해 비교적 명확하게 구분 되는 반면, 웹페이지에서는 이 둘의 구분이 불분명할 때가 많다. 이 렇게 사실과 의견의 구분까지 명확히 하는 흐름을 볼 때, 광고와 기 사의 구분은 당연히 언론 신뢰성에서 더 엄중한 문제라고 간주할 수 있다.

콘텐츠 저작권 관련 문제

AI 시대의 광고 영역에서 문제로 드러나는 이슈는 우선 영상 또는 이미지 콘텐츠의 저작권(copyright) 관련 문제다. 광고 메시지는 전 국적으로 방영될 수 있지만, 광고 콘텐츠의 표출에 대한 추적이 힘 들고 일회적으로 방영되는 경우도 많아 저작권을 침해당한 주체조 차 저작권 침해 사실을 모르는 경우도 많다. 특히 해외(일본 또는 중 국)의 소셜 미디어 사이트에서 국내 개인이나 모델의 이미지를 무단 으로 도용하는 사례가 빈번하다. 최근 인공지능을 활용한 딥페이크 (deep fake) 이미지/영상 콘텐츠는 초상권을 확인하기도 힘들어 그 문제가 더욱 심각하다.

앞에서 살펴본 광고윤리의 일반적인 영역에 더해서 AI 시대에 불 거지고 있는 광고의 윤리적 문제들을 해결하는 것은 AI 기술이 광고 에서 책임감 있게 사용되도록 하는 데 결정적이다. 이를 위해서는 강력한 데이터 거버넌스, 알고리즘 투명성, 편향 감지 및 완화, 소비 자 광고 리터러시 교육을 포괄하는 다면적 접근 방식이 필요하다.

// AI 시대 광고윤리: 규제 프레임워크

AI 시대의 광고에서 광고윤리를 검토하려면 기존의 디지털 광고 규제 프레임워크를 검토하는 것이 선행되어야 한다. 이러한 검토를 통해 수용할 수 있는 광고의 경계를 정의하고 소비자 권리를 보호할 수 있다.

가장 유명한 규제 프레임워크 중 하나는 데이터 보호에 대한 엄격한 표준을 설정하는 유럽 연합의 GDPR(General Data Protection Regulation)이다. 기업이 개인 데이터를 수집하기 전에 소비자로부터 명확한 동의를 얻도록 의무화하고 소비자에게 데이터에 액세스, 수정 및 삭제할 수 있는 권한을 부여하는 데 그 목적이 있다. EU에서는 국가 소속 국가와 유럽연합 집행위원회가 집행 책임을 공유한다. 국가 당국은 제재를 가할 권한이 있으며 유럽 집행위원회는 회원국이 지침을 올바르게 이행하고 있는지를 확인하게 된다. EU의 법적 프레임워크는 소비자를 강력하게 보호하지만, EU 내에서 다양한 국가 법률을 검토해야 하는 광고주의 업무 부담이 크다. GDPR의 주요 원칙은 다음과 같다.

- 개인 데이터는 합법적이고 공정하며 투명한 방식으로 처리되어야 한다.
- 데이터 최소화: 필요한 데이터만 수집해야 하며 필요한 기간 동안만 보관해야 한다.
- 동의: 조직은 개인 데이터를 처리하기 전에 개인으로부터 명시

적인 동의를 얻어야 한다.

미국에서는 연방거래위원회(Federal Trade Commission: FTC)가 온라인 광고 및 데이터 개인 정보 보호에 대한 가이드라인을 제공하고 있다. 이 가이드라인은 광고 주장을 뒷받침하는 투명성, 진실성 및 증거의 중요성을 강조하고 있다. FTC의 광고 관련 주요 규정은 다음과 같다.

- 광고주는 광고의 명시적 및 묵시적 주장을 뒷받침할 증거를 제공해야 한다.
- 광고는 불공정하거나 기만적이어서는 안 되며, 이는 제품이나 서비스를 허위 진술해서는 안 된다. 결국, 광고는 상당한 소비자 피해를 유발하거나 유발할 가능성이 없어야 한다.
- 광고주는 제품 또는 서비스에 대한 소비자의 이해나 사용에 영향을 미칠 수 있는 모든 관련 정보를 투명하게 공개해야 한다.

최근에는 개인정보가 국가안보와 연계되면서 광고 및 개인정보 관련 규제가 강화되고 있다. 2023년 미국에서는 사이버 안보를 위해 모든 정부 기관 직원이 30일 이내에 틱톡을 삭제하도록 지시가 내려졌다. 캐나다와 유럽연합(EU)에서도 일부 정치인이 국가 차원의 틱톡 사용 금지를 요구하면서 비슷한 조치가 내려졌다. 2023년 5월 틱톡 모기업 바이트댄스(ByteDance) 전 임원이 미국에서 틱톡이 중국 공산당의 선전 도구로 활용됐다고 폭로한 이후 실행된 조치다. FTC는 또한 「아동 온라인 개인 정보 보호법(Children's Online

Privacy Protection Rule: COPPA)」을 시행하고 있다. COPPA는 미국 연방법으로, 1998년에 처음 제정되어 만 13세 미만 미국 아동의 개인정보를 수집하거나, 미국 소재(US-based) 기업이 미국 외 아동의 개인정보를 수집하는 경우에 적용된다.

업계 표준 및 자율 규제 기관도 광고산업에서 윤리적 광고 관행을 진흥하는 데 중요한 역할을 한다. 예를 들어, IAB(Interactive Advertising Bureau)는 책임 있는 디지털 광고에 대한 구체적인 지침을 제공하고 투명성, 소비자 통제 및 책임 있는 데이터 수집을 권장한다. 또 다른 산업 단체인 TAG(Trustworthy Accountability Group)는 엄격한 사기 방지 표준을 준수하는 기업들을 인증함으로써 광고산업의 윤리적 광고 집행을 장려한다.

이러한 규정은 필수적인 소비자 보호 장치를 제공하지만, AI 기반 광고라는 맥락에서는 한계가 있다. 대부분 규정은 사후 대응적이며, 잠재적인 문제를 사전에 예측하기보다는 주로 문제가 발생한 이후 해결한다. 더욱이 이런 규정들은 첨단 기술 발전에 뒤처져 악용될 수 있는 문제를 남기고 있다. 또 다른 문제는 디지털 광고의 글로벌한 특성이다. 규제 프레임워크는 국가마다 다르므로 글로벌 기업이 규정 준수를 보장하기가 어렵다. 또한 빠르게 변화하고 진화하는 디지털 환경에서 규제를 시행하는 것은 쉽지 않다. 또한 앞서 언급한 규정들은 주로 데이터 개인 정보 보호에 중점을 두고 있으며 알고리즘 투명성, 공정성 및 디지털 조작과 같은 AI 기반 광고와 관련된 다른 윤리적 문제 전반을 다루지 않는다는 한계가 있다. 요약하면, 기존의 규제 프레임워크는 AI 시대의 광고에서 윤리적 실천을 위한 기반을 제공하지만 그 자체로는 충분하지 않다. 광고에서 AI가 제기하는 고유한 윤리적 문제를 해결하는 포괄적이고 사전 예방적이며 세계적으로 조정된 지침이 필요한 상황이다.

// AI 시대의 광고윤리 확립을 위한 방안

광고에서 AI를 책임감 있게 사용하려면 AI 기반 기술이 제기하는 고유한 문제를 해결하는 일련의 광고윤리 지침이 필요하다. 이러한 지침 수립에 있어서 기초가 될 수 있는 몇 가지 핵심 방안을 정리하면 다음과 같다.

소비자 데이터 프라이버시 존중

AI 기반 광고는 소비자의 프라이버시를 존중해야 한다. 여기에는 데이터 보호 규정을 준수하는 것뿐만 아니라 AI 시스템에서 개인 정보 보호 설계 접근 방식을 채택하는 것도 포함된다. 이는 소비자에게 자신의 데이터에 대한 통제권을 부여하고, 데이터 수집 및 사용에 대해 투명하며, 강력한 데이터 보안 조치를 구현하는 것을 의미한다.

투명성 및 설명 가능성 강화

광고에 사용되는 AI 시스템은 투명하고 설명 가능해야 한다. 광고주는 AI 알고리즘이 어떻게 결정을 내리는지 이해하고 설명할 수 있어야 한다. 이를 위해서는 투명한 AI 모델을 채택하고 AI 결정을 해석하는 도구와 기술을 개발해야 한다.

공정성 보장 및 차별 금지 강화

AI 기반 광고는 공정하고 비차별적이어야 한다. AI 알고리즘은 잠재적인 편향에 대해 지속적으로 테스트하고 모니터링해야 한다. 편향된 결정은 빠른 시간 내에 시정되어야 하며, 차별적인 광고를 방지하기 위한 신속한 조치를 취해야 한다.

책임 있는 개인화 광고

AI 기반 광고의 개인화는 책임감 있게 이루어져야 한다. 소비자 취약성을 악용하지 않고 소비자 경험을 향상시키는 것을 목표로 해야 한다. 여기에는 개인화에 대한 정도와 기준을 설정하고 그것이 소비자의 최선의 이익과 일치하는지 확인하는 작업이 포함된다.

광고에 대한 책임 강화

광고주(또는 광고 매체 플랫폼)는 AI 시스템의 윤리적 영향에 대해 책임을 져야 한다. 구체적으로 AI 시스템이 윤리적 지침을 준수하도록 할 책임을 져야 하며 윤리적 실수에 대해 책임도 역시 져야 한다. 알고리즘의 블랙박스적 특성을 이유로 책임을 회피해서는 안 된다.

이러한 AI 시대 광고윤리 가이드라인을 개발하는 것 외에도 광고업계 전반에서 가이드라인을 채택하는 것이 중요하다. 여기에는 광고산업에서 윤리적 AI에 대한 인식 제고, 광고 전문가 교육 제공, 윤리적 광고에 대한 감독 위원회 설립, AI 시스템 설계 및 배포에 윤리적 고려 사항 통합이 포함된다. 광고에서 AI에 대한 윤리적 지침을 개발하고 채택하는 것은 간단한 작업이 아니다. 이를 위해서는 기업, 규제 기관, 플랫폼, AI 개발자 및 소비자를 포함한 모든 이해 관계자의 공동 노력이 필요하다. 그러나 이런 노력은 AI 기술이 광고산업에 책임감 있게 사용되고 신뢰할 수 있으며 지속가능한 광고산업에 기여하도록 하는 데 필수적인 작업이다. AI 시대 광고에서 윤리적 지침을 구현하려면 다면적인 접근 방식이 필요하다. 구체적으로 광고산업에서 윤리적 기준을 높이기 위한 몇 가지 전략을 제안하면 다음과 같다.

광고 AI 시스템 설계에 윤리 통합

광고주는 광고를 위한 AI 시스템을 설계할 때 처음부터 윤리적 고려 사항을 통합해야 한다. 여기에는 개인 정보 보호 설계 원칙을 포함하고, 투명하고 설명 가능한 AI 모델을 개발하고, 공정성과 차별 금지를 위해 AI 시스템을 테스트하는 것을 포함해야 한다.

윤리적 AI 광고 리터러시 교육에 투자

소비자뿐 아니라 광고 전문가들 사이에서 윤리적 AI에 대한 인식과 이해를 구축하는 것이 중요하다. 여기에는 윤리적으로 활용할 수 있는 AI에 대한 정기적인 교육 세션 제공, 윤리적 인식 및 책임 문화 교육을 포함한다.

광고산업에서 윤리적 감독 메커니즘 구축

AI 광고를 모니터링하고 바른 방향으로 안내하기 위한 윤리적 감독 메커니즘을 구축해야 한다. 이를 위해서는 광고윤리적 검토 위원회를 구성하고, 정기적인 윤리 감사를 수행하며, 윤리적 문제에 대응하기 위한 강력한 절차를 구현하는 것을 포함한다.

이해 관계자와의 적극적 소통

광고주는 소비자, 규제 기관 및 업계 단체를 포함한 다양한 이해 관계자와 협력하여 AI 기반 광고의 윤리적 문제를 논의하고 해결해야 한다. 광고와 관련한 소비자 피드백을 요청하고, 광고산업에서 윤리적 AI에 대한 업계 포럼을 운영하며, 윤리적 지침을 준수하기 위해 공정거래위원회를 포함한 규제 기관과 긴밀한 협력을 포함해야 한다.

광고 집행에서 윤리적 AI 사용 가이드 개발

광고주는 윤리적 AI 사용에 대한 약속과 윤리적 원칙을 유지하기 위해 취할 조치를 설명하는 포괄적인 윤리적 AI 사용 가이드를 개발해야 한다. 이런 가이드라인은 조직 전체와 외부 이해 관계자에게 모두 전달되어야 하며, 광고 실무에서 윤리적 AI 활용에 대한 조직의 약속을 담고 있어야 한다.

앞서 언급한 전략을 구현하려면 광고주를 포함한 광고산업 이해 관계자들의 지속적 노력이 요구된다. 단순히 일회성 노력이 아니라 광고업계 조직 문화와 관행에 통합되어야 하는 지속적인 프로세스다. 이를 통해 광고주는 윤리적인 AI 기반 광고를 통해 소비자 신뢰를 높이고, 공정성과 투명성을 증진하며, 더욱 윤리적인 광고산업을 일궈 갈 수 있을 것이다.

// 마치는 글

AI 기술의 광범위한 사용으로 특징지어지는 '광고의 새로운 시대'의 대전환기에 서 있는 우리는 복잡한 윤리적 문제들과 씨름하고 있다. 데이터 개인 정보 보호 및 투명성에서 공정성 및 디지털 조작에 이르기까지 이러한 문제들은 우리가 비윤리적 광고에 대해 인지하고 대응하는 방식을 변화시키고 있다. 광고업계는 AI 기술이 광고의 창의성과 효과를 높이는 동시에 소비자의 권리를 존중하고 공정성과 투명성을 증진하는 세상을 지향해야 한다.

광고는 광고주뿐 아니라 '소비자' 없이는 존재할 수 없다. 소비자를 '걸어 다니는 지갑(walking wallet)'으로만 보고 광고를 마구 뿌려 대는 접근의 실효성은 크게 의심받고 있다. 소비자가 비윤리에 침묵하는 시대는 이미 종언했다. 소비자의 목소리가 날로 높아지고 소비자의 민원이 소셜 미디어와 관련 소비자 단체를 통해 널리 확대되면서 기업의 이미지 관리는 성공적인 마케팅 활동에 결정적인 영향력을 행사한다. 최근 급격히 늘어 가고 있는 소비자의 집단 불매 운동 및 앱/사이트 탈퇴 운동 등은 소셜 미디어를 통해 목소리를 내고 집단행동까지 만들어 내는 소비자의 힘을 보여 준다. 기업의 이윤 추구 및 이미지 관리에 광고가 밀접하게 연관되어 있으므로 비윤리적인 광고에 대해서 이제는 '소비자가 절대 침묵하지 않는다'는 점을 명심하고 윤리적 기준을 높여야 한다. 기업이 무심코 게재한 광고 한두 편이 엄청난 역풍을 일으키기도 했다. 잘 만든 광고는 브랜드를 천천히 성공시킨다. 하지만 잘못 만든 광고는 브랜드를 단번에

// '윤리'에 대한 빠른 이해

윤리의 모호성: 우리에게 '윤리'는 명확한가

윤리는 흔히 옳은 것, 선한 것 내지 지켜야 할 것으로 인식된다. 표준국어대사전 또한 윤리를 '사람으로서 마땅히 행하거나 지켜야 할 도리'라고 풀이한다. 이렇게 보면 윤리라는 단어는 직관적으로 파악할 수 있는 개념인 것만 같다. 광고윤리에 대한 정의 역시 윤리에 관한 기존의 개념에 '광고'만을 붙이면 해결될 것만 같다. 그렇다면 광고윤리는 '광고로서 지켜야 할 것' 또는 '광고가 마땅히 수행해야 할 역할' 정도로 풀이할 수 있을 것이다.

쉽다고만 여겨졌던 광고윤리의 개념은 이어지는 다음 질문에서 확신이 없어진다. '마케팅 효과가 높은 광고라면 윤리적이라고 할 수 있을 것인가?' 광고의 역할은 기본적으로 상품 및 서비스에 대한 마케팅이기 때문이다. 대부분의 사람은 이 질문에 부정적으로 답변할 것이다. 그 이유는 무엇일까? 사람들이 '광고윤리'에 광고의 역할 이상을 요구하고 있기 때문이다. 앞에서 우리가 윤리를 옳은 것, 선한 것, 지켜야 할 것이라고 풀이했지만, 실은 여기에는 '사람에게'라는 목적어가 생략되어 있다. 따라서 마케팅에 대단히 효과적인 광고라 하더라도 궁극적으로 사람들 일반에게 이롭지 않다면, 이를 윤리적인 광고라고 하기 어렵다.

하지만 광고윤리의 개념에서 '사람에게'라는 목적어를 끄집어 낸다고 해도 모호함이 없어지는 것은 아니다. 무엇이 사람에게 이로운

지 판단하기가 어렵기 때문이다. 이것은 광고윤리의 모호함이라기
보다 윤리 그 자체에서 나오는 모호함이다. 무엇이 사람에게 이로운
지, 무엇이 선하고 옳은지 딱 잘라 판단할 수 없기 때문이다. 이러한
모호함은 우리 일상에서도 발견된다.

먼저 우리가 누군가를 떠올리며 "그는 참 윤리적인 사람이야."라
고 말한다고 해 보자. 이 상황에서 '윤리적'이란 보통 사람들이 다다
르기 힘든 어떤 도덕적인 이상 지점을 의미한다. '윤리'의 이러한 활
용에서 일반인은 '윤리적인'이란 형용어를 얻기 어려워진다. 그렇다
고 할지라도 '윤리적인' 사람이 아닌 일반인이 '비윤리적인' 사람이
되어 버리는 것은 아니다. 여기서의 윤리란 지켜야 할 것이나 옳은
것을 넘어 선한 것을 의미하게 된다.

이와 반대로 누군가에 대해 "그는 비윤리적이야."라고 말하는 장
면을 떠올려 보자. 이 비난의 대상인 '그'는 보통 사람들이 당연히 지
켜야 한다고 믿는 사항들을 자주 위반하는 사람일 것이다. 하지만
'그'와 다른 일반인에 대해 '윤리적인 사람'이라고 칭찬하지는 않는
다. 사람으로서 지켜야 할 것들을 준수하는 건 사회구성원에게 당연
한 일이기 때문이다. '비윤리적'이라는 표현에서 윤리는 선한 것이
나 옳은 것이 아닌 지켜야 할 것으로 인식된다.

우리는 위 사례를 통해 '윤리(倫理)'와 '비윤리(非倫理)'의 엄청난
간극을 발견할 수 있다. 이것은 일상 속에서 우리가 '윤리(倫理)'의
여집합을 '비윤리(非倫理)'로, '비윤리(非倫理)'의 여집합을 '윤리(倫
理)'로 단순 치환하지 않고 있다는 의미다. 이는 윤리와 비윤리가 가
지는 경계의 모호함을 보여 준다.

이것은 일상 속 언어의 문제만이 아니다. 한 사회에서 명백히 비

윤리적인 사항도, 사회가 바뀌면 '비윤리'의 딱지는 없어지게 된다. 단적인 예가 일부다처(一夫多妻) 혹은 일처다부(一妻多夫)로 나타나는 복혼(複婚)이다. 많은 사회에서 복혼(複婚)이 윤리적이지 못한 것으로 인식된다. 우리나라 역시「민법」제810조를 통해 중혼을 금지하고 있다. 이혼심판이 확정된 후에 다른 사람과 재혼하였다고 하더라도, 확정된 이혼심판이 재심을 통해 취소되었다면 재혼은 중혼에 해당되어 취소될 수밖에 없다(대법원 1994. 10. 11. 선고 94므932 판결). 복혼 내지 중혼은 그 의도성 여부를 불문하고 금지되는 것이다. 이와는 달리 이슬람 문화권 및 아프리카의 몇몇 국가에서는 복혼 특히 일부다처(一夫多妻)가 합법화되어 있다. 일부다처(一夫多妻)가 합법인 남아프리카공화국에서는 2021년 일처다부(一妻多夫) 역시 합법화하자는 녹서(Green Paper)가 발간되어 사회적 논쟁이 벌어지기도 했다(대외정책연구원, 2021). 혼인제도에서의 양성평등이라는 원칙이 양방향의 복혼 허용이라는 방식으로 추진되고 있는 것이다.

이처럼 윤리의 선(線)을 인식하는 문제는 난해하다. 직관적인 것 같지만 구체적 사안으로 들어가면 모호하다. 철학자들이 수천 년간 머리를 싸매고 논쟁한 이유다. 광고윤리를 논하기에 앞서 윤리에 관한 관점들을 살펴봐야 할 필요가 여기에 있다.

윤리를 보는 관점의 이해

윤리를 보는 관점은 사람마다, 철학자마다 다르다. 하지만 그 모든 것을 완벽하게 정리하기란 불가능하며, 철학 공부를 업으로 삼지 않는다면 그 필요 역시 크지 않아 보인다. 미국의 철학자 포이만과

피저는 윤리를 보는 관점을 크게 상대주의, 절대주의, 객관주의로
정리한바(Pojman & Fieser, 2022), 다음에서는 이에 따라 각 관점들을
간략히 소개하기로 한다.

윤리적 상대주의

윤리적 상대주의를 한마디로 표현한다면 인류 전체에 적용 가능한
보편적 윤리는 존재하지 않는다는 입장이다. 다만, 윤리적 상대주의
또한 '어떻게 윤리로 인식될 수 있는가'라는 질문의 답변에 따라 다시
주관적 윤리 상대주의와 관습적 윤리 상대주의로 분화될 수 있다.

첫째, 주관적 윤리 상대주의에서 윤리의 승인 주체는 개인이 된
다. 동일한 자연이라고 할지라도 관찰자의 위치나 시선에 따라 풍경
이 달라지듯, 윤리적 기준 또한 개인에 따라 달라진다. 이에 따라 복
수의 인간이 모여 사는, 사회를 지탱하기 위해 고안된 개념인 윤리
는 쓸데없는 것이 되어 버린다. 사람마다 윤리적 기준이 달라지기에
사회를 전제로 한 '윤리'는 없어져 버린다. '윤리적 허무주의'라고 표
현할 수도 있다. 포이만과 피저가 지적하듯 이 관점에서 아돌프 히
틀러는 마하트마 간디만큼이나 윤리적인 사람으로 간주될 수 있다
(Pojman & Fieser, 2022).

둘째, 관습적 윤리 상대주의에서 윤리의 승인 주체는 개인이 아
닌 사회가 된다. 그러하기에 윤리적 기준은 각 사회가 수용한 가치
와 문화에 따라 달라진다. 이 관점에서는 윤리가 사회적 산물이라
는 것을 전제로 한다. 윤리 기준의 습득이 무의식적으로 이루어진다
는, 나의 삶이 내가 속한 사회의 전통, 관습, 습관에 결부되어 있다는
사실을 인식할 때부터 이루어진다는 미국의 사회학자 섬너(W. G.

Sumner, 1905)의 말은 이러한 입장을 대변한다. 관습적 윤리 상대주의는 사회를 인정한다는 점에서, 그리고 각 사회의 다양성을 인정하고 있다는 점에서 상당히 매력적이다. 하지만 더 나은 방향의 사회 발전을 추동하지 못할 뿐 아니라, 보편적 인권에 기초한 아래로부터의 사회 변혁 운동을 비윤리적으로 볼 수밖에 없다는 한계를 지닌다. 이 관점에 따르면 초기의 흑인민권운동이나 양성평등운동은 비윤리적인 것으로 인식될 것이다. 운동 초기 그 사회 구성원들 다수는 이를 지지하지 않았을 것이기 때문이다.

윤리적 절대주의

윤리적 상대주의의 정반대 편에 선 입장이 윤리적 절대주의다. 윤리적 절대주의는 어떤 경우에도 결코 위반해서는 윤리 기준이 존재한다는 관점이다. 이 윤리 기준은 보편적이며 예외를 허용하지 않는다. 윤리적 절대주의에 서 있는 대표적 철학자는 토마스 아퀴나스다. 그는 인간성은 본래적으로 합리성을 지니며, 이성은 모든 상황에서 보편적으로 옳은 행위를 찾아낼 수 있다고 여긴다. 그의 윤리 기준을 간단히 기술하자면 인간의 행위는 선해야 하며, 그 의도 또한 그러해야 한다는 것이다. 따라서 선한 결과를 의도할지라도 나쁜 행위를 범하는 것은 허용되지 않는다. 다만, 그와 반대로 행위 자체가 선하다고 한다면, 그것이 의도치 않게 나쁜 결과를 가져오더라도 허용된다.

하지만 매우 명확해 보이는 그의 윤리 기준은 실제 사례에 있어 그 적용에 어려움을 겪으며, 일반적 관념과 어긋나는 결과를 불러온다. 대표적인 예가 낙태다. 그의 윤리적 기준에서는 임신으로 인해 여성의 생명이 위협받는 상황이라고 하더라도 낙태가 허용되지 않는다. 낙태 자체가 생명을 해치는 나쁜 행동이기 때문이다. 하지만 그 여성의 자궁에 암이 생긴 경우에는 태아가 죽을지라도 자궁절제술을 하는 것이 허용된다. 앞의 사례와 달리 여기서 자궁절제술로 인해 발생되는 태아의 죽음은 의도하지 않은 것이기 때문이다. 비록 낙태가 예견되었음에도 말이다(Pojman & Fieser, 2022).

윤리적 객관주의

윤리적 객관주의는 인류 공통의 보편적이고 타당한 윤리 기준들을 인정하면서도, 그 기준의 절대성을 부정한다. 이 입장은 공통적인 인간 본성이 존재함을 가정한다. 그 전제 위에 인간의 필요를 충족시키고 이해와 관심을 증진시키는 공통의 타당한 윤리 기준들을 세운다. 예를 들면, 무고한 사람을 죽이지 말라거나 거짓말하지 말라는 기준들이다. 다만, 여기서의 윤리 기준들은 절대적일 수 없는 조건부 의무다. 예를 들어, 민주화 운동을 하고있는 정치사범을 은신시키고 그의 행적에 대해 거짓말하는 것은 윤리에 어긋나는 것이 아니다. 또한 가족을 먹여 살려야 하는 비참한 상황에서는 도둑질이 허용될 수도 있다(Pojman & Fieser, 2022). 이처럼 윤리적 객관주의에서의 대부분의 기준들은 다른 기준들과 상충될 때, 그 상황과 맥락으로 인해 무시되는 것이 가능하다.

윤리적 객관주의는 이러한 유연성으로 인해 윤리적 상황주의라고도 인식된다. 윤리적 상황주의는 인류 보편적인 기준을 인정한다는 점에서 윤리적 상대주의와 결정적인 차이를 보인다. 간명한 예가 그리스도교 성서에 나온다. 안식일에 밀 이삭을 자르고 환자를 돌보았을 때 나온 예수와 바리새파 사람들과의 논쟁이다(마가복음 2:23-3:6). 바리새파들은 관습적 윤리 상대주의 입장에서 예수가 안식일에 노동하지 말라는 규정을 어긴 것으로 고발하려 하였다. 하지만 예수는 윤리적 상황주의 입장에서 안식일이 안식일 자체가 아닌 사람을 위해 존재하는 것이라고 하였다.

윤리 기준이 갖추어야 할 조건

윤리적 객관주의에 따라 보편적인 윤리 기준이 존재한다고 가정해 보자. 이러한 윤리 기준이 갖추어야 할 조건은 무엇인가? 윤리 기준의 조건을 살피는 것은 광고에 있어 윤리적 기준을 살피는 데에도 도움이 될 것이다. 포이만과 피저(Pojman & Fieser, 2022)는 윤리 기준의 조건에 관해 보편적인 합의는 존재하지 않는다고 하면서도, 다음과 같은 다섯 가지에 대해서는 광범위한 합의가 존재한다고 하였다. 이 요소에 대해 대표적 광고윤리 중 하나로 인식되는 광고의 진실성과 연관하여 설명하기로 한다.

첫째, 규범성이다. 윤리 기준은 인류 모두가 '지켜야 할 것'으로 그 자체로 규범적 성질을 가진다. 광고에 있어 제1의 윤리 기준은 '광고는 진실해야 한다.'일 것이다. 이러한 진실성은 광고에 있어 저버려서는 안 될 기준이다. 진실성이 결여된 광고, 즉 허위·기만·사기 광고 등에 관해서는 '나쁜 광고'라는 딱지를 붙일 수 있다.

둘째, 보편성이다. 윤리 기준이 적용되는 대상은 '모든 사람'이다. 누구도 예외일 수 없으며, 누군가가 예외여서도 안 된다. 광고의 진실성 역시 마찬가지다. 어떤 형태의 광고든, 광고주의 기업 규모가 어떻든 광고의 진실성은 피할 수 없는 윤리 기준으로 작용한다. 그러나 이것이 동일한 기망행위에 대해서 모두 동일하게 불법성을 인정한다는 의미는 아니다. 같은 기망행위를 하더라도 백화점에게는 불법성을 인정할 수도, 노점상에게는 불법성을 부정할 수도 있다. 백화점과 노점상에게 거래상 요구되는 진실성은 다를 수밖에 없기 때문이다(윤강열, 2019). 다만, 노점상에게 불법성을 인정할 수는 없다고 하더라도 광고윤리를 위반했다는 비난은 가능할 것이다.

셋째, 우선성이다. 윤리 기준은 다른 어떤 기준보다 우선적이고 우월한 권위를 지닌다. 그러한 까닭에 윤리 기준은 부정의한 법에 대해 개개인이 불복종할 수 있는 타당한 근거를 제시해 주기도 한다. 광고와 관련하여, 광고 제작자는 그가 만든 광고가 마케팅에 효율적이고 효과적일 것을 요청받는다. 하지만 그는 광고가 진실해야 한다는 광고윤리의 준수 역시 요청받는다. 광고주와의 계약상 책임과 광고윤리가 충돌하는 지점이다. 이 경우에 광고 제작자의 계약상 책임은 광고의 진실성이라는 광고윤리를 넘어서지 못한다. 광고윤리가 계약책임의 한계로 작용하는 것이다.

넷째, 공지성이다. 윤리 기준은 모든 사람이 지켜야 할 것이기에 모두가 알고 있는 것이어야 한다. 윤리 기준은 칭찬과 비난의 근거가 되기 때문이다. 따라서 특정의 집단에서 규칙을 정했다고 하더라도, 이 규칙은 윤리 기준으로 작용하지 못한다. 다만, 그 집단 내의 구성원이 해당 규칙을 위반한 경우 비난을 받을 수는 있다. 하지만 그 비난의 근거는 규칙의 '윤리 기준성' 때문이 아니라 그 자신이 속한 집단의 규칙을 '위반'했기 때문이다.

다섯째, 실천가능성이다. 윤리 기준은 모든 사람이 실천할 수 있는 것이어야 한다. 실천할 수 없는 기준을 세워 놓은 후 위반한 사람을 책망할 수는 없다. 이런 의미에서 윤리는 '선한 것'이거나 '옳은 것'이기보다는 '지켜야 할 것'이 된다. 실천가능성은 광고의 표현에 있어 진실성을 어느 정도로 유지해야 하느냐와 관련하여 문제가 된다. 광고는 정보 제공을 넘어 설득을 요구하며, 이 과정에서 어느 정도의 허위·과장은 불가피하기 때문이다. 대법원 역시 "일반적으로 상품의 선전·광고에 있어 다소의 과장·허위가 수반되는 것은 일반의 상거래 관행과 신의칙에 비추어 시인될 수 있는 한 기망성이 결여"된다고 하였다(대법원 2015. 9. 10. 선고 2014다56355, 56362 판결 등). 다만, "거래에 있어서 중요한 사항에 관하여 구체적 사실을 신의성실의 의무에 비추어 비난받을 정도의 방법으로 허위로 고지한 경우에는 기망행위에 해당"한다고 판시하였다(대법원 2008. 11. 27. 선고 2008다56118 판결). 〈표 2-1〉에서는 광고의 기망성 인정 여부와 관련된 중요 판시들을 정리하기로 한다.

〈표 2-1〉광고의 기망성 관련 판례

사건요약 및 사건번호	판결의 주요내용
대형백화점의 이른바 변칙세일이 기망행위에 해당한다고 한 사례 대법원 1993. 8. 13. 선고 92다52665 판결	(입점업체들은) 당해 상품들이 종전에는 높은 가격으로 판매되던 것인데 할인특매기간에 한하여 특별히 대폭 할인된 가격으로 판매되는 것처럼 광고를 하고, 할인판매기간이 끝난 후에도 판매가격을 환원하지 아니하고 할인특매기간 중의 가격으로 판매를 계속하는 이른바 '변칙세일' 방법을 일종의 판매기법으로 써 왔다. … (백화점의 담당구매관들은) 위와 같은 변칙세일을 승인하고, 매장관리의 일환으로 백화점 명의로 일간지나 광고전단 등을 통하여 소비자들에게 할인특매행사에 관한 광고를 하고 통일된 가격표를 작성해 줌과 아

울러 매장내광고대(p.o.p)를 작성하여 게시하도록 하였다. … 위와 같은 변칙세일은 물품구매동기에 있어서 중요한 요소인 가격조건에 관하여 기망이 이루어진 것으로서 그 사술의 정도가 사회적으로 용인될 수 있는 상술의 정도를 넘은 것이어서 위법성이 있다.

연립주택 분양에 있어 평수를 과장 광고한 것이 기망행위에 해당하지 않는다고 한 사례

대법원 1995. 7. 28. 선고 95다19515, 19522(반소) 판결

이 사건 빌라를 분양함에 있어 평형의 수치를 다소 과장하여 광고를 한 사실은 인정되나 위에서 본 분양가의 결정방법, 분양계약 체결의 경위, 피고가 위 분양계약서나 건축물관리대장 등에 의하여 이 사건 빌라의 공급면적이 평으로 환산하여 27.39평임을 쉽게 확인할 수 있었던 점 등 제반 사정에 비추어 볼 때, 위 광고는 그 거래당사자 사이에서 매매대금을 산정하기 위한 기준이 되었다고 할 수 없고 단지 분양대상 주택의 규모를 표시하여 분양이 쉽게 이루어지도록 하려는 의도에서 한 것에 지나지 아니한다고 할 것이므로, 원고가 이 사건 빌라에 대하여 서비스면적을 포함하여 평수로 환산한 33평형이라고 광고한 행위가 거래에 있어 중요한 사항에 관하여 구체적 사실을 거래상의 신의성실의 의무에 비추어 비난받을 정도의 방법으로 허위로 고지함으로써 사회적으로 용인될 수 있는 상술의 정도를 넘어 기망행위에 해당한다고는 보여지지 아니한다.

상가를 분양하면서 그 운영방법 및 수익보장에 대하여 다소의 과장·허위 광고가 수반되었다 하더라도 기망행위에 해당하지 않는다고 본 사례

대법원 2001. 5. 29. 선고 99다55601, 55618 판결

이 사건 상가와 같이 그 용도가 특정된 특수시설을 분양받을 경우 그 운영을 어떻게 하고, 그 수익은 얼마나 될 것인지와 같은 사항은 투자자들의 책임과 판단하에 결정될 성질의 것이라 할 것인바, 원심이 같은 취지에서, 피고가 이 사건 상가에 첨단 오락타운을 조성하고 전문경영인에 의한 위탁경영을 통하여 일정 수익을 보장한다는 취지의 광고를 하였다고 하여 이를 가리켜 피고가 원고들을 기망하여 이 사건 분양계약을 체결하게 하였다거나 원고들이 분양계약의 중요부분에 관하여 착오를 일으켜 이 사건 상가분양계약을 체결하게 된 것이라 볼 수 없다고 판단한 것은 정당하다.

상가분양광고에 있어 입지조건이 광고의 내용과 다소 다르더라도 기망행위에 해당하지 않는다고 본 사례

대법원 2014. 1. 29. 선고 2011다107627 판결

① 광고에 '전용 연결로를 통해 일산호수공원의 중심으로 바로 접근 가능', '일산호수공원의 중심과 구름다리로 직접 연결' 등의 문구가 있었으나, 이것이 반드시 육교의 건너편 지점이 일산호수공원의 중심 또는 내부에 있는 경우만을 의미한다고 보기는 어려운 점, ② '3층 씨푸드레스토랑 입점 확정'이라는 문구가 광고에 있었으나, 이를 각 분양받은 원고들에게 있어서 3층에 씨푸드레스토랑이 입점한다는 사실이 특별히 분양계약을 체결하게 할 만큼 직접적이고 중요한 사항이라고는 보기 어려운 점 등을 종합하면 이 부분 광고가 거래의 중요한 사항에 관하여 구체적 사실을 신의성실의 의무에 비추어 비난받을 정도의 방법으로 허위로 고지한 경우에 해당한다고 보기는 어렵다.

// 광고윤리의 특징

광고 자체의 윤리성: 광고에 대한 사회적 비판에 대한 검토

광고윤리의 특징을 논하기에 앞서 광고 자체의 윤리성에 대해 언급할 필요가 있다. 광고는 그 자체로 선(善)인가, 아니면 악(惡)인가? 어떤 이는 광고 자체는 가치중립적인 마케팅 수단이므로 이러한 질문이 성립되지 않는다고 할 수 있다. 또 다른 이는 광고가 범람하는 시대에서 그러한 선악 논쟁은 의미가 없다고 할 수 있다. 이러한 견해들은 모두 경청할 만한 대답들이며 틀렸다고 할 수도 없다. 하지만 광고 자체의 윤리성 논쟁은 사회 속 광고의 존재 필요성뿐 아니라, 광고가 무엇을 경계하고 무엇을 지향해야 하는지 알려 줄 수 있다. 이

하에서는 광고에 대한 비판론을 살펴보고 이를 검토하기로 한다.[1]

광고에 대한 비판론

광고를 비판적으로 바라보는 견해에서도 광고의 순기능을 전면적으로 부정하는 것은 아니다. 알프레드 마샬(Alfred Marshal)은 광고를 건설적(정보적) 광고와 투쟁적(설득적) 광고로 구분하고 건설적 광고는 정보 제공의 도구로, 투쟁적 광고는 설득과 조작의 도구라고 하였다. 광고의 정보 제공적 순기능을 인정하는 것이다. 피구(A. C. Pigou) 역시 광고를 경쟁적 광고와 비경쟁적 광고로 구분하고, 이 구분을 명확하게 할 수 있다면 경쟁적 광고에 대해 과세 등 국가의 규율을 통해 그 해악을 줄일 수 있을 것이라 전망하였다. 하지만 건설적 광고와 투쟁적 광고를, 경쟁적 광고와 비경쟁적 광고를 구분할 수 있을 것인가? 광고는 그 상업성을 불문하고 설득을 목적으로 하기 때문이다. 칼도(N. Kaldor)는 이를 알고 있었다. 그에 따르면 광고는 양면성을 띤다. 모든 광고가 정보 제공적 성격을 지니지만 그 목적은 설득에 있다는 것이다.

광고 비판론자에게 광고는 낭비의 원인으로 인식된다. 특히 후생경제학적 입장에서는 광고가 막대한 자원을 낭비토록 한다고 인식한다. 소비자가 가진 상품 선택의 자유를 조직적으로 파괴함으로써 소득을 고갈시킨다고 진단한다. 서드슨(M. Shudson) 역시 광고를 상품이 아닌 생활방식의 소비를 촉진하는 수단이라고 인식한다.

---

1) 이 항은 정어지루(1996), pp 57-107, 143-163 및 조병량(2012), pp 21-35를 참조하여 정리한 것이다.

게다가 비판론의 입장에서 광고로 인해 이루어지는 소비는 소비자
가 아닌 기업의 관심사에 따라 행해진다. 현존하지 않는 소비자의
수요를 창출함으로써 기업의 사적 이윤을 추구하게 된다는 것이다
(Galbraith). 광고로 인한 소비가 낭비가 되는 이유는 소비가 현존하
는 욕망이 아니라 광고로 인해 창출된 욕망에 근거하기 때문이다.
그에 더해 광고는 소비자에게 특정의 상표에 대한 불합리한 선호를
형성하도록 만든다(K. Boulding). 이에 따라 광고는 상품의 가격을
상품의 실제적인 가치와 무관하도록 만든다. 광고가 만들어 내는 상
표가치가 시장지배력을 갖게 되는 것이다.

광고 비판론의 입장에서는 이러한 광고가 행해지는 이유를 경쟁
적 마케팅에서 찾는다(N. Janus). 대형 기업은 더 나아가 독점을 목
표로 광고를 집행한다. 기업은 독점자본의 초과이윤을 지속적으로
얻기 위해 광고를 통해 소비자를 설득하고 조종한다(P. Sweezy).

또한 비판론적 입장에서는 광고가 가지는 사회문화적 영향을 지
적하기도 한다. 포터(D. Potter)는 광고를 사회통제 수단으로 인식한
다. 그에 따르면 광고는 사회 구성원 개개인을 광고 콘셉트에 순응시
키는 장치로 작용하면서도 사회가치의 질적 수준을 향상시키지 못
한다. 더 적나라한 비판도 있다. 태플린은 광고가 인간의 욕망을 보
다 물질적인 것으로 묘사하여 인간이 가지는 품위를 떨어뜨린다고
지적한다. 광고 속에서의 인간은 물질적 가치만 가지는 것으로 표현
된다는 것이다(W. Taplin). 윌리엄스(R. Williams) 역시 광고로 인해
상품이 상징성을 획득하며, 이로 인해 상품의 소유가 지나치게 강조
된다고 지적한다. 이러한 비판은 광고가 잠재적 불안을 제거하고 중
화시키는 문화장치라는 신마르크주의적 인식으로 이어질 수 있다.

욕망의 물질화를 통해 사회적 불만을 잠재운다는 것이다. 그리고 이것은 '광고는 본질이 아닌 쇼, 현실이 아닌 환상, 현대 사회에서 행해지는 속임수'라는 벨(D. Bell)의 표현으로 정리될 수 있을 것이다.

비판론에 대한 검토

광고 비판론의 첫 번째 요지는 '설득'에 있었다. 하지만 설득 그 자체를 나쁘다고 볼 수는 없다. 광고 비판론이 주장하는 것은 광고가 설득을 목적으로 하여 올바르지 못한 정보를 제공함으로써 소비자의 선택권을 해할 위험이 있다는 것이다. 그리고 이러한 우려는 타당하다. 광고에 있어 소비자의 선택권을 침해할 우려가 있는 표현은 규제되어야 한다. 이에 현대 국가는 법률을 통해 광고를 규제함으로써 소비자의 선택권을 보호하고 있다. 우리나라 역시 마찬가지다. 「표시광고법」은 부당한 광고를 방지하고 소비자에게 바르고 유용한 정보의 제공을 촉진함으로써 공정한 거래질서를 확립하고 소비자를 보호함을 목적으로 한다(제1조). 표시광고는 부당한 광고의 유형으로, 첫째, 거짓·과장 광고, 둘째, 기만 광고, 셋째, 부당한 비교 광고, 넷째, 비방 광고의 네 가지를 제시한다. 이러한 광고를 행한 사업자 등은 공정거래위원회로부터 시정조치(제7조), 임시중지명령(제8조), 과징금(제9조) 등의 행정처분을 받을 수 있을 뿐 아니라 피해자에 대해서는 손해배상책임을 지게 된다(제10조). 이에 그치지 않고 징역 및 벌금의 형사처벌도 예정되어 있다(제17조 및 제19조). 부당한 광고에 대해 이러한 제재는 광고의 순기능을 강화하고 역기능을 억제하게 된다. 적절한 규제 아래 광고는 소비자들의 자유로운 판단과 선택을 돕게 된다.

광고 비판론의 두 번째 논거는 광고가 기업에 필요한 새로운 욕구를 창출한다는 것, 그리하여 자원 낭비를 초래한다는 것이다. 이 주장은 광고가 없을 때의 수요만이 정당하며 광고로 인해 발생된 수요는 진정한 수요가 아니라는 가정을 깔고 있다. 이러한 가정하에 소비는 소비가 아닌 낭비가 된다. 낭비의 국어사전적 풀이가 '시간이나 재물 따위를 헛되이 헤프게 씀'인 것과 같이 낭비에는 그 자체가 헛되고 헤프다는 가치 평가가 포함되어 있다. 하지만 이 논거는 전제적 가정에서 오류를 가진다. 광고로 인해 발생된 수요를 진정한 수요라고 볼 수 없다는 주장은 보편적이라고 볼 수 없다. 단지 하나의 주장에 불과하다. 이러한 가정은 엘리트주의와 결정론에 근거한다. 엘리트가 아닌 일반 대중은 스스로 참된 선택을 할 수 없다는 것을 전제로 하는 주장이다. 이 주장에서 대중은 내적 혹은 외적 자극에 따른 수동적 응답자에 불과하다(E. A. Locke).

광고의 원인이 경쟁적 마케팅이며, 광고가 기업의 독점적 초과이윤 획득을 목적으로 한다는 비판 역시 타당하지 못하다. 먼저 경쟁적 마케팅 그 자체를 나쁘게 보아야만 하는 이유는 없다. 소비자의 정보접근권 차원에서만 보자면 부당한 광고가 아닌 한 마케팅 경쟁은 긍정적일 수밖에 없다. 광고의 기본적이고 제도적인 기능은 소비자들의 자유로운 판단과 선택을 돕는 것이다(J. W. Carey). 다음으로 초기 광고가 기업의 독점적 초과이윤 획득을 목적으로 했을지는 모르나, 현대 사회에서 어느 기업이 독점적 지위를 가지고 그 혜택을 누리기란 쉬운 일이 아니다. 현대 국가는 독점에 따른 시장 지배의 폐해를 잘 알고 있기 때문에 법률과 행정을 통해 이를 제재하고 있기 때문이다. 우리나라 역시 「공정거래법」을 통해 과도한 경제력의 집중을 방지할 뿐 아니라 특정 사업자가 가지는 시장지배력의 남용을 억제하고 있다. 이 법은 더 나아가 공정하고 자유로운 경쟁 촉진을 통한 창의적인 기업활동 조성을 목적으로 한다(법 제1조). 이와 같이 광고로 인해 야기될 수 있는 독점의 폐해는 국가가 경제법을 통해 해소하고자 노력하고 있다.

광고에 대해 가장 뼈아픈 비판은 아마도 물질주의를 조장한다는 지적일 것이다. 이것은 광고의 본래 목적이 상품 및 서비스의 소비 촉진이라는 점을 감안한다면 피할 수 없는 지적이며, 인정해야 할 사실이기도 하다. 하지만 그와는 별도로, 이러한 점 때문에 광고를 악(惡)으로 보아야 하는 것은 아니다. 광고가 목적하는 소비 촉진은 생산자로 하여금 더 많은 판매와 이익을 얻게 하고, 이러한 이익이 제품개선, 연구, 개발 등에 재투자될 수 있도록 하기 때문이다. 이러한 차원에서 샌디지(C. H. Sandage)는 광고가 사회의 풍요로운 성취를 지원한다고 평가한다. 광고가 물질주의를 조장한다는 입장과 풍요로운 사회를 만든다는 입장은 동일한 현상에 대한 다른 해석일 수도 있다. 풍요로운 사회의 기본적 요건이 물질적 풍요라면, 빈곤한 물질적 욕망으로 사회를 풍요롭게 만들기는 어렵기 때문이다.

한편, 광고가 물질주의를 조장한다는 지적을 겸허히 수용한다고 하더라도 이것은 추상적 제도로서의 광고에 관한 지적에 불과하다. 개별적 모든 광고에 이러한 지적이 통용되는 것이 아니다. 쉬운 예로 '정(情)'을 강조하는 오리온 초코파이의 광고를 생각해 보자. 이 광고의 목적은 초코파이의 매출 신장임이 분명하나, 이 광고를 통해 물질주의가 조장된다고 말할 수 없다. 오히려 물질보다는 마음이 더 중요하다는 것을 이야기하고 있다. 또 "엄마라는 경력은 왜 스펙 한 줄 되지 않는 걸까?"라고 읊조리는 동아제약 박카스 광고는 팍팍한 현실이지만 가족을 통해 힘을 얻고 있는 흔하디흔한 우리의 일상을 응원한다.

오히려 광고 표현에서 물질주의가 부각이 되면 사회적 논란의 대상이 되기도 한다. 대표적인 예가 2009년 현대자동차의 그랜저TG 광고다. TV 광고에서의 "어떻게 지내냐는 친구의 말에 그랜저로 대답했습니다."라는 대사는 물질만능주의의 전형적 카피로 인식되어, 코미디 프로그램에서 많은 패러디를 낳았으며 도덕 교과서에 실리기도 했다(윤민혁, 2016). 가장 최근 사례로는 서울 서초구에 건축 중인 아파트 더팰리스73의 분양 광고를 들 수 있다. 더팰리스73의 분양 홈페이지에 있던 '언제나 평등하지 않은 세상을 꿈꾸는 당신에게 바칩니다.'라는 홍보문구가 논란이 되었다. 천박한 자본주의적 발상이라는 비판이 일자 시행사는 해당 문구를 삭제하고 홈페이지에 사과문을 게재했다. 더 나아가 이 논란으로 인해 홍보 포인트 중 하나였던 해외 건축가가 성추문에 휩싸인 사실까지 언론을 통해 보도되었다(오아름, 2023).

광고윤리가 취하는 윤리적 관점

앞에서 우리는 윤리를 보는 관점 세 가지, 이 중 윤리적 상대주의를 두 가지로 쪼갠다면 총 네 가지 관점을 살펴보았다. 그렇다면 광고윤리는 어떤 윤리적 관점에 입각해 있는지 살펴볼 필요가 있다. 이미 타당하다고 결론 내린 윤리적 객관주의가 광고에도 적용이 되는지, 혹은 광고에는 다른 관점이 적용되는지 생각해 보자는 것이다.

광고가 상품 및 서비스의 소비·이용을 목적으로 하는 설득적 커뮤니케이션이라는 점에서 주관적 윤리 상대주의와 윤리적 절대주의는 우선적으로 탈락된다. 주관적 윤리 상대주의는 윤리기준의 승인 주체가 개개인 각자라는 점에서 설득적 커뮤니케이션에 적합하지 않다. 광고주가 가지고 있는 고유한 윤리 기준을 고집해서는 상대방인 소비자를 설득할 수 없기 때문이다. 또한 윤리적 절대주의는 어떤 상황에도 위반해서는 안 되는 윤리적 기준이 있다는 점에서, 그리고 그 기준 중에는 받아들이는 사람과 입장에 따라 첨예한 논쟁을 일으키는 것들이 많다는 점에서 광고에 적합하지 않다. 예를 들어, 종교단체의 광고가 아닌 상업적 광고에서 낙태 금지를 직접적으로 말할 수는 없을 것이다.

광고윤리는 기본적으로 윤리적 객관주의보다는 관습적 윤리 상대주의에 입각해 있다고 볼 수 있다(한선민, 2016). 인류 보편적 윤리 기준이라고 할지라도 해당 지역과 사회가 수용하지 않는 사항이라면, 이를 광고로 표현할 수는 없다. 그 반대로 해당 지역과 사회에서 일반화된 윤리 기준이라면, 그것이 인류 보편적 윤리 기준에 어긋난다고 할지라도 광고로 표현되고 옹호될 것이다. 광고의 목적은 소비자를 대상으로 한 설득이므로, 목표하는 소비자 일반이 기준으로 삼고 있는 윤리를 위반할 수는 없다. 예를 들어, 전쟁을 시도하는 국가의 한 기업이 광고를 통해 '승리는 우리 것입니다.' '전사여, 반드시 이기고 돌아오라.'라는 메시지를 전했다고 하자. 이 광고에 대해 전쟁을 옹호했다는 이유로 윤리에 어긋난다고 말할 수 있을까? 이 질문에 대해서는 사람마다 답이 다르겠지만, 자신 있게 광고윤리 위반이라고 말할 수는 없을 것이다. 하지만 그 반대로 윤리적 광고라고

말할 수도 없을 것이다. 이처럼 광고윤리에 있어서는 해당 사회가
수용한 가치와 문화가 한계로 작용한다.

다만, 현대 산업사회로 들어오면서 윤리적 객관주의에 입각한 광
고윤리는 지속적으로 강화되고 있다. 글로벌 브랜드의 증가 때문이
다. 글로벌 대기업은 전 세계 소비자를 대상으로 마케팅을 실시하며
사업을 영위해 나간다. 이 과정에서 광고는 전 세계에 공통으로 행
해지기도, 각 나라의 상황에 맞게 행해지기도 한다. 전 세계에 공통
적으로 노출되는 광고는 윤리적 객관주의에 입각해서 행해질 수밖
에 없다. 전 세계 소비자가 해당 광고의 내용에 동의할 수 있어야 하
기 때문이다. 한편, 국가마다 다르게 행해지는 글로벌 브랜드의 광
고는 해당 국가의 사회상을 적극적으로 반영하게 된다. 하지만 그
렇다고 하더라도 글로벌 브랜드의 지역 광고가 관습적 윤리 상대주
의에 입각해 제작된다고 볼 수는 없다. 지역 광고의 타깃이 지역 소
비자라고 하더라도, 광고 표현물은 인터넷을 통해 전 세계에 퍼지기
때문이다. 관습적 윤리 상대주의에 입각한 지역 광고라고 할지라도
인류 보편적 윤리 기준에 어긋난다면 해당 브랜드는 전 세계 소비자
의 반발을 살 수밖에 없다. ICT 기술의 발달, 국가 간 거래 장벽의 약
화가 광고로 하여금 인류 보편적 가치 기준을 강하게 수호하도록 요
청하고 있는 것이다.

광고윤리의 내용

이 장의 서두에서 광고윤리를 '광고로서 지켜야 할 것' 또는 '광고
가 마땅히 수행해야 할 역할'이라고 간단히 정의했지만, 광고윤리의

내용을 살펴보자면 상당히 포괄적이다(조병량, 2012). 첫째, 광고 표현물의 윤리뿐 아니라, 둘째, 광고인의 직업윤리를 포함한 광고 관련 주체들이 지켜야 하는 행위자 윤리, 셋째, 광고산업 내에서 지켜져야 할 산업 윤리까지도 모두 광고윤리의 내용이라고 할 수 있다. 그리고 이 세 가지는 각각 분리되지 않는다. 직업윤리 없이 광고 표현물의 윤리와 광고산업의 윤리가 지켜질 수 없으며, 비윤리적 광고 표현물이 범람하는 상황이라면 직업윤리와 산업윤리가 준수되고 있을 것이라고 기대할 수 없다. 다음에서는 광고윤리를 광고 표현물, 행위자, 산업 세 가지 측면으로 나누어 검토해 보기로 한다.

광고 표현물 차원의 윤리

광고 표현물과 관련한 윤리의 핵심은 내용의 진실성과 표현의 건전성이라는 두 가지로 요약될 수 있다(정어지루, 1996; 조병량, 2012). 한편, 광고물의 윤리적 평가기준을 진실성 표현, 미풍양속, 품위성, 제작상 창의성 등으로 설정하는 견해도 있다(이제구, 1990). 후자의 평가기준 중 미풍양속과 품위성은 표현의 건전성에 포섭될 수 있을 것이다. 제작상 창의성은 광고 표현물보다는 행위자 차원의 윤리에서 논의하는 것이 더 적합해 보인다.

① 내용의 진실성

내용의 진실성은 광고가 전달하는 정보가 정확하고, 공정하며, 소비자의 구매의사 결정에 충분히 도움이 되어야 한다는 기준이다. 이 진실성은 광고에 제시되는 개별적 정보의 진실성만을 의미하지 않는다. 개별정 정보가 모여 창출하는 광고 전체의 내용 역시 진실해야 한다는 것이다. 하지만 이 진실성 판단이 말처럼 쉽지는 않다. 20년 전, 이종영은 광고에서의 진실성과 윤리의 관계를 단순한 하나의 그림으로 제시했다([그림 2-1] 참조). 이 그림은 정보, 설득, 미화, 허위를 연속선에서 나타내고는 있지만 실상을 보면 이 네 가지가 명백하게 구분되는 것은 아니다. 광고를 통해 제품에 대한 미화가 이루어지고 있다고 하더라도 그 안에 정보가 결여된 것은 아니다. 광고가 허위 내용을 표현하고 있다고 해도 이것은 설득을 목적으로 하고 있으며, 광고 안에는 어느 정도의 진실한 정보를 포함하고 있을 가능성이 높다. 또 설득을 목적으로 하지 않는 광고는 광고라 할 수 없기에, 또 설득을 위해서는 어느 정도의 미화가 불가피하기에 설득과 미화를 비윤리적이라고 단정 짓는 것은 타당하지 않다. 어쩌면 광고는 불완전한 진실 제공을 통한 설득적 커뮤니케이션이기 때문이다. [그림 2-1]을 제시한 이종영 역시 설득을 위한 방법인 미화와 과장, 그 자체는 반드시 비윤리적이라고 할 수 없다고 이야기하고 있다(이종영, 2002).

[그림 2-1] 광고에서의 진실성과 윤리

*출처: 이종영(2002), p. 34.

그렇다면 다시 여기서 의문이 든다. 진실성에 있어 비윤리적이되 불법적이지 않은 영역은 존재하는가? 관련하여 앞에서 언급한 노점상의 허위광고를 예로 들 수 있다. 노점상은 백화점이나 대형마트와 비교할 때 광고 내용의 진실성에 대한 기대가능성이 낮을 수밖에 없다. 따라서 동일한 허위광고라고 하더라도 광고를 내건 주체가 노점상인 경우에는, 진실성에 대한 기대가능성이 낮아 불법이라는 판단을 받지 않을 가능성이 있다. 하지만 이 경우에도 허위표현의 비윤리성이 사라지지는 않는다. 비윤리적이되 불법적이지 않은 광고가 된다.

② 표현의 건전성

광고 표현의 건전성은 광고 내용이 기존의 사회 규범과 가치, 생활양식 등에 비추어 건전해야 한다는 것이다. 남경태는 14개의 광고 관련 윤리적 쟁점들에 대해 소비자 인식을 조사하는 연구를 실시했는데(남경태, 2018), 이 쟁점 중 광고 표현의 건전성에 관한 쟁점을 추린다면 〈표 2-2〉와 같다.

〈표 2-2〉 광고 표현의 건전성과 관련된 윤리적 쟁점

주제	쟁점
어린이 광고	어린이를 광고 모델로 등장시키는 것을 금지해야 한다.
	기아에 허덕이는 어린이들의 이미지를 이용하는 비영리단체의 광고는 금지해야 한다.
성역할과 동성애	동성애를 다루는 광고는 금지해야 한다.
	전통적인 성역할을 강조하는 광고를 금지해야 한다.
광고 언어	광고에서 은어 사용을 허용해야 한다.
	광고에서 외국어 사용을 전면 금지해야 한다.
	TV 광고에서 사투리의 사용을 전면 금지해야 한다.

* 출처: 남경태(2018), p. 73 〈표 1〉 수정.

하지만 광고 표현의 건전성 판단이 쉬운 것은 아니다. 건전성 판단 기준을 사회 규범과 가치, 생활양식 등이라고 나열했지만, 법규범이 아니라면 사회구성원 각자가 생각하는 건전성의 기준은 다를 것이기 때문이다. 남경태 또한 성별 및 연령이 쟁점에 대한 태도의 핵심 변인이라고 밝히면서도, 인구통계학적 변인들로 설명되지 않는 부분들이 더욱 많았다고 결론 내린다(남경태, 2018).

행위자 차원의 윤리

광고윤리를 논할 때 행위자 차원의 윤리는 상당히 중요한 부분을 차지한다. 윤리란 인간적인 측면이 강조된 도덕규범을 의미하기에, 광고윤리를 광고라는 활동 그 자체의 윤리라고 하기보다 광고 주체의 윤리, 즉 광고주, 광고대행사·제작사(이하 '광고대행사 등'이라 한다), 광고 매체, 기타 광고 관련 사업 종사자의 윤리라고 말하는 것이 적절하다는 견해도 있다(정어지루, 1996). 이 견해에서는 행위자 차원의 윤리가 지켜짐으로써 광고 표현물 및 산업 차원의 윤리 역시 준수될 수 있게 된다. 다음에서는 행위자에 따라 지켜야 할 윤리 내용을 서술해 보기로 한다.

① 광고대행사 등의 윤리

광고대행사 등은 광고주인 기업의 의뢰를 받아 광고를 제작하고 집행하는 역할을 한다. 이러한 역할 속에서 광고대행사 등은 다음과 같은 윤리적 책임을 진다.

첫째, 광고주에 대한 윤리적 책임이다. 광고대행사 등은 광고를 통해 그 대상인 제품 및 서비스가 효과적으로 판매될 수 있도록 하여야 한다. 제품 및 서비스의 효과적 판매는 광고의 궁극적인 목적이며, 광고 제작 및 대행이라는 직업의 존립 근거이기도 하다. 이를 위해 광고대행사 등은 광고 제작에 있어 그들이 가지고 있는 모든 창의성을 끌어낼 필요가 있다. 창의적이고 기발한 광고만이 소비자의 관심을 머물도록 할 수 있기 때문이다.

둘째, 소비자에 대한 윤리적 책임이다. 광고대행사 등이 제작하고 집행하는 광고는 진실에 기반한 정직한 광고여야 한다. 이것이 제품 및 서비스에 관한 미화를 금지하는 것임이 아님은 앞서 기술한 바와 같다. 적어도 「표시광고법」이 금지한 거짓·과장, 기만, 부당한 비교, 비방 등을 이용한 광고를 하지 않아야 한다는 의미다. 이렇게 본다면 진실성이라는 윤리적 기준은 판매 촉진 극대화라는 직업적 목표에 관한 한계라고 할 수 있다.

한편, 이러한 진실성 기준이 소비자에 대한 윤리적 책임의 의미만을 지니는 것은 아니다. 광고주인 기업은 모든 광고에 대해서 사후적·최종적 책임을 지기 때문이다. 이와 관련하여 살펴봐야 할 것이 소위 '아모레퍼시픽 인스타그램 광고' 사건(공정거래위원회 2019. 12. 16. 의결 제2019-288호)이다. 이 사건은 아모레퍼시픽이 소셜 인플루언서들에게 광고 게재를 요청하고 경제적 대가를 지급하였음에도 불구하고, 인플루언서들이 이러한 이해관계를 은폐 또는 누락하고 자발적으로 아모레퍼시픽의 화장품 제품들을 광고한 사안이다. 이 사건의 광고 집행 방식은 아모레퍼시픽이 광고업무 수행을 위해 광고대행사와 광고계약을 체결하고, 광고대행사는 자신이 보유·관리하고 있는 인플루언서들에게 광고물 게시를 요청, 이 요청에 따라 인플루언서가 인스타그램에 광고를 하는 순이었다. 공정거래위원회는 해당 사건에 대해 아모레퍼시픽의 기만적인 광고행위를 인정하고 4천5백만 원의 과징금을 결정하였다.

소위 '아모레퍼시픽 인스타그램 광고' 사건의 판단 구조

① 기만성 인정: 아모레퍼시픽이 소셜 인플루언서들에게 경제적 대가를 지급하였음에도 인스타그램 게시물에 이러한 사실이 공개되지 아니한 채 광고가 게시되도록 은폐 또는 누락하였다.

② 오인가능성 인정: 이러한 광고는 소비자로하여금 상업적 광고라는 사실을 인식하지 못하고 인플루언서의 개인 경험을 토대로 한 자발적 추천으로 오인하거나 오인할 우려가 있다.

③ 중요사항 해당성: 개인 경험에 기초한 자발적 게시글인지, 경제적 대가를 받은 상업적 광고인지는 소비자들의 구매 결정에 있어 반드시 알아야 할 중요 사항에 해당된다.

④ 공정거래질서 저해 우려: 경제적 대가 수령 사실의 은폐 또는 누락은 시장의 공정한 거래질서를 저해할 우려가 있다.

이 사건에서 눈에 띄는 점은 아모레퍼시픽이 광고대행사에 전달한 광고 가이드에는 「표시광고법」 관련 주의사항이 포함되어 있었다는 것이다. 그 내용이 무엇이며 어느 정도로 구체적인지와 관련하여서는 의결서에 적시되지 않아 확인할 수 없다. 다만, 아모레퍼시픽이 당해 사건 조사 단계부터 위원회의 심리 종결 시까지 일관되게 행위사실을 인정하면서 위법성 판단에 도움이 되는 자료를 제출하거나 진술을 하는 등 적극적으로 협력했다는 점, 또한 이 사건 조사가 개시되기 이전부터 광고대행사에 경제적 대가 관계를 표시하도록 지시·요구하는 등 위법행위를 하지 아니하기 위하여 사전에 상

당한 주의를 기울였던 점으로 과징금의 30%가 감경된 사실을 상기할 필요가 있다. 이를 감안한다면 해당 사건의 뒷광고 발생 원인은 광고주인 아모레퍼시픽의 관리 소홀과 함께 광고대행사 및 인플루언서의 고의 · 과실이 결합된 것으로 추측된다. 그럼에도 불구하고 공정거래위원회는 광고주인 아모레퍼시픽과는 달리, 광고대행사 및 인플루언서를 대상으로 하여 책임을 묻지는 않은 것으로 보인다.

이처럼 광고대행사 등의 진실성 위반은 광고주에게 최종적 책임을 지울 가능성이 높다. 설령 광고주의 과실 없음이 인정되어 광고주가 부당광고의 법적 책임을 면하게 된다 하더라도, 시장의 소비자들은 그 책임을 광고대행사 등이 아닌 광고주에게 돌릴 것이다. 상품 및 서비스의 판매 촉진을 목적으로 했던 광고로 인해 광고주인 기업과 해당 상품 등의 신뢰가 오히려 급락한다. 이를 감안한다면 광고대행사 등이 부담하는 진실성 준수는 소비자뿐 아니라 광고주에 대한 책임이기도 하다.

한편, 만일 광고주가 적극적으로 부당한 표현의 광고를 제작하도록 요구한 경우는 어떻게 해야 할 것인가가 문제된다. 이와 관련하여 이종영은 광고대행사 등이 본인의 역할을 어떻게 인식하느냐에 따라 처신이 달라질 것이라고 이야기한다(이종영, 2002). 자신을 광고기술자라고 인식한다면 광고주의 요구에 순응할 것이나, 자신을 광고전문가로 인식한다면 요구되는 광고의 내용을 변경하도록 광고주에게 권할 것이다. 무엇을 택할 것이냐는 이종영이 말했듯 본인 스스로의 역할 인식에 달렸다고 할 것이다. 하지만 광고윤리적 차원에서 진실성의 요구는 광고 표현의 한계가 되기에 광고대행사 등은 올바른 광고를 위해 광고주에 대한 자문 기능을 수행할 필요가 있

다. 그리고 이것이 광고대행사 등이 스스로를 광고산업의 전문가로
지키는 길일 것이다.

② 광고 매체의 윤리

광고 매체는 광고주의 의뢰를 받아 광고대행사 등이 제작하는 광
고를 소비자에 노출하는 역할을 한다. 광고의 흐름을 '제작-전달-
수용'이라고 단순화시킨다면, 광고 매체는 전달의 역할을 수행한다.
다만, 광고 매체는 전달자이지 심부름꾼이 아니다. 노출을 의뢰받은
광고가 해당 매체에 적합한지, 법규범 및 윤리 기준에 반하는 사항
은 없는지 검토하여야 할 책임을 진다. 소비자가 해당 매체를 통해
광고를 수용하는 이유는 광고에 대한 신뢰가 아닌 해당 매체에 대한
신뢰 때문이다.

인터넷 언론이 활성화됨에 따라 광고 매체의 윤리와 관련하여 쟁
점사항으로 부각된 것 중 하나가 네이티브 광고다. 인터넷 신문 등
의 무분별한 광고 노출로 인해 소비자들의 광고회피 성향은 강해
졌고, 이로 인해 일부 소비자들은 모바일 내에 광고 차단 프로그램
을 설치하기에 이르렀다. 수입의 대부분을 광고비에 의존하던 인
터넷 언론사들은 새로운 방법을 모색할 수밖에 없었으며, 이것이
바로 네이티브 광고였다. 미국의 인터랙티브광고협회(Interactive
Advertising Bureau: IAB)에 따르면, 네이티브 광고란 "이용자들이 느
끼기에 페이지 내용과 잘 화합하고, 디자인에 잘 동화되며, 플랫폼의
성격과 조화를 이루는 유료 광고"로 정의된다. 네이티브 광고는 기
사형 광고라고도 불리는데, 독자로 하여금 객관적이고 신뢰할 만한
내용으로 보이기 위해 기사 형태의 외형을 취하기 때문이다(이희옥,

2018).[2] 네이티브 광고는, 플랫폼의 기능, 레이아웃/디자인, 콘텐츠의 속성에 부합하는 광고라고 말할 수 있다(김선호, 김위근, 2015).

네이티브 광고가 광고윤리적으로 문제되는 이유는 기사와 광고의 혼동가능성 때문이다. 광고는 진실해야 한다는 것이 광고윤리의 대원칙이다. 소비자는 광고가 설득을 목적으로 하는 커뮤니케이션임을, 그리하여 어느 정도의 미화 내지 과장이 허용됨을 인지하고 있다. 소비자는 광고를 접함에 있어 미화 내지 과장을 양해하고 걸러낸다. 하지만 언론이 작성하는 기사에 대해서는 정보 그 자체로 받아들이는 경향이 강하다. 언론의 역할을 대표하는 핵심키워드는 사실성, 객관성, 공정성, 불편부당성 등이기 때문이다. 이에 기사 형식을 띠는 네이티브 광고는 어느 정도의 미화 내지 과장이 존재할 것이라는 소비자들의 심적 거름망을 제거한 채 노출될 확률이 크다. 또한 네이티브 광고가 문제되는 지점은 광고윤리에 국한되지 않는다. 네이티브 광고는 광고 매체인 언론사가 직접 광고를 영업하고 제작하게 되는데, 이는 앞서 이야기했던 사실성, 객관성, 공정성, 불편부당성이라는 전통적인 언론의 정체성을 위협하기도 한다(이준웅, 2017).

이러한 위험을 방지하기 위해 기사와 광고는 명확히 분리될 필요

---

2) 다만, 네이티브 광고와 기사형 광고가 동일한 것을 의미하는지에 관해서는 견해가 갈린다. 예를 들어, 김선호와 김위근은 기사형 광고, 협찬 기사, 네이티브 광고를 구분하여 인식한다. 이에 따르면, ① 기사형 광고란 뉴스 기사 의 형식을 취하지만 지면 위치상 기사와 분리되어 광고 면에 게재된 정보를, ② 협찬 기사는 뉴스 기사의 형식을 취하면서 기사 면에 게재되지만 후원 또는 협찬의 사실을 밝히지 않는 정보를, ③ 네이티브 광고는 협찬 기사와 동일하나 후원·협찬의 사실을 명확히 밝히는 정보를 의미한다(김선호, 김위근, 2015). 생각건대, 지면 신문에서는 기사형 광고와 네이티브 광고를 구별할 실익이 있으나, 모바일을 포함한 온라인 신문에서는 이에 대한 구분이 모호하며 불가능하기까지 하다. 게다가 기사형 광고나 협찬 기사와는 달리 네이티브 광고는 인터넷 언론을 전제로 하는 광고 유형이기에 네이티브 광고를 기사형 광고와 구분하여 논할 필요는 없어 보인다.

가 있다. 현행 「신문법」 제6조 제3항 또한 "신문·인터넷신문의 편집인 및 인터넷신문의 편집인 및 인터넷뉴스서비스의 기사배열책임자는 독자가 기사와 광고를 혼동하지 아니하도록 명확하게 구분하여 편집하여야 한다."고 규정한다. 관련하여 참고할 만한 판결이 있다. 이 사건은 언론사가 A사를 2011년 하반기 중소기업브랜드 대상 소셜커머스 부문 수상업체로 선정함과 동시에 광고임을 명시하지 않고 A사의 광고를 게재한 사안이었다. 이에 대해 대법원은 언론사의 손해배상 책임이 언론기관의 기사형 광고 게재에 있어서 광고와 기사의 구분의무 및 독자의 보호의무 등을 인정해 배상책임을 인정하였다(대법원 2018. 1. 25. 선고 2015 다210231 판결).

한편, 2015년 한국언론진흥재단 연구센터는 네이티브 광고에 대한 일반인 인식조사를 실시했다(김선호, 김위근, 2015). 이 조사에 따르면 네이티브 광고를 광고로 인식한다는 응답이 47.6%, 기사로 인식한다는 응답이 52.4%로 양자에 대한 응답이 거의 비슷한 비율이었다. 하지만 네이티브 광고에서 플랫폼이 광고임을 충분히 밝히고 있는지에 관한 질문에서 '그렇지 않다'(65.9%)가 '그렇다'(34.1%)에 비해 두 배가량 많았다. 기사와의 혼동 가능성에 관한 질문에서 소비자들의 응답 비율을 주목해 볼 필요가 있다. 소비자들은 '네이티브 광고가 독자들에게 광고와 기사를 구분함에 있어 혼동을 준다.'에서는 80.0%가, '기사라고 읽었는데 광고일 경우, 속았다는 기분이 들 것 같다.'에서는 77.0%가 그렇다고 응답했다. 기사와 광고를 혼동케하는 네이티브 광고에 대해 비윤리적이라고 받아들이는 것으로 해석할 수 있다. 하지만 소비자들이 네이티브 광고 그 자체를 비윤리적이라고 인식하는 것은 아닌 듯하다. '네이티브 광고는 광고임을 명확하게 표시하는 것이 중요하다.'라는 질문에 76.1%가, '기업의 협찬을 받았다고 분명하게 밝히면 네이티브 광고는 문제없다.'라는 질문에 68.5%가 그렇다고 응답한 것이다. 이는 소비자들이 네이티브 광고를 비윤리적인 광고로 인식하지는 아니하지만, 네이티브 광고에서 광고임을 명확히 밝히지 않는 행위는 비윤리적이라고 받아들인다는 의미다.

네이티브 광고는 이것이 기사가 아닌 광고임을 명확히 밝힐 필요가 있다. 이것은 윤리의 문제로 국한되는 것이 아니다. 광고 주체를 밝히지 않는다고 하더라도 현명한 소비자들은 이것이 기사가 아닌 광고임을 쉽게 눈치챈다(김병희, 2018). 그 경우 네이티브 광고의 주목도가 높아지는 것과는 달리 해당 광고 내용의 신뢰성은 떨어질 수밖에 없다. 결국 판매 촉진을 목표로 한 광고가 오히려 해당 제품에 대한 매력도를 감소시키게 되는 것이다.

참고로 기사와 광고의 분리는 신문에서만 요구되는 윤리가 아니다. 「정기간행물법」 제6조는 "정기간행물의 편집인은 독자가 기사와 광고를 혼동하지 아니하도록 명확하게 구분하여 편집하여야 한다."고 규정하고 있으며, 「방송법」 제73조 제1항 역시 "방송사업자는 방송광고와 방송프로그램이 혼동되지 아니하도록 명확하게 구분하여야" 한다고 규정하고 있다.

③ 광고주의 윤리

광고주는 경제적 비용을 들여 광고를 시행하는 주체이다(양승광, 2023). 따라서 언드 미디어(Earned Media)를 제외한 온드 미디어(Owned Media)와 페이드 미디어(Paid Media)에 노출되는 광고에 대해서는 광고주가 최종적으로 윤리적 · 법적 책임을 지게 된다. 이에 따라 앞서 서술한 광고대행사 및 광고 매체의 윤리기준은 광고주에게도 적용된다. 광고주가 부담하는 광고윤리는 기업이 고유하게 가지는 기업윤리의 중요한 내용이기도 하다(김종승, 2018). 광고 등 마케팅은 영리 추구라는 기업의 속성에 따라 행해지기 때문이다.

　기업으로서의 광고주는 기업윤리 중 하나로 거래관계에 있어 공정한 행위를 하도록 요구받는다(김종승, 2018). 기업은 자신의 우월적 지위를 남용하여 거래관계에 있는 다른 기업에게 부당한 일을 요구하거나 강요해서는 안 된다. 이러한 기업윤리는 광고주에게 광고대행사 등과 공정한 거래를 하도록 요구한다. 하지만 실제로는 이러한 윤리 기준이 잘 지켜지지 않는 것으로 보인다. 특히 광고대행사 등의 규모가 작으면 작을수록 그 정도는 더욱 심각하다. 2022년에 중소 광고 제작사 종사자 84명을 대상으로 최근 3년간 겪은 광고계약 관련 불공정 경험이 있는지를 물어본 결과, '대금 미지급 또는 지연지급'(56.0%), '계약 외의 업무요청'(39.3%), '계약금 또는 선급금 미지급'(28.6%), '잔금 시 대금 축소 지급'(27.4%). '계약서 미작성 또는 사후작성'(27.4%) 순으로 응답하였다. 또 중소광고대행사 종사자 116명을 대상으로 최근 3년간 겪은 광고계약 관련 불공정 경험이 있는지를 물어본 결과, 이에 대해 '대금 미지급 또는 지연지급'(47.4%), '계약 외의 업무요청'(45.7%), '계약금 또는 선급금 미지급'(19.8%), '잔금 시 대금 축소 지급'(19.0%). '계약서 미작성 또는 사후작성'(15.5%) 순으로 응답하였다(양승광, 2022).

　광고거래에 있어 문제되는 불공정 유형 중 하나는 광고대행 계약 전후에 제시된 아이디어 도용이다. 광고주가 입찰 경쟁에서 제시된 아이디어 또는 광고계약 파기 전에 제시된 아이디어를 그대로 활용하는 경우다. 이러한 아이디어 도용은 「부정경쟁방지법」상의 부정경쟁행위로 2018년에 추가되었다. 제2조 제1호 차목은 "사업제안, 입찰, 공모 등 거래교섭 또는 거래과정에서 경제적 가치를 가지는 타인의 기술적 또는 영업상의 아이디어가 포함된 정보를 그 제공목적에 위반하여 자신 또는 제3자의 영업상 이익을 위하여 부정하게 사용하거나 타인에게 제공하여 사용하게 하는 행위. 다만, 아이디어를 제공받은 자가 제공받을 당시 이미 그 아이디어를 알고 있었거나 그 아이디어가 동종 업계에서 널리 알려진 경우에는 그러하지 아니하다."라고 규정한다.

이 조항이 최초로 적용된 대법원 판결이 2020년에 선고된 소위 'BBQ 치킨 광고 콘티' 사건(대법원 2020. 7. 23. 선고 2020다220607 판결)이다. 2017년 BBQ 치킨 프랜차이즈 본사인 甲(갑)은 A광고대행사와 신제품의 명칭 및 광고 콘티 등을 제작하는 광고계약을 체결했다. 이 계약에 따르면 甲(갑)은 A에게 광고용역 결과물의 제작비 전액을 지급하여야 이에 대한 권리를 취득한다. 그러나 甲(갑)은 A에게 제작비를 지급하지 않은 채 계약을 파기하고, 다른 B광고대행사를 통해 A가 만든 콘티로 광고를 제작하고, A가 만든 제품 명칭으로 신제품을 출시했다. 이에 대해 대법원은 아이디어의 무단 사용을 인정하였으며, A사는 그로 인해 약 5천만 원의 제작비를 지급받을 수 있었다. 관련하여 신제품의 명칭 및 광고 콘티가 보호되어야 할 아이디어라는 사항은 이 사건의 원심인 고등법원 판결에 자세히 설명되었다(서울고등법원 2020. 2. 6. 선고 2019나2031649 판결). 내용의 중요성을 감안하여 고등법원 판결문 중 해당 부분을 옮기기로 한다.

① A는 제품명과 마케팅에 관한 기획안 등 'J치킨' 제품 출시와 판매를 위한 전략과 이 사건 광고 영상의 기획 및 촬영을 위한 전략을 구상하고, 그 구상을 구체화하여 이 사건 네이밍과 이 사건 콘티 등 이 사건 광고용역 결과물을 창작하였다.

② 이 사건 네이밍 중 '서프라이드'는 기존에 존재하지 않던 명칭으로서 'J치킨'이 식감, 외형 등에서 기존 제품들과 차별화된 새롭고 놀라운 제품이라는 콘셉트(Concept)에 맞도록 단어를 조합하여 새롭게 창작한 것이다.

③ 이 사건 콘티는 주인공이 화면 중심부에 등장하여 걸어 나오면서 배경이 역동적인 여러 장면으로 전환되는 상태에서 제품에 대한 설명을 이어가는 방식으로 구성되어 있다. 이러한 광고기법이 기존에 이미 존재하는 것이라 하더라도, A는 수많은 다양한 광고기법 중에서 해당 제품의 특성과 甲(갑)이 추구하는 브랜드와 제품의 이미지 등을 고려하여 이와 같은 특정의 구성방식을 채택하여 광고영상을 제작하기로 결정한 것이다. 또한 A는 광고영상의 배경 구상에 있어 맛과 형태가 새로운 제품이라는 뜻의 '서프라이드' 네이밍에 부합하도록 장소적 배경으로 댄스클럽과 익스트림스포츠(자전거 묘기, 스케이트보드 묘기) 경연장 등을 채택하였다. 이러한 특정의 광고기법의 채택과 그 기법을 어떠한 인물과 동작, 배경 등의 구성을 통해 구체화할지를 정하는 것은 A가 축적된 경험과 노하우를 토대로 창작성을 발휘한 부분이다. 비록 甲(갑)이 사건 광고용역 수행을 위한 논의 과정에서 A에게 광고영상의 각 장면들을 활동적 내지 역동적인 느낌을 줄 수 있는 상황과 장소로 설정해 줄 것을 요구하였기는 하였으나, 이러한 추상적인 요청으로 곧 이 사건 콘티의 영상과 같은 구체적인 장소와 상황이 연상되는 것이 아니므로, 甲(갑)이 그 창작에 실질적으로 기여하였다고 보기는 어렵다.

④ 제품광고를 위한 방송용 영상물을 제작하기 위해서는 제품과 광고영상

물의 기본적인 콘셉트와 전체적인 구도 및 상세 장면을 기획·설정하는 창작적 부분이 전체적인 광고영상물 기획·제작 과정의 출발점이면서 기반을 형성하는 한편, 그 이후의 나머지 과정은 위와 같이 창작된 것을 구체적으로 실행하는 업무이므로, 이 사건 광고용역에 있어 위와 같은 창작 부분이 갖는 비중은 상당하다. 이러한 창작업무를 비롯한 광고용역은 외식사업자인 甲(갑)이 직접 수행할 수 없는 분야라서 A와 같은 광고업 전문 사업자에게 위탁하여 진행하였던 것이다. 그리고 '서프라이드' 네이밍과 이 사건 콘티는 A의 창조적 아이디어가 구체적으로 형상화된 결과물로서 그 목적 대상 제품과 광고영상물 제작에 곧바로 적용·활용할 수 있는 정도의 완성도를 갖추고 있었다.

⑤ A는 이 사건 광고용역 결과물을 창작하기까지 한 달 정도의 시간과 10여 명의 인력을 투입하였고, 직접적으로 이 사건 네이밍과 이 사건 콘티에 관한 영상을 기획·제작하는 것은 물론 통합마케팅 기획안 등 이 사건 네이밍 및 이 사건 콘티의 도출과 간접적으로 관련된 업무를 수행하는 데에 상당한 인건비를 투입하였다.

⑥ 또한 앞서 본 바와 같이 이 사건 네이밍과 이 사건 콘티는 이 사건 계약이 유지 내지 갱신될 경우 계약당사자 상호 협의 하에 예정된 일정에 따라 공개될 상황이었기는 하였어도 그에 위반되는 범위 내에서는 이 사건 계약 조항에 따라 비밀로 유지되어야 할 대상이었고, 더욱이 이 사건과 같이 이 사건 광고용역 수행 도중 이 사건 계약이 종료된 상황에서는 甲(갑)이 A에게 제작비 상당액을 지급하지 않는 한 그 소유권이나 지식재산권 등의 사용 권한을 갖지 못하고 그 내용도 비밀로 유지되어야 할 대상이었다.

⑦ 이상의 사정을 종합하여 보면, 이 사건 네이밍 중 '서프라이드'와 이 사건 콘티의 구성방식 및 인물과 동작, 배경의 구체적 설정 등은 부정경쟁방지

법 제2조 제1호 (차)목에 규정된 甲(갑)이 A와의 거래과정에서 취득한 경제적 가치를 가지는 A의 아이디어가 포함된 정보이고, 같은 호 (카)목에 규정된 A가 상당한 투자나 노력으로 만들어진 성과라고 봄이 상당하다.

④ 윤리 주체의 확장

광고윤리의 수범자는 전통적으로 앞에서 본 것과 같이 광고주, 광고 제작자, 그리고 광고 매체일 것이다. 하지만 이제 광고윤리의 주체를 여기에 한정시켜서는 안 될 것만 같다. 인터넷 정보통신기술의 발달은 커뮤니케이션의 방향을 다원화시켰다. 광고 혹은 광고의 대상이 되는 상품 · 서비스에 초점을 맞추어 생각하자면 광고주에서부터 소비자로만 향하던 정보의 일방향 전달이, 소비자에서부터 광고주로, 그리고 소비자에서부터 다른 소비자로의 전달이 가능해졌다. 그리고 소비자에게 가장 신뢰를 얻는 정보는 아이러니하게도 광고주로부터 나오는 정보가 아닌 다른 소비자로부터 나오는 정보가 되었다. 이러한 정보 전달의 다방향화, 정보 신뢰성 소재의 변화는 광고주의 광고 제작 의뢰 형태에도 변화를 주게 된다. 특정한 광고대행사 하나에게 광고 제작을 의뢰하던 방식에서 벗어나 다수의 소비자에게까지 광고를 의뢰하게 된다. 개별 소비자의 블로그 등 SNS를 광고의 매체로 활용하게 되는 것이다. 이러한 상황에서 SNS의 계정주인 소비자는 광고 제작자이자 광고 매체주로 기능하게 된다. 그리고 그들은 수익을 이유로 광고주의 기만적인 광고행위에 동조할 가능성을 가지게 된다(추정완, 2019). 이것은 광고윤리의 적용 범위가 광고주, 광고 제작자, 광고 매체사 등을 넘어 소비자까지 확대되는 순간이다.

이와 관련하여 문제되는 것이 소위 '뒷광고'다. 뒷광고는 인플루언서 등이 제품 사용 후기 콘텐츠를 제작하면서, 업체로부터 상품협찬 및 광고료를 받았음에도 이를 밝히지 않거나 축소하여 기재함으로써 그 대가성을 쉽게 인식할 수 없도록 하는 것을 의미한다. 소비자가 일반적인 광고보다 다른 소비자의 사용 후기 콘텐츠에 더욱 높은 신뢰를 주는 이유는 해당 콘텐츠 제작에 있어 별도의 물질적 대가가 없기 때문이다. 물질적 대가 없이 자신의 시간과 노력을 들여 콘텐츠를 제작하여 유포한다는 것은, 진실성에 기반한 공익적 행위로 인식된다. 뒷광고가 사회적으로 문제가 된 것은 이러한 일반 소비자의 인식을 적극 활용하면서도 그 신뢰를 배신하는 행위인 탓이다.

뒷광고는 「표시광고법」이 금지하는 부당한 광고 유형 중 하나인 기만적 광고로 볼 수 있다. 첫째, 광고주로부터 받은 대가를 표시하지 않았거나 축소된 표기를 통해 소비자로 하여금 인식이 어렵도록 하였으며(기만성), 둘째, 광고내용은 콘텐츠 제작자 개인이 가지는 순수한 의견, 평가, 추천 등으로 오인할 우려가 크며(소비자 오인성), 셋째, 이로 인해 소비자의 합리적인 구매 결정을 방해함으로써 공정한 거래를 저해하기 때문이다(공정거래 저해성)(강미영, 2021). 한편, 뒷광고가 사회적으로 문제가 되자 공정거래위원회는 2020년 9월 '추천·보증 등에 관한 표시·광고 심사지침'을 개정하였다. 이용후기를 비롯한 대가가 있는 추천·보증 콘텐츠 제작에 있어 그 대가관계 공개에 관한 표시 원칙을 정한 것이다. 주요 원칙은 총 네 가지인데, ① 경제적 이해관계 표시문구가 추천·보증 내용과 근접한 위치에 있을 것, ② 경제적 이해관계 표시문구가 쉽게 인식할 수 있는 형태로 표현할 것, ③ 경제적 이해관계 표시문구가 명확하게 표시할 것, ④ 경제적 이해관계 표시를 동일한 언어로 표시할 것 등이다. 심사지침에는 경제적 이해관계 표시에 관한 예시 역시 구체적으로 기술하였는바, 이를 표로 정리한다면 〈표 2-3〉과 같다.

〈표 2-3〉 '추천·보증 등에 관한 표시·광고 심사지침'의 경제적 이해관계 표시 예시

유형	적절한 표시	적절하지 않은 표시
블로그, 카페 등 문자를 통한 추천·보증	- 파워블로거가 자신의 블로그에 ○사의 살균세척기 추천글을 게재하면서 수수료를 받기로 한 경우, '소정의 수수료를 지급받음' - 인플루언서가 ○○사로부터 일정금액을 받고 자신의 SNS에 ○○사 상품에 대한 실제 이용후기를 올린 경우, '소정의 원고료를 지급받았지만, 저의 솔직한 후기입니다' - 포털사이트 이용자가 전체 공개된 인터넷 카페 또는 포털사이트의 질의응답 게시판에 ◇◇사와 관련된 상품 등의 추천·보증글 또는 답변글을 게재하고 ◇◇사로부터 수수료를 받기로 한 경우, '수수료를 받음' '대가성 광고'	- 인플루언서가 ○○사로부터 대가를 받고 개인 블로그에 ○○사의 상품 홍보글을 게재하였으나, 대가를 받았다는 사실을 본문과 구분되지 않는 형태로 중간에 삽입하여, 소비자가 이를 인식하기 어려운 경우

사진을 통한 추천·보증	– 화장품을 제공받은 대가로 SNS에 후기를 남기는 경우, 업로드한 사진 속에 '협찬 받았음'이라는 문구를 배경과 명확히 구분이 되도록 삽입 – 인플루언서가 광고료를 지급받아 SNS에 다이어트 보조제 후기를 남기는 경우, 본문의 첫 줄에 '광고입니다'라고 작성	– 사진 내에 삽입한 표시 문구가 배경에 의해 명확하게 드러나지 않는 경우 – 여러 해시태그 사이에 표시문구를 입력하여 소비자가 이를 인식하기 어려운 경우
동영상을 통한 추천·보증	– 금전적 대가를 지급받아 상품을 추천하는 동영상을 업로드하면서, 게시물의 제목에 '[광고] ○○ 솔직 리뷰'라고 입력 – 금전적 대가를 지급받아 상품 사용 후기만을 위한 동영상을 업로드하면서, 영상 시작부분과 끝부분에 '소정의 광고료를 지급받았습니다.'를 언급하고, 자막 등을 통해 5분마다 반복적으로 표시 – 상품을 무료로 지급받고 동영상의 일부를 상품 후기로 활용하는 경우, 상품 후기의 시작부분과 끝부분에 '협찬받음'이라는 자막을 삽입하고 5분마다 반복적으로 표시 – 광고에 해당하는 부분이 재생되는 동안 '유료 광고' 등 광고임을 쉽게 알 수 있는 배너를 활용하여 동영상에 표시 – 유명인의 의도적인 상품·브랜드 노출을 통한 추천·보증 등이 포함된 동영상의 경우, 동영상의 시작부분과 끝부분에 '협찬 광고 포함' 문구를 삽입	– 동영상을 업로드하면서 제목에 '○○상품을 사용해 보고 촬영한 후기(협찬받았어요)'라고 길게 입력하여, 모바일 화면에는 '○○상품을 사용해 보고 촬영…'이라고만 표시되어 소비자가 광고임을 인식하기 어려운 경우

실시간 방송을 통한 추천·보증	– 금전적 대가를 지급받고 실시간 방송을 통하여 화장품 리뷰를 하는 경우, 방송 중간부터 시청하는 소비자들도 경제적 이해관계가 있음을 알 수 있도록 5분마다 '광고료를 지급받았음' 등을 언급 – 협찬을 받아 상품을 추천하는 실시간 방송을 송출하는 경우, 소비자가 쉽게 인식할 수 있도록 방송의 제목에 '협찬 광고 중'이라고 명시	– 1인 방송에서 상품 리뷰를 약 30분 동안 진행하면서 경제적 이해관계가 있음을 단 한 차례만 언급하여 중간부터 시청하는 소비자들이 이를 인식할 수 없는 경우

산업 차원의 윤리

① 광고 대상물의 적합성

광고산업 차원의 윤리로서 제일 먼저 생각할 수 있는 것은 광고의 대상이 되는 제품 및 서비스의 광고 적합성이다. 광고의 목적이 제품 및 서비스의 판매 촉진임을 고려할 때, 판매 및 이용이 사회의 유지·존속 및 발전을 저해한다면 해당 제품 및 서비스의 광고는 금지되어야 한다. 「방송광고심의에 관한 규정」 제4조는 시청자의 윤리적 감정이나 정서를 해치는 표현을 금지하고 있으며, 제3조 제2항은 위법행위를 조장하는 방송광고를 금지하고 있다. 하지만 사회적으로 유해한 상품이 반드시 법적으로 판매가 금지되는 상품은 아니며, 그러한 상품의 광고 표현은 오히려 정중하며 매력적일 수 있다. 합법적 제품이지만 시민의 신체적·심리적 건강을 해친다고 판단되는 경우 광고대행사 등은 그러한 광고의 제작을 거부할 필요가 있다. 하지만 광고업계에 미치는 해당 광고주의 영향이 크다고 한다면, 광고회사가 윤리를 이유로 들어 해당 광고만을 선택적으로 거부하기란 쉽지 않은 일이다(O'Barr, 2007). 따라서 가장 효과적인 방법은 광고산업 종사자에게 이를 맡겨 두는 데 앞서, 법규범을 통해 해당 제품에 대한 광고를 금지하든지 그 범위를 엄격히 제한할 필요가 있다(추정완, 2019). 이러한 점을 감안한다면 국가 역시 광고윤리에 민감할 필요가 있다. 국가가 광고윤리의 준수 주체는 아니지만, 산업의 각 주체들이 광고윤리를 지키고 발전시켜 나갈 수 있도록 환경을 조성해 나갈 책임을 진다.

②광고 대상자의 적합성

브렌커트(G. Brenkert)는 마케팅에 취약한 집단을 규정하며, 그 취약성을 육체적 취약성, 인지적 취약성, 동기적 취약성, 사회적 취약성으로 구분한다. 그에 따르면 이러한 마케팅 취약 집단에게 통제 범위를 넘어서 제품을 구매하도록 만드는 행위는 사회적 해악이다(Brenkert, 1998). 관련하여 특히 문제되는 것은 어린이를 대상으로 한 광고다.

어린이를 대상으로 한 광고가 문제되는 이유는 미성숙한 인지능력으로 인해 광고 메시지를 적절히 소화할 수 없다는 점과 어린 시절의 경험이 성인이 된 후에도 지속적으로 영향을 줄 수 있다는 점이다(김광협, 2010). 광고 대상자로서의 어린이를 보호하려는 움직임은 전 세계적으로 나타난다. 예를 들어, 미국은 1974년부터 어린이 광고 심사위원회(Children's Advertising Review Unit: CARU)를 운영, 어린이 대상 광고에 관한 가이드라인과 함께 TV, 신문, 잡지 등의 어린이광고를 모니터링하고 있다.

우리나라 역시「방송법」에서 어린이를 주 시청대상으로 하는 방송프로그램의 방송광고시간 및 전후 토막광고시간에는 반드시 광고임을 밝히는 자막을 표기하도록 하여 어린이로 하여금 방송프로그램과 방송광고를 구분할 수 있도록 하고 있다(제73조 제1항). 또「방송광고의 심의에 관한 규정」제23조에서는 그 제목을 '어린이 · 청소년'으로 놓고 이들을 보호하기 위한 가이드라인을 설정하고 있다. 특히 제2항 제3호는 '상품을 구입하도록 어린이를 충동하거나 부모 등에게 상품 구매를 요구하도록 자극하는 표현'을 금지하는데, 이는 어린이의 미성숙한 인지능력을 염두에 둔 것으로 생각된다. 이 외에도 어린이 및 청소년을 위한 방송광고 시간을 제한하는 법령이 존재하는바, 그 내용은 〈표 2-4〉와 같다.

〈표 2-4〉 어린이 · 청소년 보호를 위한 방송광고 시간 제한

품목	제한 시간	근거
고열량, 저영양, 고카페인 식품	• 17~19시 • 어린이 주시청 방송프로그램의 중간광고	•「어린이식생활법」제10조 및 같은 법 시행령 제7조의2
주류 (17도 이하)	• TV : 07~22시 • 라디오: ① 17시~익일 8시, ② 08~17시의 미성년자 대상프로그램도 포함	•「국민건강증진법」제7조 및 같은 법 시행령 10조 별표1 •「방송광고심의에 관한 규정」제43조의2
청소년 유해매체물	• 어린이 · 청소년 대상 방송프로그램	
어린이 의약품	• 어린이를 주 시청대상으로 하는 방송프로그램	•「방송광고심의에 관한 규정」제43조의2
유료전화 정보서비스	• 어린이를 주 시청대상으로 하는 방송프로그램	

한편, 주류광고에 대해서는 2021년 「국민건강증진법 시행령」의 개정으로 광고 제한 매체가 확대되었다. 기존의 주류광고의 방송광고 시간 제한 매체는 TV 및 라디오에 불과했으나, 이번 개정으로 데이터방송, IPTV 및 DMB까지 확대되었다. 또 아동·청소년 대상 행사 개최 시 주류광고를 금지하였고, 교통시설 및 교통수단에서의 금지 역시 기존의 지하철 역사 및 차량에서 버스, 지하철, 철도, 택시 등 교통시설 및 버스터미널, 도시철도 시설 등으로 확대하였다. 게다가 벽면 이용 간판 또는 옥상 간판에서 송출되는 동영상의 주류 광고물의 시간대 제한(7~22시)을 신설하였다. 보건복지부는 이번 개정의 목적으로 음주를 조장하는 환경적 요인(주류광고)으로부터 아동·청소년을 포함한 국민을 보호하고자 한다고 밝혔다. 하지만 OTT 서비스 및 인터넷멀티미디어 방송의 주문형 비디오(VOD)의 재생 전·후에서 송출되는 주류광고는 그 범위에서 제외되었다는 점에서 아쉬움은 남아 있다.

어린이뿐 아니라 노인을 대상으로 한 광고에도 윤리가 중요하게 고려되어야 한다는 견해가 있다(이종영, 2002). 노인의 특성상 노인을 대상으로 한 광고는 의약품(건강식품), 관광, 실버타운, 투자 등이 주로 행해지는데, 이들 품목과 관련하여서는 허위·과장이 이루어지기 용이하다는 것이다. 특히 건강에 관심이 높은 노인의 특성상, 광고가 약품 및 건강식품의 오남용을 유발하기 쉽다고 지적한다.

③ 광고 집행 결과의 정확성 및 신뢰성

디지털광고시장의 확대에 따라 광고산업의 윤리적 문제로 새롭게 부각된 것이 광고 집행 결과의 정확성 및 신뢰성이다. 이것은 이

전 전통적 광고, 즉 방송 및 인쇄 매체의 광고에서는 문제되지 않았던 부분이다. 방송광고 및 인쇄광고에서는 광고 집행은 사람의 눈과 귀로 확인할 수 있었던 사항이었기 때문이다. 하지만 디지털광고에서는 동일한 프로그램 콘텐츠라고 하더라도 수용자가 누구냐에 따라 노출되는 광고콘텐츠가 달라진다. 수용자 맞춤형 광고를 통해 광고집행의 효율성을 높인다는 것인데, 그에 따라 광고가 실제로 행해졌는지에 관해서 일일이 확인하는 것은 불가능하다. 디지털광고의 이러한 특성을 활용해 나타난 것이 다름 아닌 광고사기(Ad Fraud)다. 광고사기란 광고캠페인 진행에 있어 부당한 이익을 목적으로 한 데이터 조작행위라고 표현될 수 있는데 주요형태는 〈표 2-5〉와 같다.

이러한 광고사기의 피해는 직접적으로는 광고주가 입겠지만 궁극적인 피해자는 소비자가 된다. 제품 및 서비스의 가격에는 기업의 마케팅 비용까지 포함되어 있기 때문이다. 이로 인해 세계 각국은 전문기관을 통해 광고사기에 대응하기 위해 노력 중이다. 미국의 MRC(Media Rating Council)의 경우 미디어 광고 측정에 대한 표준 및 가이드라인을 개발하고, 업체의 개별 미디어 상품에 감사를 수행하

〈표 2-5〉 광고사기의 주요 형태

구분	형태
Pixel Stuffing	타깃이 인식 불가능한 하나의(1x1) 픽셀에 광고를 노출
Ad Stacking	복수의 광고를 겹쳐서 위치시킨 후 안 보이는 광고에 대해 노출로 집계
Domain Spoofing	프리미엄 도메인으로 위장된 사이트에 광고를 노출
Click Injection	타깃의 기기에 악성 소프트웨어을 설치하여 허위 클릭 조작
Cookie Stuffing	타깃 몰래 다수의 쿠키를 심어 구매 전환이 발생하면 Action으로 인식하여 과금

고 있다. 감사결과는 회원사와 공유되며, 투표를 통해 감사 대상이
되었던 상품에 대한 인증 여부를 결정한다.

// 광고법의 특징과 진실성의 요구

규제법으로서의 광고법[3]

우리나라 법에서 '광고'라는 단어가 처음 등장한 것은 1951년의
「국민의료법」이었다. 현행 「의료법」의 전신인 「국민의료법」 제42조
는 다음과 같다. "의료업자는 누구든지 전조의 규정에 의한 전문과
목의 표방이외의 학위 · 기능 · 약효 · 진료방법 또는 경력 기타에
관하여는 광고를 할 수 없다." 여기에서의 '광고'가 무엇인지에 관해
서는 별다른 정의가 되어 있지 않으나, 첫째, 제3절의 제목이 표방
과 광고를 구분하고 있다는 점, 둘째, 제41조가 "의료업자는 명령으
로 정한 바에 의하여 주무부장관의 허가 없이 그 전문과목을 표방할
수 없다."라 하여 '표방'에 관한 사항을 별도로 규정하고 있다는 점,
셋째, 제43조가 " … 표방 이외의 … 광고를 할 수 없다."라고 규정된
점으로 '광고'라는 개념에 관한 입법자의 인식을 미루어 짐작해 볼
수 있다. 첫째는 무엇이 광고인지는 보편적 상식에 맡겨진, 누구나
알 수 있는 개념이라는 것이며, 둘째는 '광고'는 '표방'을 포함하는 개

---

3) 이 항은 김병희, 이희복, 성윤택, 양승광(2021), 광고산업의 지속 성장을 위한 건전성 확보
방안 연구, 한국방송광고진흥공사. 57-65면을 수정 · 보완하였다.

념이라는 것이며, 셋째는 광고는 규제의 대상이라는 것이다(양승광, 2023).

「국민의료법」이 견지한 시각, 즉 광고가 규제의 대상이라는 시각은 광고 관련법에 대체로 계속 유지되고 있다. 우리나라 법률 중 그 명칭에 '광고'가 최초로 들어간 「광고물등단속법」(1962년 제정, 현행 「옥외광고물법」)에는 이름 자체에 '단속'이 포함되었다. 이와 같은 시각은 법률의 목적을 확인할 때 더욱 명확해진다. 「옥외광고물법」이 상정하는 옥외광고물이란 미관풍치와 미풍양속을 해쳐 공중의 안전하고 쾌적한 생활을 방해할 수 있는 것으로, 「표시광고법」과 「식품표시광고법」이 상정하는 광고는 소비자를 속임으로써 공정한 거래질서를 해치고 소비자의 권익을 침해할 수 있는 것으로 상정된다.

법률이 가지는 광고에 대한 이러한 태도는 법률의 조문 내용을 살필 때 더욱 두드러진다. 2022년 9월 현재 '광고'가 조문명에 들어간 법률조항은 총 132개로 62개 법률에 산재해 있다. 구체적으로 살핀다면 「표시광고법」 제3조(부당한 표시·광고 행위의 금지)처럼 조문명에 '금지'가 들어간 규정이 34개, 「공직선거법」 제137조(정강·정책의 신문광고 등의 제한)처럼 '제한'이 들어간 규정이 24개, 「어린이식생활법」 제10조(광고의 제한·금지)와 같이 '금지'와 '제한'이 동시에 들어간 규정은 4개다. 그 외 광고의 '심의' '자율규약' '실증' '기준'이 제목에 들어간 법률 조문은 17개다.

조문명에 금지나 제한, 심의, 자율규약, 제한 등이 들어가 있지 않는다 하더라도 그 조문 내용을 살핀다면, 「방송광고판매대행법」이나 「옥외광고물법」에 규정된 조직 및 진흥과 관련된 사항, 「가맹사업법」 제12조의6(광고·판촉행사 관련 집행 내역 통보 등)과 같이 회계 투명성과 관련된 사항을 제외하고는 모두 광고와 관련한 직·간접적 제한 내지 금지와 관련된 규정이라고 보아도 무방하다. 예를 들어, 「방송법」 제73조는 '방송광고 등'이라는 제목하에 제1항에서는 어린이 대상 프로그램에 방송광고가 지켜야 할 것들을 규정하고 있으며, 제2항에서는 방송광고의 유형을 규정하고 허용범위·시간·횟수 또는 방법 등에 관하여 대통령령으로 위임하여 방송광고에 대한 형식적 제한을 실시하고 있다.

이와 같이 광고 관련법률은 기본적으로 규제법에 해당한다고 할 수 있다. 그 이유는 무엇일까? 광고는 일종의 커뮤니케이션으로서 사람 간의 의사소통에 속하기 때문이다. 의사소통은 기본적이고 핵심적인 인간의 권리로서 극히 자연스러운 행동에 속한다고 할 수 있다. 이에 광고는 원칙적으로 「헌법」 제10조에 근거한 일반적 행동의 자유, 「헌법」 제15조에 의한 직업의 자유, 「헌법」 제21조에 의한 언론출판의 자유에 의한 보호를 받는다. 헌법재판소 역시 의사표현·전파의 자유에 있어서 의사표현 또는 전파의 매개체는 어떠한 형태이건 가능하며, 그 제한이 없어(헌법재판소 1993. 5. 13. 선고 91헌바17 결정) 광고도 사상·지식·정보 등을 불특정 다수인에게 전파하는 것으로서 언론·출판의 자유에 의한 보호를 받는 대상이 된다고 하였다(헌법재판소 1998. 2. 27. 선고 96헌바2 결정). 우리 「헌법」은 이처럼 광고를 자연스러운 것으로, 그리고 헌법상 보호되는 것으로 인식한다. 이에 법률은 광고를 언제 그리고 어떤 내용과 형식에 제한을 가하게 될 것인가 초점을 맞출 수밖에 없다.

광고의 진실성과 부당광고 규제

광고의 진실성을 요구하는 법률

광고윤리의 대표적인 내용은 광고는 진실해야 한다는 것이다. 우리 법 역시 광고에서의 진실성을 매우 중요하게 여기고 있다. 이에 따라 진실성에 관한 요구는 법률 및 하위법령에 산재해 있다. 법률 자체에서 직접 허위·과장광고 등을 금지하고 있는 것은 〈표 2-6〉과 같다. 심지어 「경범죄처벌법」에서도 허위광고를 한 사람에 대해 10만 원 이하의 벌금, 구류 또는 과료의 형으로 벌한다고 규정한다(제1조 제11호). 이러한 법률 중 「표시광고법」 제3조는 광고 일반에 대해 진실성을 요구하기에, 그에 관한 해석이 다른 법률의 해석에 적용된다고 볼 수 있다. 「표시광고법」 제3조 제1항은 '부당한 표시광고 행위 등의 금지'라는 제목으로 "사업자등은 소비자를 속이거나 소비자로 하여금 잘못 알게 할 우려가 있는 표시·광고 행위로서 공정한 거래질서를 해칠 우려가 있는 다음 각 호의 행위를 하거나 다른 사업자등으로 하여금 하게 하여서는 아니 된다."라고 하고 있으며, 각호에서는 거짓·과장의 표시·광고(제1호), 기만적인 표시·광고(제2호), 부당하게 비교하는 표시·광고(제3호), 비방적인 표시·광고(제4호)를 두고 있다. 다음에서는 「표시광고법」 제3조가 정하는 부당광고행위의 성립요건을 간략하게 설명하기로 한다.

〈표 2-6〉 허위·과장광고 등을 금지하는 법률조문

「표시광고법」 제3조(부당한 표시광고 행위 등의 금지)	「식품위생법」 제13조(허위표시등의 금지)

「식품표시광고법」 제8조(부당한 표시 또는 광고행위의 금지)	「양곡관리법」 제20조의3(거짓표시 등의 금지)
「농수산물품질관리법」 제29조(거짓표시 등의 금지)	「의료법」 제56조(의료광고의 금지 등)
「화장품법」 제13조(부당한 표시 · 광고 행위 등의 금지)	「의료기기법」 제24조(기재 및 광고의 금지 등)
「의료기사법」 제14조(과장광고 등의 금지)	「먹는물관리법」 제40조(거짓 또는 과대 표시 · 광고의 금지 등)
「대부업법」 제9조의3(허위 · 과장 광고의 금지 등)	「게임산업진흥법」 제34조(광고 · 선전의 제한)
「가맹사업법」 제9조(허위 · 과장된 정보제공 등의 금지)	「농약관리법」 제22조(허위광고 등의 금지)
「변호사법」 제23조(광고)	「자격기본법」 제33조(거짓광고의 금지 등)
「직업안정법」 제33조(거짓광고의 금지 등)	「결혼중개업법」 제12조(거짓 · 과장된 표시 · 광고의 금지 등)
「경범죄처벌법」 제1조(경범죄의 종류)	

부당광고행위의 성립요건

「표시광고법」 제3조의 내용은 다음과 같다.

제3조(부당한 표시 · 광고 행위의 금지) ① 사업자등은 소비자를 속이거나 소비자로 하여금 잘못 알게 할 우려가 있는 표시 · 광고 행위로서 공정한 거래질서를 해칠 우려가 있는 다음 각 호의 행위를 하거나 다른 사업자등으로 하여금 하게 하여서는 아니 된다.

1. 거짓 · 과장의 표시 · 광고
2. 기만적인 표시 · 광고
3. 부당하게 비교하는 표시 · 광고
4. 비방적인 표시 · 광고

② 제1항 각 호의 행위의 구체적인 내용은 대통령령으로 정한다.

제3조 제1항에 따라 부당광고의 성립요건을 다음 네 가지로 도출할 수 있다. 첫째, 광고행위가 있을 것, 둘째, 해당 광고가 각 호의 유형에 해당할 것(진실성 위반), 셋째, 소비자를 속이거나 소비자로 하여금 잘못 알게 할 우려가 있을 것(소비자오인성), 넷째, 공정한 거래질서를 해칠 우려가 있을 것(공정거래저해성)이다. 진실성 위반을 1차적 요건이라고 한다면, 소비자오인성과 공정거래저해성을 묶어 2차적 요건이라고도 할 수 있다(박수영, 2003; 이선희, 2017; 정원준, 2014).

① 광고행위가 있을 것

부당광고행위가 성립하기 위해서는 제일 먼저 광고행위가 있어야 한다. '광고'에 관해서는 「표시광고법」 제2조가 제2호가 정의하고 있다. 「표시광고법 시행령」 제2조에서는 광고 매체를 추가하여 나열하고 있는데, 제6호에서는 "그 밖에 제1호부터 제5호까지의 규정에 따른 매체 또는 수단과 유사한 매체 또는 수단"이라고 규정한다. 한편, 광고행위에 있어 유료성은 요구되지 않는 것으로 보인다. 대법원 역시 소위 '삼성전자 공기청정기' 사건에서 자사 홈페이지 및 카탈로그 등을 이용한 제품 성능 광고를 기만적 광고라고 보고 행해진 공정거래위원회의 시정명령 등 판단에 대해 이를 인정하였다(대법원 2021. 3. 11. 선고 2019두60646 판결). 따라서 부당광고에서의 광고는 일반인이 광고라고 생각할 수 있는 모든 것을 의미한다고 볼 수 있다.

「표시광고법」 제2조(정의) 이 법에서 사용하는 용어의 뜻은 다음과 같다.

1. (생략)

가. 자기 또는 다른 사업자등에 관한 사항

나. 자기 또는 다른 사업자등의 상품등의 내용, 거래 조건, 그 밖에 그 거래에 관한 사항

2. "광고"란 사업자등이 상품등에 관한 제1호 각 목의 어느 하나에 해당하는 사항을 「신문 등의 진흥에 관한 법률」 제2조제1호 및 제2호에 따른 신문·인터넷신문, 「잡지 등 정기간행물의 진흥에 관한 법률」 제2조제1호에 따른 정기간행물, 「방송법」 제2조제1호에 따른 방송, 「전기통신기본법」 제2조제1호에 따른 전기통신, 그 밖에 대통령령으로 정하는 방법으로 소비자에게 널리 알리거나 제시하는 것을 말한다.

「표시광고법 시행령」 제2조(광고의 방법) 「표시·광고의 공정화에 관한 법률」 제2조제2호에서 "대통령령으로 정하는 방법"이란 다음 각 호의 매체 또는 수단을 이용하는 것을 말한다.

1. 전단·팸플릿·견본 또는 입장권

2. 인터넷 또는 PC통신

3. 포스터·간판·네온사인·애드벌룬 또는 전광판

4. 비디오물·음반·서적·간행물·영화 또는 연극

5. 자기 상품 외의 다른 상품

6. 그 밖에 제1호부터 제5호까지의 규정에 따른 매체 또는 수단과 유사한 매체 또는 수단

② 진실성이 결여될 것

진실성이 결여된 광고라는 것은 거짓·과장, 기만, 부당한 비교, 비방을 통한 광고다. 「표시광고법 시행령」 제3조는 각 유형의 내용을 정하고 있다. 제1항부터 제4항까지는 각 유형을 정의하고 있으며, 각 유형의 세부적 기준은 별도의 지침을 두어 규율하고 있다(제5항). 이에 따라 공정거래위원회는 예규로서 열 가지 심사 지침을 두고 있다. 다음에서는 심사 지침의 내용 및 판결 사례에 따라 각 유형

을 설명하기로 한다.

> 「표시광고법 시행령」 제3조(부당한 표시·광고의 내용) ① 법 제3조제1항제1호
> 에 따른 거짓·과장의 표시·광고는 사실과 다르게 표시·광고하거나 사실
> 을 지나치게 부풀려 표시·광고하는 것으로 한다.
>
> ② 법 제3조제1항제2호에 따른 기만적인 표시·광고는 사실을 은폐하거나 축
> 소하는 등의 방법으로 표시·광고하는 것으로 한다.
>
> ③ 법 제3조제1항제3호에 따른 부당하게 비교하는 표시·광고는 비교 대상 및
> 기준을 분명하게 밝히지 아니하거나 객관적인 근거 없이 자기 또는 자기의
> 상품이나 용역을 다른 사업자 또는 사업자단체나 다른 사업자등의 상품등과
> 비교하여 우량 또는 유리하다고 표시·광고하는 것으로 한다.
>
> ④ 법 제3조제1항제4호에 따른 비방적인 표시·광고는 다른 사업자등 또는 다
> 른 사업자등의 상품등에 관하여 객관적인 근거가 없는 내용으로 표시·광고
> 하여 비방하거나 불리한 사실만을 표시·광고하여 비방하는 것으로 한다.
>
> ⑤ 제1항부터 제4항까지의 규정에 따른 부당한 표시·광고의 세부적인 유형
> 또는 기준은 공정거래위원회가 정하여 고시할 수 있다. 이 경우 공정거래위
> 원회는 미리 관계 행정기관의 장과 협의하여야 한다.

가. 거짓·과장의 광고

거짓·과장의 광고는 다른 유형에 비해 별다른 설명이 필요 없어 보인다. 시행령이 기술한 바와 같이 사실과 다른 광고를 거짓광고로, 사실을 지나치게 부풀린 광고를 과장광고로 이해하면 된다. 예를 들자면, ① 자사의 생산규모가 국내에서만 가장 큰 규모인데도 "세계최대의 규모"라고 광고하는 경우, ② 자사의 주주회원을 모집하면서 향후 자사주식의 공개상장여부는 미래의 불확실한 사실(영업실적 등 공개상장여건 충족 여부 등에 따라 결정)인데도 불구하고, "○○년에는 틀림없이 공개 상장되어 5,000원 권 주식이 6만 원선에 매각가능"이라고 마치 확실한 사실인 것처럼 광고하는 경우,

③ 단순히 수험교재 판매사업자로서 학원업을 운영하지 않음에도 마치 학원인 것처럼 '학원 개강' 등으로 광고하는 경우 등이다.

거짓과 과장은 다른 개념에 해당하지만 구체적 사례에서 이를 구분하기란 쉽지 않다. 따라서 실제 판단에 있어서는 양자를 구분하지 않은 채, 자연과학적 엄밀성이 아닌 사회통념을 기준으로 거짓ㆍ과장이 존재하는지를 검토하게 된다(정원준, 2014). 대법원 역시 "허위ㆍ과장의 광고는 ……보통의 주의력을 가진 일반 소비자가 당해 광고를 받아들이는 전체적ㆍ궁극적 인상을 기준으로 하여 객관적으로 판단하여야 한다."(대법원 2010. 7. 22. 선고 2007다59066 판결)라고 설시한다. 이것은 양자를 구분하기 어렵고 한계가 모호하며 거짓 광고와 과장 광고가 하나의 유형으로 묶여 있다는 이유 때문인 것으로 추측된다(이선희, 2017).

거짓ㆍ과장 여부의 판단은 광고 그 자체만을 가지고 하게 된다. 소비자의 인식에 중점을 둔 오인가능성이나 광고에 나타난 광고주의 태도에 중점을 둔 기만성의 판단과는 다르다. 대법원 역시 광고에 소비자가 본인의 사용 경험에 근거하여 당해 상품을 효능, 효과, 성능 등의 면에서 좋은 상품으로 평가ㆍ보증하거나 당해 상품의 구매ㆍ사용을 추천하는 내용이 포함되어 있던 사건에서 "그 추천ㆍ보증의 내용이 추천자가 실제로 경험한 사실에 부합한다고 하더라도 추천자의 경험 내용이나 판단 내용이 일반 소비자들에게 보편적으로 발생하는 현상이 아니거나 학계 등 관련 전문분야에서 일반적으로 받아들여지고 있는 견해가 아니라면 표시ㆍ광고행위를 한 사업자가 그 소비자가 추천ㆍ보증하는 내용이 진실임을 입증할 책임이 있다"(대법원 2013. 9. 26. 선고 2011두7632 판결)고 하여 거짓ㆍ과장의 판단이 광고 자체로 되어야 한다는 것을 분명히 하고 있다.

관련 판례

○ 소위 '홈플러스 가격할인 광고' 사건(대법원 2022. 4. 28. 선고 2019두 36001 판결)

– 1+1 광고: "광고상 1+1 판매가격이 종전거래가격의 2배와 같거나 그 2배보다 높다고 볼 수 있으므로, 이 부분 광고가 있기 전과 비교하여 일반 소비자들이 얻을 수 있는 경제적 이익이 없다고 볼 수 있으므로, 이는 표시광고법 제3조 제1항 제1호에서 정한 '거짓·과장의 광고'에 해당한다고 볼 여지가 크다."

– 가격할인 광고: "광고상 종전거래가격이 '광고 직전 판매가격'과는 같으나, '광고 전 20일 동안 최저 판매가격'보다는 높다. 또한 위 부분 광고에 해당하는 상품들을 '광고 전 20일 동안 최저 판매가격'으로 판매한 기간이 매우 짧거나 그 판매량이 미미하다고 볼 만한 특별한 사정이 없다. 따라서 광고상 종전거래가격이 실제 종전거래가격보다 높다고 볼 수 있으므로, 이는 표시광고법 제3조 제1항 제1호에서 정한 '거짓·과장의 광고'에 해당한다고 볼 여지가 크다."

나. 기만적인 광고

기만적인 광고란 사실을 은폐하거나 누락하거나 축소하는 등의 방법을 사용한 광고를 의미한다. '은폐'란 소비자의 구매선택에 중요한 영향을 미칠 수 있는 사실이나 내용의 전부 또는 일부를 지나치게 작은 글씨로 표기하거나 지나치게 짧은 시간을 할애하는 등의 방법으로 소비자가 현실적으로 이를 인식하기 어렵게 광고하는 것을 말한다. '누락'이란 소비자의 구매선택에 중요한 영향을 미칠 수 있는 사실이나 내용의 전부 또는 일부를 소비자가 인식하지 못하도록 당초부터 아예 밝히지 않거나 빠뜨린 것을 말한다. '축소'란 소비자의 구매선택에 중요한 영향을 미칠 수 있는 사실이나 내용을 표시 또는 설명하였으나, 지나치게 생략된 설명을 제공하는 등의 방법으로 보통의 주의력을 가진 소비자가 이를 사실대로 인식하기 어렵게 광고하는 것을 말한다.

다만, 특정 정보가 은폐·누락·축소되었다는 사실만으로 곧바로 기만적인 광고에 해당되는 것은 아니다. 기만적인 광고에 관한 판단은, ① 은폐·누락·축소한 사실이 소비자의 구매선택에 중요한 영향을 미치는 것인지, ② 은폐·누락·축소함으로써 광고내용의 전후 맥락과 광고 전체 내용상 보통의 주의력을 가진 일반 소비자가 사업자나 상품에 대하여 그릇된 정보나 사실과 다른 인식을 가질 우려가 있는지, ③ 이를 통해서 소비자의 합리적인 의사결정이 저해될 우려가 있는지 등이 종합적으로 고려된다.

거짓·과장의 광고와 기만적인 광고는 소비자에게 사실과 다른 인식을 갖게 한다는 점에서 공통된다. 그러나 그 방법 면에서 전자는 적극적으로 진실하지 않은 사항을 진술하는 반면 후자는 소극적으로 진실의 전부 또는 일부에 대하여 은폐, 누락 또는 축소하는 데에서 그 차이가 있다. 예를 들어, ① 건축예정인 상가를 전단지를 통하여 광고하면서 사실과 다르게 "시공사: ○○○건설" "자금관리: XXX은행"이라고 적극적으로 허위사실을 주장하여 광고한 경우 거짓·과장의 광고에 해당하겠으나 ② 건축예정인 상가를 전단지를 통하여 광고하면서 아직 건축허가를 통해 규모와 용도가 확정되지 않았음에도, 이러한 사실을 밝히지 않은 채 대지면적, 연면적 및 층별 업종표 등을 제시하여 광고한 경우라면 기만적인 광고에 해당할 것이다.

다만, 사업자가 진실의 일부를 누락하였을 경우 이것이 기만적인 표시·광고에 해당하는지 거짓·과장의 표시·광고에 해당하는지 모호한 경우가 있을 수 있다. 이러한 경우 문제된 표시·광고행위가 거짓·과장의 표시·광고 및 기만적인 표시·광고의 구성요건을 동시에 충족한다면 법 제3조제1항 제1호 및 제2호를 중복 적용할 수 있다. 예를 들어, 휴대전화 임대고객모집 알선행사를 하면서 유선방송, 포스터, 전단지 등에 "아직도 최신 카메라폰을 돈주고 사십니까?" "이용고객 모든 분께 MP3 카메라폰을 드립니다."라고 광고하였다면 임대휴대폰을 사실과 다르게 무상으로 제공한다고 광고하였다는 점에서 거짓·과장의 광고행위에 해당할 수 있고, 동시에 휴대폰 임대조건을 명시적으로 밝히지 아니하였다는 점에서 기만적인 광고행위에도 해당할 수 있다.

관련 판례

○ 소위 '아우디 신차 성능 광고' 사건(대법원 2019. 10. 17. 선고 2019두
   31815 판결)
① 허위·과장광고 해당성
 - 배출가스기준을 충족한 것처럼 광고한 부분: "이 사건 차량들은 위 (배
   출가스기준에 따라 실내 인증시험을 위해 차량에 주어지는) 기본조건
   하에서만 이 사건 배출가스기준을 예외적으로 충족할 뿐 그 밖의 경우에
   는 이 사건 배출가스기준을 충족하지 못하여 실질적으로는 이 사건 배출
   가스기준을 충족한다고 볼 수 없음에도, (배출가스 작동률을 관리하는)

이 사건 소프트웨어 설치를 통하여 이 사건 차량들에 대하여 대기환경
보전법 등에 따른 배출가스 인을 받았던 점, 원고들은 이 사건 차량들
에 이 사건 소프트웨어를 의도적으로 설치하거나 이 사건 소프트웨
어 설치 사실을 알고 있었으므로, 이 사건 차량들이 실질적으로 이 사
건 배출가스기준을 충족하지 못하였고 이 사건 인증이 취소될 가능성
도 인지하고 있었다고 보이는 점 등의 사정을 들어, '이 사건 배출가
스기준과 해당 차량이 대기환경보전법 등의 규정에 적합하게 제작되
었다'는 내용의 이 사건 각 표시 및 '이 사건 배출가스기준 충족'을 내
용으로 하는 이 사건 각 광고는 거짓·과장성이 있다고 판단하였다."
※ (   ) 안은 이해를 돕기 위해 필자가 삽입하였다.

- '친환경성' '고연비성' 등을 내용으로 광고한 부분: "이 사건 각 광고는
이 사건 차량들이 이 사건 배출가스기준을 충족하였음을 근거로 이 사
건 차량들이 '친환경적'이라고 광고한 것인데, 이 사건 차량들은 '친환
경적'이라는 광고의 이유인 이 사건 배출가스기준을 충족하지 못하였
던 점, 이 사건 각 광고는 이 사건 차량들이 이 사건 배출가스기준을 충
족함과 동시에 '고연비'를 구현하였다는 의미로 보이는데, 이 사건 차량
들은 '고연비'와 동시에 구비되어야 할 이 사건 배출가스기준 충족의 요
건을 구비하지 못한 점 등의 사정을 들어, 이 사건 각 광고 중 '친환경
성', '고연비성'과 관련된 부분도 거짓·과장성이 있다고 판단하였다."

② 기만광고 해당성

- "이 사건 차량들이 실질적으로 이 사건 배출가스기준을 충족하지 못
함에도 이 사건 소프트웨어 설치를 통하여 이 사건 인증을 받은 사실
은 보통의 주의력을 가진 일반 소비자들의 구매선택 등에 중요한 영
향을 미칠 수 있는 사항에 해당하므로, 이러한 사실을 은폐하고 이 사
건 차량들이 대기환경보전법 등의 규정에 적합하게 제작되었다거나
이 사건 배출가스기준을 충족한다는 내용인 이 사건 각 표시·광고는
표시광고법 제3조 제1항 제2호의 '기만적'인 표시·광고에 해당한다
고 판단하였다."

다. 부당하게 비교하는 광고

우리 법은 비교광고 자체를 금지하지 않는다. 올바른 비교광고는 소비자의 선택권을 중진시킨다는 측면이 있기에 장려될 필요도 있다. 법이 금지하는 것은 비교의 대상 및 기준을 분명하게 밝히지 아니하거나 객관적인 근거를 대지 않고 자기 또는 자기의 상품이나 용역이 다른 사업자의 그것보다 우월하다고 표시하는 광고다.

이에 따라 허용되는 비교광고는 사업자나 상품에 관한 정확한 정보를 제공하여 소비자를 이롭게 하는 광고로서, 소비자를 속이거나 소비자로 하여금 잘못 알게 할 우려가 없어야 한다. 비교광고에 있어 비교대상 및 비교기준은 명확하여야 하며 비교내용 및 비교방법이 적정하여야 한다. 이러한 비교는 법령에 의한 시험·조사기관이나 사업자와 독립적으로 경영되는 시험·조사기관에서 학술적 또는 산업계 등에서 일반적으로 인정된 방법 등 객관적이고 타당한 방법으로 실시한 시험·조사 결과에 의하여 실증된 사실에 근거하여야 한다. 이해를 돕기 위해 「비교표시·광고에 관한 심사지침」에 기술된 예시 중 몇 가지를 소개하면 〈표 2-7〉과 같다.

〈표 2-7〉 정당한 비교광고와 부당한 비교광고

구분	정당한 비교광고	부당한 비교광고
비교 대상	• 자기의 자동변속기 1,500cc 가솔린 자동차와 거래통념상 동등한 것으로 인정되는 동종의 경쟁사업자 자동변속기 1,500cc 가솔린 자동차를 비교하면서 자기 상품의 연비가 우월한 것으로 사실에 부합되게 행한 광고	• 자기의 수동변속기 1,500cc 가솔린 자동차와 동종의 경쟁사업자 자동변속기 1,500cc 가솔린 자동차를 대상으로 연비를 비교하여 자기 상품의 연비가 경쟁사업자에 비하여 우월한 것처럼 소비자가 오인할 수 있도록 행한 광고

	☞ 비교대상인 자기 상품이 경쟁사업자에 비하여 가격이 비싸다는 사실 등을 광고상에 알리지 않았다고 하여도, 이를 알리지 않았다는 것만으로는 원칙적으로 당해광고를 부당한 비교광고로 볼 수 없음	
비교 기준	• 상온에서의 엔진오일의 성능을 비교하면서 자기 상품이 경쟁사업자에 비하여 성능이 우수한 것으로 사실에 부합되게 행한 광고	• 자기 엔진오일의 상온에서의 성능과 경쟁사업자 엔진오일의 고온 또는 저온에서의 성능 간 비교를 통하여 자기 상품의 성능이 경쟁사업자에 비하여 우수한 것처럼 소비자가 오인할 수 있도록 행한 광고
비교 내용	• 동일한 중량의 슬라이스 치즈가 지니고 있는 우유함유량을 비교하면서 자기의 슬라이스 치즈의 우유함유량이 경쟁사업자에 비하여 2배 이상 많은 것으로 사실에 부합되게 행한 광고	• 경쟁사업자의 슬라이스 치즈의 우유함유량이 자기의 표시·광고 이전에 이미 상당히 증가되었음에도 불구하고 이를 알지 못하여 경쟁사업자의 슬라이스 치즈의 과거 우유함유량을 광고상에 제시함으로써, 사실과 다르게 자기의 슬라이스 치즈의 우유함유량이 경쟁사업자에 비하여 2배 이상 많은 것처럼 소비자가 오인할 수 있도록 행한 광고
비교 방법	• 자기와 경쟁사업자의 휴대용 전화의 보증금, 기본요금, 통화요금을 비교하면서 통화상품명, 통화구간, 통화시각·요일 등의 제 조건을 기재하고 자기 서비스의 요금이 저렴한 것으로 사실과 부합되게 광고 ☞ 이 경우 자기의 휴대용 전화 서비스가 경쟁사업자에 비하여 상대적으로 통화지역이 적고 통화장애가 빈번히 일어나는 등 성능면에서 뒤떨어진다는 사실 등을 광고상에 알리지 않았다고 하여도, 이를 알리지 않았다는 것만으로는 원칙적으로 당해 광고를 부당하게 비교광고로 볼 수 없음	• 좌측 예시에서 자기의 휴대용 전화 서비스가 경쟁사업자에 비하여 상대적으로 성능면에서는 뒤떨어짐에도 불구하고, 가격뿐 아니라 성능을 포함한 전체적인 면에서 경쟁사업자에 비하여 우수한 것처럼 소비자가 오인할 수 있도록 한 광고

여론 조사 인용	• 4개 휴대용 전화상품에 대하여 휴대용 전화상품 사용과 관련있는 9개 항목을 유력일간신문사와 법령에 의한 특별법인에서 같이 조사한 여론조사결과를 인용하면서, 조사기관, 조사시기, 조사대상(지역, 성별, 연령층, 피조사인 수 등) 등을 명시하고 9개 항목 중 자기 상품이 1등을 차지한 '인지가치', '고객불평율'의 2개 항목에 대해서 사실에 부합되게 행한 광고	• 좌측 예시에서 자기의 휴대용 전화상품이 1등을 차지한 2개 항목만을 근거로 다른 3개 경쟁사업자 상품보다 전체적으로 우수한 것처럼 소비자가 오인할 수 있도록 한 광고

관련 판례

○ 소위 'SK-Ⅱ 에센스 공병 교환행사 광고' 사건(대법원 2014. 3. 27. 선고 2013다212066 판결)

– "이 사건 광고에서 '이제 더 이상 값비싼 수입화장품에 의존하지 않아도 됩니다'는 표현을 사용하고, △△△△ 에센스만을 대상으로 한 이 사건 공병행사를 진행함으로써 소비자들에게 ○○ 에센스가 가격이 저렴함에도 △△△△ 에센스와 비교하여 품질에서 뒤지지 않을 수 있다는 인상을 심어 주고자 하였음은 인정되나, 이 사건 광고는 ○○ 에센스가 발효 효모액 80%를 함유한 제품이라는 사실과 값비싼 수입화장품과 비교하여 가격이 저렴하다는 사실만을 비교하고 있을 뿐, 그 품질에 대해서는 이 사건 공병행사를 통해 소비자들이 직접 체험하고 냉정하게 평가하여 달라는 것이므로, 품질에 있어 소비자를 속이거나 소비자로 하여금 잘못 알게 할 우려가 있는 비교광고를 하였다고 볼 수는 없다."

라. 비방하는 광고

비방하는 광고란 다른 사업자 등 또는 다른 사업자 등의 상품 등에 관하여 객관적인 근거가 없는 내용으로 광고하여 비방하거나 불리한 사실만을 광고하여 비방하는 것을 말한다. 비방의 대상은 경쟁 관계에 있는 사업자 혹은 그 사업자의 상품이 된다. 특정 사업자를 구체적으로 표기하지 않는다 할지라도, 그 내용만으로 어떤 사업자를 지칭하는지 명백한 경우에는 비방광고로 볼 수 있다. 예를 들어, ① 객관적 근거 없이 '××회사(경쟁관계사업자)의 ○○제품은 약효가 전혀 없고 치료가 안 된다.'라고 표시 · 광고하는 경우, ② 침대 스프링 도금 여부는 침대 수명과 관련이 없음에도 "침대를 사신 지 5년이 지났다면 십중팔구 귀하는 지난 밤 녹슨 스프링 위에서 주무셨습니다. 침대를 1~2년 쓰고 버리실 생각이라면 … 굳이 녹슬지 않는 ○○침대를 쓰실 필요가 없습니다."라고 표현함으로써 타사 침대는 문제가 있는 것처럼 광고하는 경우, ③ 알칼리성 비누와 중성비누가 피부에 미치는 영향에 관하여는 알칼리성이 피부에 좋다는 입장과 중성이 피부에 좋다는 입장이 있으나 경쟁사의 알칼리성 비누가 피부를 손상한다고 광고하는 경우, ④ 교통사고의 원인이 운전자 부주의, 차량결함 등 다양함에도 단순히 정부 교통사고 조사 자료의 경쟁사업자 차량 사고율이 높은 점을 이유로 경쟁사의 차량은 안전하지 않다고 광고하는 경우 등이다.

한편, 부당한 비교광고와 비방하는 광고 간의 관계가 문제될 수 있다. 광고의 내용이 다른 사업자 또는 다른 사업자의 상품과 비교하는 형식을 갖추고 있으나, 자기 또는 자기 상품의 우수성을 알리기 위하여 소비자에게 정보를 제공하는 것이라기보다는 다른 사업자 또는 다른 사업자의 상품에 관한 단점을 부각시킴으로써 다른 사업자 또는 다른 사업자의 상품이 실제보다 현저히 열등 또는 불리한 것처럼 소비자가 오인할 수 있도록 표시·광고하는 경우에는 이를 비방하는 광고로 본다. 따라서 비록 사실에 기초하여 비교하는 형식의 광고라고 하여도 다른 사업자 또는 다른 사업자의 상품에 대한 중대한 이미지 훼손에 이르는 등 광고의 전체 내용이 전달하는 바가 다른 사업자 또는 다른 사업자의 상품이 실제보다 현저히 열등 또는 불리한 것처럼 소비자가 오인할 수 있도록 한다면, 이는 비방적인 광고에 해당된다. 예를 들어, 승용차의 안전성을 비교하면서 실제 운행상황에서 일어날 수 없는 극단적인 방법으로 이루어지는 주행테스트에서 경쟁사업자의 상품이 전복된 사실을 근거로 이를 크게 부각하여 경쟁사업자 상품의 안전성에 치명적인 결함이 있는 것처럼 소비자가 오인할 수 있도록 광고했다면 비방적인 광고로 볼 수 있다.

관련 판례

○ 소위 '고름우유 비방광고 시정명령에 관한 광고' 사건(대법원 1998. 11. 27. 선고 96누5643 판결)

- "원고 회사와 소외 사단법인 한국유가공협회(이하 '유가공협회'라고 한다) 사이의 이른바 '고름우유'를 둘러싼 상호 비방광고에 대하여 피고가 원고 회사 및 유가공협회 쌍방에게 부당광고를 중지하고 법위반 사실을 공표하도록 시정명령을 한 사실, 유가공협회가 위 시정명령에 따라 법위반 사실을 공표하는 광고(이하 '시정광고'라고 한다)를 하였는데 원고 회사는 '한국유가공협회가 파스퇴르에 대하여 부당광고한 자인광고임'이라는 제목으로 자신이 받은 시정명령에 대하여는 아무런

언급을 하지 않은 채 유가공협회의 위 시정광고를 전재한 광고(이하 '이 사건 광고'라고 한다)를 한 사실을 인정한 다음. 이 사건 광고 내용이 진실이므로 특별한 사정이 없는 한 이 사건 광고가 소비자를 기만하거나 오인시킬 우려가 있다고 볼 수 없을 터인데. 보통의 주의력을 가진 일반 소비자가 이 사건 광고를 보고 유가공협회가 원고 회사 및 그 상품에 관하여 부당한 광고를 하여 피고로부터 시정명령을 받고 이를 스스로 자인하였다는 사실을 인식하는 데서 더 나아가 원고 회사와 유가공협회 쌍방 중 유가공협회만이 원고 회사에 대하여 허위 · 비방광고를 하여 피고로부터 시정명령을 받았다고 오인하거나 또는 원고 회사의 종전 광고 내용을 연상하여 유가공협회 소속 회사의 우유가 '고름우유'라고 오인할 우려가 없다고 할 것이라는 이유로, 이 사건 광고가 유가공업계의 공정한 거래를 저해할 우려가 있는 행위에 해당하지 않는다고 판단하였다."

☞ 하지만 이 판결의 결론에 관해서는 쉽게 동의하기가 어렵다. 광고를 살피자면 '한국유가공협회가 OOOOOO측에 대하여 부당광고한 사실을 자인한 광고'라는 제목으로 경쟁관계에 있는 사업자단체가 법위반 사실을 공표한 내용만 자기광고에 인용하고 특정부분에 붉은색으로 밑줄을 그어 강조했기 때문이다. 이러한 표현이라면 보통의 주의력을 가진 소비자의 입장에서는 경쟁사가 부당한 광고를 하여 시정명령을 받고 원고회사는 그러한 부당광고를 하지 않았다고 인식할 가능성이 높기 때문이다(조성국, 2009).

③ 소비자오인성이 있을 것

소비자오인성이란 소비자를 속이거나 소비자로 하여금 잘못 알게 할 우려가 있을 것을 의미한다. 그 판단은 관련분야의 전문가가 아닌 일반 소비자의 주의력을 기준으로 하게 된다. 대법원 역시 "일반 소비자는 광고에서 직접적으로 표현된 문장, 단어, 디자인, 도안, 소리 또는 이들의 결합에 의하여 제시되는 표현뿐만 아니라 광고에서 간접적으로 암시하고 있는 사항, 관례적이고 통상적인 상황 등도 종합하여 전체적 · 궁극적 인상을 형성하게 된다. 따라서 광고가 소비자를 속이거나 소비자로 하여금 잘못 알게 할 우려가 있는지는 보통의 주의력을 가진 일반 소비자가 그 광고를 받아들이는 전체적 · 궁극적 인상을 기준으로 하여 객관적으로 판단하여야 한다."(대법원 2018. 7. 12. 선고 2017두60109 판결)라고 판시한다. 다만, 광고가 특정 집단의 소비자를 대상으로 하는 경우, '해당 집단의 소비자로서 보통의 주의력을 가진 자'를 기준으로 판단할 수 있다. 예를 들어, 의사를 대상으로 하는 광고의 경우 보통의 주의력을 가진 의사를 기준으로, 특정 질환을 갖고 있는 환자를 대상으로 하는 광고의 경우 보통의 주의력을 가진 해당 환자 집단을 기준으로, 어린이를 대상으로 하는 광고의 경우 보통의 주의력을 가진 어린이를 기준으로 판단할 수 있다.

관련 판례

○ 소위 '천연사이다 광고' 사건(대법원 1990. 2. 9. 선고 89누6860 판결)
 – "상품용기인 유리병에 한글로 크게 천연사이다라고 표시하면서 한글 "천연" 다음에 바로 한자 천연을 써 넣지 않고 다른 줄에 작은 한문자로 천연이라고 기재하였다면 그것이 천연적으로 생산된 사이다라고 오해되기를 바라고 한 것이라고 볼 여지가 충분하고, 그 뒤편에 영문자로 MINERAL WATER와 CIDER를 각각 분리표시한 것도 그 제품을 광천수로 보이게 하려는 의도가 없다고 보기 어려우며 "천연사이다 시대 개막선언"이란 표제의 신간광고를 하였다면 그 표제는 보는 사람으로 하여금 지금부터 천연적으로 생산되는 사이다가 나오는 시대가 되었다는 뜻으로 받아들여질 염려가 충분한 것으로 생각되므로 위 일련의 상품선전 내지 광고행위는 특단의 사정이 없는 한 허위과장광고행위에 해당하지 아니한다고 하기 어렵다."

○ 소위 '연수기 체험후기 광고' 사건(대법원 2013. 9. 26. 선고 2011두 7632 판결)

- "원고가 객관적으로 확인될 수 없거나 확인된 사실이 없음에도 불구하고 이 사건 제품의 사용으로 아토피성 피부염, 가려움증, 짓무름, 성인 어른 탈모 증상 등이 개선되는 효과가 확실하게 나타나는 것처럼 광고한 행위는 사실과 다르거나 사실을 지나치게 부풀린 것으로서 허위·과장성이 인정되는 점, 보통의 주의력을 가진 일반 소비자가 위와 같은 광고를 접할 경우 이 사건 제품을 사용하면 아토피성 피부염, 가려움증, 짓무름, 성인어른 탈모 증상 등이 개선되는 것으로 오인하거나 오인할 우려가 있는 점, 소비자가 건강, 환경 관련 상품을 구매함에 있어 특정 질환의 개선·치료 여부는 그 상품을 구매·선택함에 있어 중요한 요인으로 작용한다고 볼 수 있으므로 이 사건 광고는 소비자에게 잘못된 정보를 제공하여 소비자의 합리적인 선택을 방해함으로써 소비자 피해를 유발하고 공정한 거래를 저해할 우려가 있는 점 등에 비추어 볼 때, 이 사건 행위는 표시광고법 제3조 제1항 제1호 소정의 '허위·과장광고'에 해당한다."

소비자오인성에 있어 사업자의 고의 또는 과실이 필요한지에 관해 논란이 있을 수 있다. ① 제3조 제1항의 법문상 고의나 과실을 요건으로 하지 않고 있으며, ② 부당행위로 인한 손해배상책임을 규정한 제10조에서도 "고의 또는 과실이 없음을 들어 그 피해자에 대한 책임을 면할 수 없다."고 규정하고 있다는 점을 고려한다면 고의 또는 과실은 불필요하다고 볼 것이다(이선희, 2017). 따라서 사업자가 광고를 통해 어떠한 인상을 전달하려고 했는지 그 의도와 관계없이, 소비자가 해당 광고를 어떻게 받아들이는지를 기준으로 판단한다.

많은 경우 소비자오인성은 광고의 진실성 결여로 유발되며, 이는 부당광고로 규율될 것이다. 그렇다면 광고가 진실함에도 불구하고 소비자의 오인을 유발했을 경우는 어떠한가? 이에 관해 소비자오인성에 중점을 두어 부당광고로 의율할 수 있다는 견해가 있다(박수영, 2003). 하지만 「표시광고법」 제3조 제1항의 문언상 진실성의 결여는 부당광고의 성립요건 중 하나이므로, 진실한 광고라면 소비자오인성이나 공정거래저해성을 살필 필요도 없이 부당광고는 성립되지 않는다고 보아야 한다(김두진, 2017; 이선희, 2017).

광고가 부분적으로 진실일 경우는 어떠한가? 광고가 부분적으로 진실이라고 하더라도 전체적으로 보아 소비자오인성이 있는 경우 거짓·과장의 광고에 해당한다고 보아야 할 것이다(이호영, 2015). 대법원 역시 "이 사건 분양광고는 그 내용을 제대로 밝히지 아니한 채 극히 일부 점포의 사례를 일반적인 점포의 사례인 것처럼 광고하거나, 미래 재산가치에 대하여 객관적·구체적인 근거 없이 높은 가치가 보장되거나, 확정적 투자수익 또는 영업수익이 가능한 것처럼 광고하는 등으로 소비자를 속이거나 잘못 알게 할 우려가 있는 허위·과장광고에 해당된다."(대법원 2005. 2. 18. 선고 2003두8203 판결)고 판단한 바 있다.

다만, 광고의 내용이 누가 보아도 명백하게 허위이거나, 다소 과장되었더라도 사회적으로 용인될 수 있는 정도의 광고적 표현인 경우(예: '최적의 전원요지' '최고의 강사진' 등)에는 소비자오인성이 존재한다고 보기 어렵다. 또한 문제되는 광고의 내용이 객관적인 사실에 대한 것이 아니고 주관적인 판단(맛, 느낌, 외모, 냄새 등)인 경우에도 소비자오인성이 존재한다고 보기 어렵다.

④ 공정거래성을 저해할 것

공정거래저해성이란 소비자선택권뿐 아니라 공정경쟁을 침해하는 것을 의미한다. 「표시광고법」 제1조는 이 법의 목적을 "상품 또는 용역에 관한 표시·광고를 할 때 소비자를 속이거나 소비자로 하여금 잘못 알게 하는 부당한 표시·광고를 방지하고 소비자에게 바르고 유용한 정보의 제공을 촉진함으로써 공정한 거래질서를 확립하고 소비자를 보호함을 목적으로 한다."라고 규정한다. 문언의 구조상으로 볼 때 공정한 거래질서의 확립은 그 수단으로 "소비자에게 바르고 유용한 정보의 제공을 촉진함"(소비자선택권)으로 해석될 수 있기 때문이다.

진실성 결여로 인해 소비자오인성이 인정되었다면 공정거래저해성은 추정된다고 보아야 한다. 대법원 역시 "원고는 이 사건 주성분의 안전성이 객관적으로 검증되지 않았음에도 인체에 안전한 성분을 사용했다고 사실과 다르게 이 사건 표시를 하였고, 보통의 주의력을 가진 일반 소비자가 이 사건 표시로 인해 이 사건 제품이 인체에 안전하다고 오인할 우려가 있으므로 공정한 거래질서를 저해할 수 있는 허위·과장의 표시로 인정된다."(대법원 2014. 12. 24. 선고 2014두11977 판결)라고 판단한 바 있다. 이로 인해 공정거래저해성이 소비자오인성과 기능적으로 뚜렷하게 구별되지는 않는다는 견해도 존재한다(이선희, 2017).

이러한 이유로 공정거래저해성은 소비자의 '합리적인 구매 결정을 방해할 우려'(소비자선택권 침해)를 기준으로 판단된다. 즉, 표시·광고의 내용이 소비자의 합리적인 구매 결정을 방해하거나 방해할 우려가 있다면 공정거래저해성 역시 인정되는 것이다.

하지만 그렇다고 해서 공정거래저해성 판단에 있어 소비자선택권 침해 여부만이 고려되는 것은 아니다. 광고의 목적이 '상품 또는 용역에 관한 소비자의 구매 결정을 유도하기 위함이 아닌 경우'에는 공정경쟁 침해가 독립적인 요소로 작용할 수 있게 된다. 예를 들어, 공익캠페인 및 대회 참가 유도 광고 등을 생각해 볼 수 있다. 해당 광고에 허위·과장 등이 포함되어 있으며, 이 표현으로 인해 소비자 오인성 및 소비자 선택권 침해가 인정될 수 있다. 하지만 경쟁하는 상대방이 없어 공정경쟁이 침해될 소지가 없다면 공정거래저해성은 인정되기 어렵다. 부당한 광고행위로 의율할 수 없게 되는 것이다.

// 마치는 글

흔히 법은 윤리의 최소한이라는 말을 한다. 조병량 역시 법을 사람들이 지켜야 하는 하한선, 윤리를 해당 분야가 추구하는 목표라고 이야기한다(조병량, 2012). 하지만 이것을 모든 법과 윤리의 관계에 적용 가능한 명제라고 볼 수는 없다. 이 장의 서두에서 확인한 바와 같이 '윤리'는 '선한 것'이라는 의미로 쓰여 목표를 나타내기도 하지만, '지켜야 할 것'이라는 의미로 우리가 지켜야 할 내용을 담기도 한다. 법 역시 마찬가지다. 사람들에게 권리를 제한하거나 의무를 부과하는 법 규정은 최소한의 윤리적 기능을 가지지만, 어떤 법 규정은 특정 산업과 해당 산업 종사자들이 추구하는 윤리를 구체화하는 기능을 가진다.

한 예로 방송산업의 윤리와 「방송법」을 생각해 볼 수 있다. 방송

윤리의 내용으로 방송이 사회에 대해 공적 책임을 지며, 방송 내용이 공정성과 공익성을 지녀야 한다는 원칙에는 대다수가 동의할 것이다. 하지만 여기서 한 발짝 더 들어간다면 그 구체적인 내용에 대해서는 정리가 필요해진다. 이에 대해「방송법」제5조와 제6조는 다음과 같이 방송의 공적 책임이 무엇인지, 방송의 공정성과 공익성이 무엇을 의미하는지 구체화하고 있다. 하지만「방송법」제5조 및 제6조를 위반했다고 하여 방송사업자에게 가해지는 제재는 없다. 물론 방송사업 허가의 심사 사항으로 '방송의 공적 책임, 공정성·공익성의 실현 가능성'을 포함시키고는 있으나, 이를 개별 행위에 대한 제재라고 보기는 어렵다.

「**방송법**」제5조(방송의 공적 책임) ① 방송은 인간의 존엄과 가치 및 민주적 기본질서를 존중하여야 한다.
② 방송은 국민의 화합과 조화로운 국가의 발전 및 민주적 여론형성에 이바지하여야 하며 지역간·세대간·계층간·성별간의 갈등을 조장하여서는 아니 된다.
③ 방송은 타인의 명예를 훼손하거나 권리를 침해하여서는 아니 된다.
④ 방송은 범죄 및 부도덕한 행위나 사행심을 조장하여서는 아니 된다.
⑤ 방송은 건전한 가정생활과 아동 및 청소년의 선도에 나쁜 영향을 끼치는 음란·퇴폐 또는 폭력을 조장하여서는 아니 된다.

제6조(방송의 공정성과 공익성) ① 방송에 의한 보도는 공정하고 객관적이어야 한다.
② 방송은 성별·연령·직업·종교·신념·계층·지역·인종등을 이유로 방송편성에 차별을 두어서는 아니 된다. 다만, 종교의 선교에 관한 전문편성을 행하는 방송사업자가 그 방송분야의 범위 안에서 방송을 하는 경우에는 그러하지 아니하다.

③ 방송은 국민의 윤리적·정서적 감정을 존중하여야 하며, 국민의 기본권 옹호 및 국제친선의 증진에 이바지하여야 한다.

④ 방송은 국민의 알권리와 표현의 자유를 보호·신장하여야 한다.

⑤ 방송은 상대적으로 소수이거나 이익추구의 실현에 불리한 집단이나 계층의 이익을 충실하게 반영하도록 노력하여야 한다.

⑥ 방송은 지역사회의 균형 있는 발전과 민족문화의 창달에 이바지하여야 한다.

⑦ 방송은 사회교육기능을 신장하고, 유익한 생활정보를 확산·보급하며, 국민의 문화생활의 질적 향상에 이바지하여야 한다.

⑧ 방송은 표준말의 보급에 이바지하여야 하며 언어순화에 힘써야 한다.

⑨ 방송은 정부 또는 특정 집단의 정책 등을 공표하는 경우 의견이 다른 집단에 균등한 기회가 제공되도록 노력하여야 하고, 또한 각 정치적 이해 당사자에 관한 방송프로그램을 편성하는 경우에도 균형성이 유지되도록 하여야 한다.

이러한 차원에서 광고윤리를 위한 광고법의 역할을 모색할 필요성이 있다. 앞에서도 언급한 바와 같이 사회·기술 환경이 발달함에 따라 광고의 형태와 종류 역시 급격하게 변화하고 있다. 윤리의 속성이 오랜 시간을 거쳐 대다수 사람에게 공유된 옳고 그름에 대한 가치 판단이라고 한다면, 새로운 기술을 통해 발현된 광고에 대해 광고윤리의 구체적 내용이 형성되어 적시에 개입하기를 바라는 것은 무리라고 보인다. 오히려 법이 그에 관한 광고윤리를 구체화하고 그 당부를 학계 및 업계로 하여금 논의하도록 하는 것이 광고산업의 윤리적 발전을 위해서 요구된다고 할 것이다. 이러한 차원에서 본다면 국가를 광고윤리의 주체로 볼 수는 없으나, 광고산업의 윤리적 환경을 조성해야 할 책임을 함께 진다고 할 수 있을 것이다.

03

광고 표현과 저작권

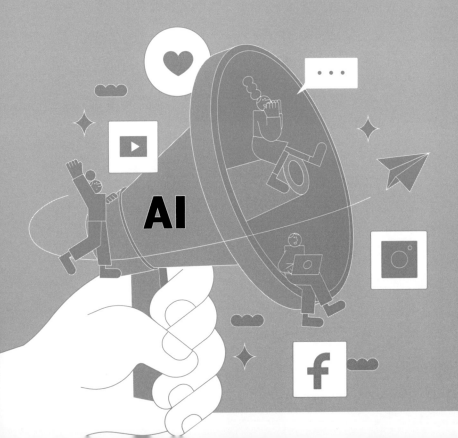

양승광(한국방송광고진흥공사 차장)

// 들어가는 글

저작권의 보호과 저작권법의 목적

"하늘 아래 새로운 것은 없다."

저작권의 의의를 표현하기에 위 문장만큼 적합한 말은 없다. 실제로 우리가 하는 창작은 이전의 창작에 기대어 있다. 지금 읽고 있는 이 책만 봐도, 여기 쓰인 내용들 대부분은 이전의 연구 및 창작을 기반으로 하고 있다. 저자의 머리에서 툭 튀어나온 것은 하나도 없어 보인다.

저작권이란 인간의 사상 또는 감정을 표현한 창작물을 보호하려고 만들어진 권리다. 동산이나 부동산처럼 지식적 산출물 역시 하나의 재산으로서 보호하자는 것이 저작권법이다. 세계 최초의 저작권법이 1710년 영국이 제정한 「앤여왕법(Statutes of Anne)」이라는 데에는 의견이 통일되어 있지만, 저작권이라는 개념이 언제 출현했는지는 명확치 않다. 15세기 인쇄술의 발명으로 저작권이 출현했다는 견해가 다수로 보이지만, 학자에 따라서는 고대 그리스에서 기 기원을 찾기도 하며 「앤여왕법」으로부터 시작했다는 견해도 있다(조연하, 2023).

하지만 저작권자의 이익만 보호하자는 것이 저작권법의 목적은 아니다. 모든 법은 공동체의 유지 및 발전을 목적으로 하기 때문이다. 저작권이라는 권리가 만들어지고 법적으로 보호되는 것 역시 저작권자의 이익 보호를 수단으로 하여 공동체 발전에 기여하기 위해서라고 보아야 한다. 저작권에 대한 보호가 불충분하면 저작자의 창작 의욕은 떨어져 사회공동체의 발전 동력이 상실되게 될 것이다. 그와 반대로 저작권에 대한 보호가 과도하다면 그 과실을 저작권자가 독점하게 되어, 이 또한 사회 발전을 저해하게 될 것이다(오승종, 2021). 따라서 저작권법은 저작권의 보호를 통해 창작 의욕을 유지시킴과 동시에 사회 일반이 그 과실을 적절히 공유하는 데 목적이 있다. 이에 우리 「저작권법」 또한 그 목적을 다음과 같이 정하고 있다.

"이 법은 저작자의 권리와 이에 인접하는 권리를 보호하고 저작물의 공정한 이용을 도모함으로써 문화 및 관련 산업의 향상발전에 이바지함을 목적으로 한다"(제1조).

광고 표현에 있어 저작권의 중요성

광고는 설득을 목적으로 하는 커뮤니케이션이다. 물론 광고뿐 아니라 모든 커뮤니케이션이 설득을 목적으로 한다고도 말할 수 있다. 예를 들면, 시, 소설과 같은 문학 작품 역시 일차적으로는 예술적 자기 표현에 목적을 두지만, 이차적으로는 독자와의 공감대 형성을 목적으로 한다. 작품을 통해 창작자 자신과 사상과 감정을 전달하고, 이를 통해 독자가 그에 수긍하기를 바라는 것이다.

하지만 광고가 목적으로 하는 설득은 예술작품의 그것과는 정도의 차이가 크다. 예술작품의 설득은 정신적 공감으로 그 목적이 달성된다. 물론 책과 같은, 작품이 물화(物化)된 상품의 판매도 목적일 수 있겠으나 그것은 예술가보다는 이를 시장에 내놓는 출판업자 등의 목적에 가깝다. 하지만 광고의 설득은 정신적 공감을 넘어 행동

의 변화를 목적으로 한다. 소비자에게 물건의 필요성을 불러일으키
고, 한발 더 나아가 지갑을 열어 구매 행동을 하도록 설득해야 하는
것이다.

광고가 가지는 설득의 어려움에 비해, 광고에 주어진 설득의 기회
는 찰나에 불과하다. 방송광고라고 한다면 다음 프로그램이 송출되
기 이전 15초 동안 소비자에 말을 걸어야 하며, 신문광고라고 한다
면 소비자가 해당 면을 넘기는 순간에 손을 멈추도록 해야 한다. 인
터넷·모바일 광고라고 한다면 소비자가 다른 클릭을 하기 이전 혹
은 마우스 스크롤을 내리기 이전에 관심을 얻어야 한다.

이렇게 희소한 기회를 활용해야 하다 보니 광고 표현은 창조적일
수밖에 없다. 하지만 불편한 창조여서는 안 된다. 편안한 창조여야
하지만 익숙한 표현이어서는 안 된다. 상황이 이렇다 보니 광고는
기존의 표현들을 가져오고 변형한다. 하나의 광고작품을 위해 언어,
사진, 그림, 영상, 기호, 소리 등 기존에 존재하던 여러 가지 창작물
이 활용된다. 그리고 여기서 저작권의 문제가 발생한다.

광고 표현에서 저작권이 중요한 이유는 무엇보다도 광고가 소비
자의 행동 변화를 목적으로 하는 커뮤니케이션이기 때문이다. 커뮤
니케이션을 통한 행동 변화에 있어서는 상대방에 대한 신뢰가 필수
적이다. 신뢰는 커뮤니케이션의 내용만이 아닌 그 상대방이 행하는
모든 것에 기반하여 형성된다. 아무리 싸고 맛있는 제품이라고 할지
라도 해당 기업이 갑질 논란에 휩싸이면 매출하락은 불가피하다. 광
고 역시 마찬가지다. 광고가 아무리 참신하고 재미있더라도 저작권
침해 논란이 벌어지면, 해당 광고의 창조성은 묻히고 만다.

하지만 더 큰 문제는 그 저작권 침해 논란이 광고를 넘어 브랜드와

기업의 이미지에까지 영향을 미친다는 것이다. 저작권을 존중하여 콘텐츠를 적법하게 사용하는 것은 국가공동체가 법률로서 모든 구성원에게 요구하는 사항이기에, 해당 광고주는 저작권 침해로 인해 사회적 책무를 저버린 비윤리적 기업으로 인식될 소지도 있게 된다. 특정 상품의 매출 증대를 목적으로 했던 광고 제작이 표현상의 잘못으로 인해 기업 전체 매출의 하락까지 유발할 수 있게 되는 것이다.

// 저작권의 기초

저작권의 내용

광고 제작에 있어 저작권을 살펴보는 이유는 창작된 광고물이 타인의 저작권을 침해하는 일이 없도록 하기 위함일 것이다. 광고는 소비자에 대한 설득을 목표로 하는데, 광고가 타인의 권리를 침해했다고 밝혀진다면 그 설득이 불가능할 뿐 아니라, 광고를 의뢰한 광고주 및 해당 브랜드에 악영향을 미칠 우려가 있기 때문이다.

그렇다면 저작권이 무엇인지 그 내용을 확인할 필요가 있다. 저작권은 인간의 사상 또는 감정을 표현한 창작물과 관련해 창작자가 가지는 권리라고 할 수 있다. 저작권은 저작인격권과 저작재산권으로 나눌 수 있으며, 양자는 독립적이다. 저작인격권은 일신전속적이어서 상속이나 승계가 불가능하며, 그 보호 역시 저작자의 사망으로 종료된다. 이에 반해 저작재산권은 재산권으로서 양도나 상속이 가능하며, 저작자의 사망 후 70년간 존속한다. 다만, 저작자가 사망한 이후라고 하더라도 저작인격권의 침해가 되는 행위는 금지된다. 이 경우 유족은 그 침해행위를 한 자에 대하여 침해의 정지 및 명예회복을 청구할 수 있다. 이는 저작자의 사후 인격권을 인정하려는 취지다. 저작인격권과 저작재산권의 내용은 〈표 3-1〉과 같다.

〈표 3-1〉 저작권의 내용

구분		내용
저작 인격권	공표권	저작물을 공표하거나 공표하지 아니할 것을 결정할 권리
	성명표시권	저작물의 원본이나 그 복제물에 또는 저작물의 공표 매체에 그의 실명 또는 이명을 표시할 권리
	동일성유지권	저작물의 내용 · 형식 및 제호의 동일성을 유지할 권리
저작 재산권	복제권	저작물을 복제할 권리
	공연권	저작물을 공연할 권리
	공중송신권	저작물을 공중송신할 권리
	전시권	미술저작물 등의 원본이나 그 복제물을 전시할 권리
	배포권	원본이나 그 복제물을 배포할 권리
	대여권	상업용 음반이나 상업적 목적으로 공표된 프로그램을 영리를 목적으로 대여할 권리
	2차저작물작성권	저작물을 원저작물로 하는 2차적저작물을 작성하여 이용할 권리

저작권 침해를 인정하기 위한 세 가지 요건

저작권 침해 요건은 학자마다 조금씩 다르긴 하지만 우리나라에서는 일반적으로 다음 세 가지를 들고 있다(오승종, 2021). 첫째, 침해되었다고 주장되는 대상물이 저작권법의 보호를 받는 저작물일 것, 둘째, 피침해저작물을 의거 및 이용하여 침해저작물이 제작되었을 것, 셋째, 침해저작물이 피침해저작물과 동일성 내지 실질적 유사성이 인정될 것이다.

첫째와 관련하여서는 저작물의 성립요건 및 보호기간 등이 문제된다. 만일 이 단계에서, 침해되었다고 주장되는 대상물을 저작물이라고 볼 수 없다고 결론 난다면 이후 단계를 검토할 필요도 없이 저작권 침해는 성립하지 않는다. 유의할 것은 피침해대상을 저작물이라고 할 수 없어 저작권 침해가 부정된다고 하더라도, 이것이 모든 법적 책임에 면제를 의미하는 것이 아니라는 점이다. 저작권 침해가 부정된다고 하더라도 구체적인 사안에 따라서「상표법」「디자인보호법」「부정경쟁방지법」등의 위반 및「민법」상 불법행위 책임이 인정될 수 있다. 실제 소송 실무에서도 저작권 침해만이 문제되는 경우보다「부정경쟁방지법」위반 책임까지 함께 제기되는 경우가 많다.

첫째가 피침해대상물에 관한 요건이라면, 둘째는 침해자에 관한 주관적 요건이며, 셋째는 침해대상물에 관한 객관적 요건이다. 광고 표현에 있어 문제되는 것들을 구체적으로 살펴보기 이전에 각 요건에 대해 확인할 필요가 있다.

피침해대상물이 저작물로서 보호를 받고 있을 것

보호를 받고 있을 것

어떤 행위가 저작권 침해로 인정되기 위해서는 먼저 피침해대상물이 보호를 받고 있는 저작물이어야 한다. 보호를 받고 있다고 함은 저작자의 사망 후 70년이 지나지 않은 상태일 뿐 아니라 피침해를 주장하는 자가 유효한 저작권을 보유하고 있다는 의미다. 저작재산권은 이전이 가능하기에, 타인에게 이전을 하게 되면 원저작자라고 하더라도 저작재산권의 침해를 주장하지 못하게 된다.

다만, 이 저작권의 양도는 명시적이고 구체적일 필요가 있다. 대법원 역시 "저작권에 관한 계약을 해석함에 있어 과연 그것이 저작권 양도계약인지 이용허락계약인지는 명백하지 아니한 경우, 저작권 양도 또는 이용 허락되었음이 외부적으로 표현되지 아니한 경우에는 저작자에게 권리가 유보된 것으로 유리하게 추정함이 상당하며, 계약내용이 불분명한경우 구체적인 의미를 해석함에 있어 거래관행이나 당사자의 지식, 행동 등을 종합하여 해석함이 상당하다."(대법원 1996. 7. 30. 선고 95다29130 판결)라고 판시하고 있다. 구체적으로는 출판업계에서 활용되는 매절계약(책의 판매부수에 따라 지급하는 것이 아니라 미리 일괄지급하는 형태)에 대해서 "그 원고료로 일괄지급한 대가가 인세를 훨씬 초과하는 고액이라는 등의 소명이 없는 한 이는 출판권설정계약 또는 독점적 출판계약이라고 봄이 상당하므로 위 계약이 저작권양도계약임을 전제로 하는 신청인의 위 주장은 이유 없다."(서울민사지방법원 1994. 6. 1. 선고 94카합3724 판결)라고 하여 불명확한 계약일 경우 원저작자에게 유리한 판시를 하고 있다. 이에 따라 일반인을 대상으로 한 공모전에서는 저작권의 귀속에 관한 사항을 별도로 표기하고 있다. '당선작에 대한 저작권은 본사에 귀속함' 등의 표기로 저작권에 관한 분쟁을 사전에 방지하려는 것이다. 하지만 이와 같은 문구가 있다고 하더라도 저작인격권은 원저작자에게 남아 있게 된다. 또한 2차저작물작성권을 함께 양수한다는 특약이 명시되지 않은 이상 2차저작물작성권 또한 원저작자에게 인정된다(조성광, 신내경, 2014).

한편, 「저작권법」 제7조는 보호받지 못하는 저작물을 별도로 규정하고 있다. 이는, 첫째, 헌법·법률·조약·명령·조례 및 규칙, 둘째, 국가 또는 지방자치단체의 고시·공고·훈령 그 밖에 이와 유사한 것, 셋째, 법원의 판결·결정·명령 및 심판이나 행정심판절차 그 밖에 이와 유사한 절차에 의한 의결·결정 등, 넷째, 국가 또는 지방자치단체가 작성한 것으로서 제1호 내지 제3호에 규정된 것의 편집물 또는 번역물, 다섯째, 사실의 전달에 불과한 시사보도 등이다.

저작물일 것

「저작권법」은 저작물을 "인간의 사상 또는 감정을 표현한 창작물"로 정의한다(제2조 제1호). (구)「저작권법」에서는 저작물을 "문학·학술 또는 예술의 범위에 속하는 창작물"이라고 정의하였으나, 2006년 개정으로 저작물의 포섭 범위를 넓힌 것이다. 다만, (구)「저작권법」 시절에도 학설과 판례는 저작물을 인간의 사상이나 감정을 표현한 결과물로 인식하고 있었기에, 2006년 법개정은 법 규정을 현실에 맞춘 것이라 평가할 수 있다(심동섭, 2006). 이에 따라 저작물의 성립요건은 창작성이 있을 것과 인간의 사상이나 감정을 표현할 것이라는 두 가지다.

① 창작성이 있을 것

'창작'의 국어사전적 풀이는 '방안이나 물건 따위를 처음 만들어 냄' 또는 '그렇게 만들어 낸 방안이나 물건'이다. 사전적 의미만을 보자면 창작성은 신규성과 동일한 것 같으나, 우리 법률에서 사용하는 창작성과 신규성은 다른 개념이다. 창작성은 「저작권법」에서 사용되어 '모방하지 않았다는 것'을 의미하지만 신규성은 「특허법」이나 「실용신안법」에서 사용되는 용어로 '기존의 것과 다른 새로운 것'을 의미한다. 따라서 A의 작품과 나중에 만들어진 B의 작품이 동일하다고 하더라도, B의 작품이 A의 작품을 모방하지 않았다면 B의 작품에도 창작성은 인정될 수 있다(오승종, 2021). 창작성은 「특허법」에서 특허의 요건으로 요구하는 '진보성'과도 구별된다. 따라서 「저작권법」에서의 창작성은 이전의 저작물보다 우수할 것을 요구하지도 않는다. 이러한 차이는 「특허법」이 질적으로 효과적인 기술의 축적을 도모하는 제도인 반면, 「저작권법」이 양적으로 풍부한 저작물의 축적을 목적으로 하는 제도이기 때문이다(오승종, 2021).

창작성을 모방하지 않았다는 것으로 이해하더라도 문제는 남는다. 모방이 없었다는 것은 기존의 다른 저작물과 구분할 수 있다는 것(독자적 작성)을 의미하는데, 그것만으로 창작성을 인정할 것이냐는 문제다. 여기에 대해서는 견해가 통일되지 않는다. 독자적 작성으로 족하다는 견해가 있는 반면 독자적 작성과 더불어 최소한의 창조적 개성이 요구된다는 견해다. 전자의 견해를 취한 판결이 소위 '세탁학기술개론' 사건이다. 이에 반해 소위 '설비제안서 도면' 판결에서는 저작물에는 작성자의 창조적 개성이 드러나야 한다는 후자의 견해를 취하고 있다.

관련 판례

- ○ 소위 '세탁학기술개론' 사건(대법원 1995. 11. 14. 선고 94도2238 판결)
  - 저작권법에 의하여 보호되는 저작물이기 위하여는 문학 · 학술 또는 예술의 범위에 속하는 창작물이어야 하므로(저작권법 제2조 제1호) 그 요건으로서 창작성이 요구되나 여기서 말하는 창작성이란 완전한 의미의 독창성을 말하는 것은 아니며 단지 어떠한 작품이 남의 것을 단순히 모방한 것이 아니고 작자 자신의 독자적인 사상 또는 감정의 표현을 담고 있음을 의미할 뿐이어서 이러한 요건을 충족하기 위하여는 단지 저작물에 그 저작자 나름대로의 정신적 노력의 소산으로서의 특성이 부여되어 있고 다른 저작자의 기존의 작품과 구별할 수 있을 정도이면 충분하다고 할 것이다.
  - 피해자 이동기가 저술한 "세탁학기술개론"을 기존의 한국세탁업협회에서 발행한 교재들 및 서울대 김성연, 이순원 교수의 공동저작인 "피복관리학" 등과 비교하여 보면, 부분적으로는 동일, 유사한 표현이 존재하는 것은 사실이나 전체적인 구성이나 표현형식에 있어서는 위에 나온 기존의 다른 책자들과 뚜렷이 구별할 수 있다 할 것이어서 그 창작성을 인정할 수 있으므로 위 "세탁학기술개론"이 저작권법 소정의 저작물에 해당하지 아니한다고 할 수 없다(가사 이동기의 저작이 원저작물과의 관계에서 이것을 토대로 하였다는 의미에서의 종속성을 인정할 수 있어 소위 2차적 저작물에 해당한다 할지라도 원저작자에 대한 관계에서 저작권 침해로 되는 것은 별문제로 하고 저작권법상 2차적 저작물로서 보호되는 것이라 할 것이다).
- ○ 소위 '설비제안서 도면' 사건(대법원 2005. 1. 27. 선고 2002도965 판결)
  - 창작물이라 함은 창작성이 있는 저작물을 말하고 여기서 창작성이라 함은 완전한 의미의 독창성을 요구하는 것은 아니라고 하더라도 적어도 어떠한 작품이 단순히 남의 것을 모방한 것이어서는 안 되고 작자 자신의 독자적인 사상이나 감정의 표현을 담고 있어야 할 것이므로, 누가 하더라도 같거나 비슷할 수밖에 없는 표현, 즉 저작물 작성자의 창조적 개성이 드러나지 않는 표현을 담고 있는 것은 창작물이라고 할 수 없다.

하지만 문언(文言)이 그렇게 읽힌다고 하더라도 앞의 두 판례를 대립되는 것으로 해석하는 것은 옳지 않다. 2005년 판결에서 언급한 "누가 하더라도 같거나 비슷할 수밖에 없는 표현"은 1995년 판결에 대입한다면 "기존의 작품과 구별할 수" 없는 작품이 될 것이기 때문이다. 그렇게 이해한다면 2005년 판결은 1995년 판결을 보충하여 해석한 것으로 볼 수 있다. 그렇다면 창작성을 위해서는 독자적 작성과 더불어 최소한의 창조적 개성이 현출되어야 한다고 이해할 수 있다(오승종, 2021).

창조적 개성의 현출이 무엇인가와 관련하여 증명사진과 백일사진을 생각해 볼 수 있다(조성광, 신내경, 2014). 증명사진은 피사체 인물을 그대로 촬영한 것이기에 누가 찍더라도 같거나 비슷할 수밖에 없을 것이다. 그에 반해 백일사진은 배경과 의상, 구도, 빛의 강약, 순간 포착 등 사진사의 개성 및 숙련도에 따라 그 표현이 달라질 것이다. 따라서 증명사진과 달리 백일사진은 저작물로 인정받게 될 가능성이 높다.

② 인간의 사상이나 감정을 표현할 것

가. 인간의 사상이나 감정

저작물의 대상은 인간의 사상이나 감정이다. 한강이나 설악산과 같은 객관적 사실은 저작물이 아니며 만유인력의 법칙과 같은 자연적 사실, 6·10 민주항쟁과 같은 역사적 사실도 저작물이 아니다.

이와 관련하여 영어 교육 기업 홍보자료에 기재된 문구의 저작물성이 문제가 된 사건(서울중앙지방법원 2019. 7. 26. 선고 2018노3426 판결)이 있었다. 영어교육기업 홍보자료에 삽입된 문구는 "영상 콘텐츠 또는 영어를 접하는 실상황이 증가, ⋯ 최신 인기 해외 드라마 (일명 미드)를 온라인/케이블 TV로 더빙 없이 소비하는 경향, ⋯ 해외 여행 경험, 내한 외국인 수가 늘면서 네이티브와의 대화 상황도 증가함, ⋯ 스마트폰, 태블릿 등 스마트기기 사용량 급증, ⋯ 콘텐츠 소비의 주요 수단이 TV, PC에서 벗어나 모바일로 급격히 이동 중" 등이었다. 이에 대해 법원은 "(원고의 홍보자료는) 한국에서 영어학습에 대한 수요가 증가되었다는 사실과 그 원인이 되는 사회적 변화를 주된 내용으로 하고 있는데, 이러한 내용들은 영어학습의 수요가 증가하게 된 배경사실이나 사회 환경의 변화를 전형적이고 통상적인 문구들로 기술한 것에 불과하고, 동일한 주제를 두고 누구나 비슷하게 연상하거나 표현할 수 있는 것이므로 저작자의 창조적 개성이 발현되었다고 볼 수 없다"고 판시하였다.

인공지능 기술이 급속도로 발달하며 각 분야에서 기술 개발도 활발하다. 광고업계에서도 인공지능을 통한 광고 제작기술 개발에 힘쓰고 있다. 그렇다면 인공지능의 창작물을 저작물로 인정할 수 있을까? 이에 대해서는 아직 견해가 통일되어 있지 않으며 법원에서도 다루어지지 않았다. 각 견해를 긍정론, 부정론, 분리론으로 정리하여 소개하자면 다음과 같다.

첫째, 인공지능의 창작물을 저작물로 긍정하자는 견해는 먼저 인공지능 산업의 육성 필요성을 그 근거로 든다(김현경, 2018). 인공지능 창작물을 저작물로 보호하지 않는다면 인공지능을 활용하여 창작하려는 사람은 없을 것이고, 이러한 현상은 인공지능 산업의 위축을 가져올 위험이 있다는 논리다. 이와 달리 인공지능 알고리즘의 개발자는 사람이기에 사람의 창작물로 보고 보호하여야 한다는 견해도 있다(김윤명, 2016). 알고리즘 개발에 개발자인 사람의 사상이나 감정이 투영되었다는 논리다.

둘째, 인공지능의 창작물을 저작물로 인정할 수 없다는 견해는 저작권 보호의 목적이 인간의 창작 의욕 고취에 있다는 점을 근거로 든다(오승종, 2021). 이것은 침팬지가 그린 그림을 저작물로 보호할 수 없는 논리와 동일하다. 다만, 이 입장에서는 인공지능을 도구로 하여 인간이 창작적 기여를 한다면 그 인간을 저작자로 하여 그 결과물을 저작물로 보호할 수 있다고 한다. 이와는 결을 달리하여 인공지능을 통한 창작에 있어서는 그와 관련한 보호 주체가 명확하지 않아 보호가 어렵다는 견해도 있다(정원준, 2019). 인공지능 창작과 관련된 사람으로는 개발자, 프로그램 판매자, 이용자 등이 있는데 셋 중 누구에게도 완전한 저작권을 부여하기가 어렵다는 것이다. 산업적 측면의 부정론도 있다. 대량의 창작이 가능한 인공지능에 저작권적 보호를 한다면, 인공지능이 저작권을 독점하다시피 하게 되어 인간의 저작권은 위축될 수밖에 없다는 것이다(정원준, 2019).

셋째, 인공지능의 창작물에 대한 보호를 일률적으로 결정할 것이 아니라 사례별로 분리하여 보자는 견해가 있다. 인공지능 기반의 알고리즘은 논리와 통제라는 요소로 이루어지고 이는 인간의 사상 및 감정의 처리이므로 저작권의 보호 대상이지만, 인공지능이 머신러닝을 통해 도출한 창작물은 모방에 불과해 저작물로 보호할 수 없다는 입장이다(조연하, 2020). 다만, 이 입장을 따른다 할지라도 현재의 법체계에서는 알고리즘 자체를 저작물로 보호할 수는 없어 보인다. 현재 컴퓨터프로그램 구성을 위해 작성된 지시·명령은 저작권법에 따른 보호를 하고 있지만 알고리즘 자체는 특허법에 따른 보호를 하고 있기 때문이다.

생각건대 향후 저작권법 개정을 통한 인공지능 창작물의 보호 필
요성을 별론으로 하더라도, 현재의 법체계에서 인공지능 창작물을
저작물로 보호하기는 어려워 보인다. 또한 개정을 통해 인공지능 창
작물을 보호하기 위해서는 보호제도의 설계뿐 아니라 저작권 보호
의 목적부터 새롭게 고민해야 할 것이다.

나. 표현하였을 것

저작물로 보호받는 대상은 '표현'이다. 표현하지 않은 아이디어라
면 저작물로 보호받지 못한다. 아이디어가 현출된 표현에 있어 저작
물로 보호받을 수 있는 범위는 표현이며, 아이디어는 저작권의 보호
를 받지 못한다. 저작권의 범위를 아이디어가 아닌 표현에 한정하는
이유는 사상이나 감정에 대해 특정 누군가의 독점을 인정할 수는 없
기 때문이다(Goldstein, 1996).

하지만 표현되어야 한다는 것이 공표되어야 한다는 것을 의미하
지는 않는다. 저작물에서의 표현은 공표와는 달리 공개를 요구하지
않으므로, 혼자만 보는 일기장이나 메모에만 적어 놓은 기록 역시
표현된 것으로 취급된다(오승종, 2021).

피침해저작물을 의거 및 이용하였을 것

저작권 침해를 위해서는 기존 저작물의 존재 및 내용을 알고 있음
과 동시에 그것을 이용하는 것이 필요하다. 기존 저작물의 존재 및
내용에 관한 인지를 '의거(依據)'라고 하며, '이용'과 합쳐 '의거관계'

라고 표현한다. 의거가 직접적으로 이루어지는 것만은 아니다. 특정 저작물에 대한 복사물을 보고 이용했다고 하더라도 특정 저작물에 대한 의거는 인정된다.

저작권 침해가 문제된 경우 의거관계를 입증하기란 대단히 어려운 문제다. 그래서 소송 실무에서는 많은 경우 의거관계에 관한 추정을 시도한다. 직접적인 증거가 없을지라도 여러 가지 사실을 통해 기존 저작물과의 의거관계를 추정할 수 있다는 것이다. 의거관계를 추정하는 방법에는 두 가지가 있다.

첫째는 접근가능성과 유사성을 판단하는 방법이다. 이 방법에서는 저작권 침해자라고 불리는 자가 원저작물에 접근이 가능했다는 사실(접근 가능성)과 원저작물과 새로운 저작물이 비슷하는 사실(유사성)이 증명된다면 의거관계가 추정된다. 그리고 원저작물을 보거나 접할 수 있는 상당한 기회를 가졌다면 접근가능성은 인정된다(오승종, 2021).

둘째는 현저한 유사성 여부로 판단하는 방법이다. 현저한 유사성이란 접근가능성을 별도로 요구하지 않을 정도로 매우 짙은 정도의 유사성을 말한다. 그리고 이는 우연의 일치나 소재가 같다는 것 등으로는 설명되기가 불가능한, 오로지 새로운 저작물이 기존 저작물에 의거했다고만 해석될 수 있는 정도의 유사성을 말한다(Goldstein, 1996).

다만, 이러한 방법을 통해 의거관계가 추정된다고 하더라도, 이러한 추정은 상반되는 증거로 인해 번복될 수 있다. 예를 들면, 저작권 침해자라고 불리는 자의 저작물이 원저작물보다 공표는 늦게 되었으나, 실제의 창작 시점이 원저작물의 창작 시점보다 앞선다는 사실 등이다.

관련 판례

○ 소위 '선덕여왕' 사건(대법원 2014. 7. 24. 선고 2013다8984 판결)

– 저작권법이 보호하는 복제권이나 2차적 저작물 작성권의 침해가 성립
되기 위하여는 대비대상이되는 저작물이 침해되었다고 주장하는 기존
의 저작물에 의거하여 작성되었다는 점이 인정되어야 한다. 이와 같은
의거관계는 기존의 저작물에 대한 접근가능성, 대상 저작물과 기존의
저작물 사이의 유사성이 인정되면 추정할 수 있고, 특히 대상 저작물
과 기존의 저작물이 독립적으로 작성되어 같은 결과에 이르렀을 가능
성을 배제할 수 있을 정도의 현저한 유사성이 인정되는 경우에는 그러
한 사정만으로도 의거관계를 추정할 수 있다. 그리고 두 저작물 사이
에 의거관계가 인정되는지 여부와 실질적 유사성이 있는지 여부는 서
로 별개의 판단으로서, 전자의 판단에는 후자의 판단과 달리 저작권법
에 의하여 보호받는 표현뿐만 아니라 저작권법에 의하여 보호받지 못
하는 표현 등이 유사한지 여부도 함께 참작될 수 있다

피침해저작물과 동일성 내지 실질적 유사성이 인정될 것

새로운 저작물이 기존 저작물이 동일하다면 복제권 침해가, 새
로운 저작물이 기존 저작물과 실질적으로 유사하다면 복제권 혹은
2차 저작물작성권의 침해가 될 수 있다. 하지만 실질적 유사성 여부
는 선험적으로 결론 내릴 수 없는 사항으로, 구체적 개별 사안마다
판단될 필요가 있다. 어찌 보면 이것 역시 유사성의 정도일 수 있다.
오승종 역시 이러한 견해를 취하는 가운데, 경미하거나 사소한 유사
성의 정도는 넘어서야 하지만 문자적으로 동일할 것까지 요구하지
는 않는 정도라는 범위를 요구한다(오승종, 2021).

관련 판례

○소위 '핵물리학자 이휘소' 사건(대법원 1998. 7. 10 선고 97다34839 판결)

- 저작권의 보호대상은 학문과 예술에 관하여 사람의 정신적 노력에 의하여 얻어진 사상 또는 감정을 말, 문자, 음, 색 등에 의하여 구체적으로 외부에 표현한 창작적인 표현형식이고, 표현되어 있는 내용, 즉 아이디어나 이론 등의 사상 및 감정 그 자체는 설사 그것이 독창성, 신규성이 있다 하더라도 원칙적으로 저작권의 보호대상이 되지 아니하나, 소설의 줄거리의 경우에는 저작자의 창작성이 나타난 구체적인 부분은 표현형식으로서 보호받는 부분도 있다 할 것이며, 한편 어떤 저작물이 기존의 저작물을 다소 이용하였더라도 기존의 저작물과 실질적인 유사성이 없는 별개의 독립적인 신저작물이 되었다면, 이는 창작으로서 기존의 저작물의 저작권을 침해한 것이 되지 아니한다 할 것이다.

○소위 '행복은 성적순이 아니잖아요' 사건(서울민사지방법원 1990. 9. 20. 선고 89가합62247 판결)

- 어떤 저작물이 원저작물에 대한 2차적 저작물이 되기 위하여는 단순히 사상(idea), 주제(theme) 또는 소재가 동일하거나 비슷한 것만으로는 부족하고 두 저작물 사이에 실질적 유사성(substantkal similarity), 즉 사건의 구성(plot) 및 전개과정과 등장인물의 교차 등에 있어 공통점이 있어야 할 것인바, 〈행복은 성적순이 아니잖아요〉라는 동일한 제명의 이 사건 무용극과 영화가 우리나라 청소년교육의 문제점과 경쟁 위주의 사회현실을 고발하고 그 해결책을 모색한다는 내용의 주제에 있어 공통점이 있고 소재에 있어서도 유사한 점이 있으나 위 무용극은 3장에 걸쳐 각 장별로 공부하다 벌 서고 시험치기를 되풀이 하는 학생들의 일상생활과 경쟁사회 속에서 시험공부에 시달려 온 한 여학생이 "난 1등 같은거 싫은데……. 난 남을 사랑하며 친구와 살고 싶은데……. 행복은 성적순이 아니잖아."라는 독백 끝에 쓰러지는 모습 및 기진맥진하여 쓰러졌던 청소

년들이 고향의 봄을 부르며 소생하듯 일어나 우리나라 어린이들이 즐기던 놀이를 벌이는 모습 등을 무용과 배경음악, 효과 등을 통하여 상징적으로 표현하고 있는 반면, 이 영화는 특정된 고등학교 2학년의 삶이 구체적인 스토리별로 전개되어 가면서 그들의 욕구, 갈등, 희열, 좌절 등이 학교생활과 맞물리며 투영되는 등 그 등장인물과 사건전개 등 실질적 구성면에서 현저한 차이가 있어 무용극과 영화 사이에 내재하는 예술의 존재양식 및 표현기법의 차이를 감안한다 하더라도 양자 사이에 원저작물과 2차적 저작물의 관계를 인정할 만한 실질적 유사성이 있다고 볼 수 없다.

인공지능 창작물을 통한 저작권 침해 가능성

앞에서 우리는 인공지능 창작물의 저작물 인정 여부와 관련하여 살펴본 바 있다. 그리고 향후 입법 필요성에 관한 논의는 있지만 현행법체계상에서 저작물성을 인정할 수는 없다는 결론을 내렸다. 그렇다면 인공지능 창작물이 기존 저작권을 침해할 가능성에 대해서도 생각해 볼 필요가 있다. 인공지능 창작물이 저작권의 보호를 받지 못한다고 하더라도 기존 저작권을 침해할 가능성은 있기 때문이다. 특히 최근 들어 급격히 발달한 딥러닝(deep learning) 기술은 기존 저작물에 대한 방대한 학습을 토대로 새로운 창작을 양산해 내고 있기 때문이다. 인공지능을 통한 광고 제작 역시 활발하다. 한국방송광고진흥공사는 인공지능을 활용하여 스토리보드 제작 및 카피라이팅을 지원하는 아이작(AISAC) 서비스를 제공하고 있다. 또 LG유플러스는 2023년 7월 광고 영상의 시나리오부터 이미지, 영상, 음성까지 AI 기술을 활용해 제작한 영상광고를 선보였다. LG유플러스에 따르면 인공지능의 활용으로 광고 제작 비용은 약 25% 절감되었으며 제작 기간 또한 약 30% 단축되었다고 한다(채제우, 2023).

인공지능이 저작권에 있어 주요하게 문제되는 것은, 첫째, 데이터 학습단계에서의 기존 저작물 이용, 둘째, 인공지능 산출물의 기존 저작권 침해로 보인다. 이 중 광고 제작 종사자와 관련 있는 사항은 인공지능 산출물의 기존 저작권 침해다. 데이터 학습단계에서의 문제는 인공지능 이용자의 문제라기보다는 개발자 및 운영자의 문제이기 때문이다.

그렇다면 그림이나 사진 등 생성형 인공지능 산출물을 광고 제작에 사용하는 것이 가능할까? 인공지능 프로그램을 통해 새로운 그림이나 사진을 생성했다는 것은 그 자체만으로 의거관계가 인정될 것이다. 기존의 저작물이 존재하는지에 관해서 직접적으로는 알지 못한다고 하더라도, 생성형 인공지능 프로그램을 활용했다는 것으로 접근가능성 및 유사성을 인정할 수밖에 없기 때문이다. 결국 저작권 침해 판단의 핵심은 기존 저작물과 새로운 산출물의 실질적 유사성 여부에 달려 있다고 할 것이다. 그리고 이것은 개별 사례마다 구체적으로 판단될 것이다.

// 광고의 표현요소에 대한 구체적 검토

광고 표현의 저작권 침해 역시 앞서 말한 세 가지 요건을 통해 판단될 것이다. 이 절에서는 실제 재판에서 문제된 것들을 저작물 유형별로 검토한다. 이 중 특정인의 성명 및 이미지 등 퍼블리시티권에 관한 논의는 한꺼번에 살펴보기로 한다.

사진

사진에서 요구되는 창작성

모든 사진이 저작물로서 저작권의 보호를 받는 것은 아니다. 저작물은 인간의 사상이나 감정을 표현한 창작물이기에, 사진에 최소한의 창작성이 인정되지 못한다면 해당 사진은 저작물로서의 보호를 받지 못한다. 광고에 삽입된 사진 역시 마찬가지다.

그렇다면 사진이 저작물로서 보호를 받기 위해서는 어느 정도의 창조성이 인정되어야 할까? 광고 사진을 제품사진과 이미지사진으로 구분하여 제품사진에 대해서는 저작물성을 인정할 수 없다고 판시한 것이 소위 '햄 제품 광고' 사건(대법원 2001. 5. 8. 선고 98다43366 판결)이다. 이 사건에서 대법원은 "사진저작물은 피사체의 선정, 구도의 설정, 빛의 방향과 양의 조절, 카메라 각도의 설정, 셔터의 속도, 셔터찬스의 포착, 기타 촬영방법, 현상 및 인화 등의 과정에서 촬영자의 개성과 창조성이 인정되어야 저작권법에 의하여 보호되는 저작물에 해당된다."라고 하였다. 이 문구는 이후 다른 재판에서 사진의 저작물성을 판단하는 기준으로 활용되고 있다.

관련 판례

○ 소위 '햄 제품 광고' 사건(대법원 2001. 5. 8. 선고 98다43366 판결)

　－이때 촬영하기로 한 사진은 피고 회사가 제작, 판매하는 햄제품 자체를 촬영하는 사진(이하 '제품사진'이라 한다)과, 이러한 햄제품을 다른 장식물이나 과일, 술병 등과 조화롭게 배치하여 촬영함으로써 제품의 이미지를 부각시켜 광고의 효과를 극대화하기 위한 사진(이하 '이미지사진'

이라 한다)으로 대별되는 사실, … 위 제품사진은 비록 광고사진작가인 원고의 기술에 의하여 촬영되었다고 하더라도, 그 목적은 그 피사체인 햄제품 자체만을 충실하게 표현하여 광고라는 실용적인 목적을 달성하기 위한 것이고, 다만, 이때 그와 같은 목적에 부응하기 위하여 그 분야의 고도의 기술을 가지고 있는 원고의 사진기술을 이용한 것에 불과하며…, 거기에 저작권법에 의하여 보호할 만한 원고의 어떤 창작적 노력 내지 개성을 인정하기 어렵다 할 것이고, … 제품사진에 있어 중요한 것은 얼마나 그 피사체를 충실하게 표현하였나 하는 사진 기술적인 문제이고, 그 표현하는 방법이나 표현에 있어서의 창작성이 아니라는 것을 말해 주고 있다고 할 것이니, 비록 거기에 원고의 창작이 전혀 개재되어 있지 않다고는 할 수 없을지는 몰라도 그와 같은 창작의 정도가 저작권법에 의하여 보호할 만한 것으로는 보기 어렵다.

동일하거나 유사한 피사체를 찍은 사진

기존의 사진 저작물을 허락 없이 광고에 삽입한다면 이는 당연히 저작권 침해가 발생할 것이다. 그와는 달리 기존의 사진 저작물에 담겨 있는 피사체를 새로이 촬영하여 광고에 삽입한 경우에는 어떻게 판단할 것인가가 문제시된다. 과일이나 차량 등 소모가 심하고 대체가 빈번히 이루어질 수밖에 없는 피사체는 오히려 동일한 피사체를 구해 촬영한다는 것이 불가능에 가까운 일이긴 하다. 하지만 자연 경관 등과 같은 특정의 장소, 국가적 보물이나 희귀품 등 대체하기 어려운 물건 등은 피사체 나름대로의 고유한 분위기와 색깔을 가지기에 그것이 아니면 원하는 연출을 실현하기가 힘든 경우가 있다.

이와 관련하여 소위 '솔섬' 사건(서울중앙지방법원 2014. 3. 27. 선고 2013가합527718 판결)이 있다. 이는 영국 출신 사진작가 A가 B에

게 '솔섬' 사진 작품에 관한 국내 저작권 등을 양도하였는데, C 주식
회사가 '솔섬'을 배경으로 한 사진을 광고에 사용하자 B가 C 회사를
상대로 '솔섬' 사진의 저작권 침해를 이유로 손해배상을 구한 사안이
었다. 이 사건에서 법원은 "자연 경관은 만인에게 공유되는 창작의
소재로서 촬영자가 피사체에 어떠한 변경을 가하는 것이 사실상 불
가능하다는 점을 고려할 때 다양한 표현 가능성이 있다고 보기 어려
우므로, A의 사진과 C 회사의 사진이 모두 같은 촬영지점에서 풍경
을 표현하고 있어 전체적인 콘셉트(Concept) 등이 유사하다고 하더
라도 그 자체만으로는 저작권의 보호대상이 된다고 보기 어렵고, 양
사진이 각기 다른 계절과 시각에 촬영된 것으로 보이는 점 등에 비
추어 이를 실질적으로 유사하다고 할 수 없다."라고 판시하였다.

유의할 것은 법원이 이 사건에서 실질적 유사성을 판단하는 자료
로 구도, 빛의 방향, 빛의 양, 구체적 촬영 방식, 셔터 속도 및 현상·
인화 과정 등을 모두 참조하였다는 점이다. 이를 토대로 검토한다면
동일한 피사체를 촬영한 것만으로 저작권 침해가 성립되는 것은 어
렵겠지만, 참조자료로 언급한 구도, 빛 등의 사항을 모두 모방하여
촬영한다면 저작권 침해로 인정될 가능성이 높아 보인다.

동일한 피사체가 아닌 유사한 피사체를 찍은 사진에 대해서도 법
원의 입장은 동일해 보인다. 소위 '유아 촬영 사진' 사건(서울고등법원
2010. 3. 18. 선고 2009나74658 판결)이 있다. 이는 유아사진촬영과 앨
범제작업을 하는 A가 4개월 된 남자 아기 H를 모델로 사진을 촬영하
여 홈페이지에 게시하고 저작권등록을 하였는데, 그 후 동일한 업종
에 종사하는 B가 4개월 된 남자 아기 J를 모델로 사진을 촬영하여 홈
페이지에 게시한 사안이었다. 이에 대해 법원은, 첫째, 인형들 사이

에 아기를 앉히고 촬영한 구도는 이미 공지된 것이거나 통상의 사진작가들이 쉽게 변경하여 생각해 낼 수 있는 구도라는 점, 둘째, A가 사용한 촬영기법들은 스튜디오에서 아기의 기념촬영을 하는 경우 흔히 사용되는 기법인 점, 셋째, 아기의 의상이나 표정 사이에 실질적 유사성이 인정되지 않는 점 등을 들어 저작권 침해를 부정하였다.

관련 판례

○ 소위 '솔섬 사진' 사건(서울중앙지방법원 2014. 3. 27. 선고 2013가합 527718 판결)

- ① 동일한 피사체를 촬영하는 경우 이미 존재하고 있는 자연물이나 풍경을 어느 계절의 어느 시간에 어느 장소에서 어떠한 앵글로 촬영하느냐의 선택은 일종의 아이디어로서 저작권의 보호대상이 될 수 없는 점, ② 비록 이 사건 사진저작물과 이 사건 공모전 사진이 모두 같은 촬영지점에서 '물에 비친 솔섬을 통하여 물과 하늘과 나무가 조화를 이루고 있는 모습'을 표현하고 있어 전체적인 콘셉트(Concept)나 느낌이 유사하다 하더라도 그 자체만으로는 저작권의 보호대상이 된다고 보기 어려운 점(자연 경관은 만인에게 공유되는 창작의 소재로서 촬영자가 피사체에 어떠한 변경을 가하는 것이 사실상 불가능하다는 점을 고려할 때 다양한 표현 가능성이 있다고 보기 어려우므로, 전체적인 콘셉트나 느낌에 의하여 저작물로서의 창작성을 인정하는 것은 다른 저작자나 예술가의 창작의 기회 및 자유를 심하게 박탈하는 결과를 초래할 것이다), ③ 이 사건 사진저작물은 솔섬을 사진의 중앙 부분보다 다소 좌측으로 치우친 지점에 위치시킨 정방형의 사진인 데 반하여, 이 사건 공모전 사진은 솔섬을 사진의 중앙 부분보다 다수 우측으로 치우친 지점에 위치시킨 장방형의 사진으로, 두 사진의 구도 설정이 동일하다고 보기도 어려운 점, ④ 빛의 방향은 자연물인 솔섬을 찍은 계절과 시각에 따라 달라지는데

이는 선택의 문제로서 역시 그 자체만으로는 저작권의 보호대상이 되기 어려울 뿐만 아니라, 이 사건 사진저작물과 이 사건 공모전 사진은 각기 다른 계절과 시각에 촬영된 것으로 보이는 점(이 사건 사진저작물은 늦겨울 저녁 무렵에, 이 사건 공모전 사진은 한여름 새벽에 촬영된 것으로 보인다), ⑤ 나아가 이 사건 사진저작물의 경우 솔섬의 좌측 수평선 부근이 가장 밝은 데 반하여, 이 사건 공모전 사진은 솔섬의 우측 수평선 부근에 밝은 빛이 비치고 있어 빛의 방향이 다르고, 달리 두 저작물에 있어 빛의 방향이나 양의 조절이 유사하다고 볼 만한 자료가 없는 점, ⑥ 비록 두 사진 모두 장노출 기법을 사용하기는 하였으나, 이 사건 사진저작물의 경우 솔섬의 정적인 모습을 마치 수묵화와 같이 담담하게 표현한 데 반하여, 이 사건 공모전 사진의 경우 새벽녘 일출 직전의 다양한 빛과 구름의 모습, 그리고 이와 조화를 이루는 솔섬의 모습을 역동적으로 표현하고 있어 위와 같은 촬영방법을 통해 표현하고자 하는 바가 상이한 점, ⑦ 그 밖에 카메라 셔터의 속도, 기타 촬영 방법, 현상 및 인화 등의 과정에 유사점을 인정할 만한 자료가 없는 점 등에 비추어 보면, 원고가 들고 있는 증거만으로는 이 사건 사진저작물과 이 사건 공모전 사진이 실질적으로 유사하다고 보기 어렵다.

병원 홈페이지의 시술 전후 비교 사진과 상담 내용

모발 이식 및 성형과 관련한 병원들에서는 홈페이지에서는 시술 전후 사진과 함께 시술 방법 및 시술 효과를 홍보하고 있다. 여기에 더해 온라인 상담을 실시하며 환자들에게 시술에 관한 정보를 제공함과 동시에 병원 홍보를 겸하고 있다. 그렇다면 이러한 홍보 및 상담에서 사용된 사진과 상담내용에 저작물성을 인정할 수 있을까? 소위 '모발이식 홈페이지 무단도용' 사건(서울중앙지방법원 2007. 6. 21. 선고 2007가합16095 판결)에서는 시술 전후 비교 사진과 상담내용에 관해서 저작물성을 부정하였다. 다만, 저작권 침해와는 달리 「민법」 제750조에 따른 일반불법행위는 인정되었다.

　참고로 고주파 수술기를 홍보하기 위해 촬영된 수술장면 사진에 대해서 저작물성이 다투어진 사건(대법원 2010. 12. 23. 선고 2008다44542 판결)이 있었다. 여기에서도 대법원은 해당 사진들에 대해 "모두 고주파 수술기를 이용한 수술 장면 및 환자의 환부 모습과 치료경과 등을 충실하게 표현하여 정확하고 명확한 정보를 전달한다는 실용적 목적을 위하여 촬영된 것"이라고 하여 그 저작물성을 부정하였다.

관련 판례

○소위 '모발이식 홈페이지 무단도용' 사건(서울중앙지방법원 2007. 6. 21.
　선고 2007가합16095 판결)
−(before/after 사진) 모발이식수술 자체에 원고의 개성과 창조성이 드러
　나 있다고 하여 원고 사진들에 원고의 개성이나 창조성이 있다고 볼 수
　는 없고, 원고의 사진들은 모두 원고가 모발치료를 담당하였던 환자들
　을 피사체로 선정하여 그들이 원고로부터 모발이식수술을 받은 수술
　의 전후 모습을 대비함으로써 모발치료의 효과를 나타내고자 하는 목적
　에서 촬영한 것이고, 위 사진들의 구체적인 촬영방법인 카메라의 각도
　나 빛의 방향과 양의 조절, 촬영시점의 포착 등에 있어서 원고의 개성이
　나 창조성이 있다고 보기 어렵고, 촬영 후의 현상과 인화의 과정에서 배
　경, 구도, 조명, 빛의 양 등에 원고의 개성이나 창조성을 가미하고 있다
　고 볼 수도 없으므로 원고의 위와 같은 사진들은 사진저작물로 보기 어
　렵다.
−(온라인 상담내용) 사상이나 감정 또는 사실을 표현하는 방법이 하나밖
　에 없거나 또는 극히 한정되어 있는 경우에는 누가 저작하여 표현하더

라도 거의 마찬가지의 표현이 되지 않을 수 없으므로 표현에 있어 저작자의 개성이 발휘될 여지가 없다. 또한, 표현방법에 있어 선택의 여지가 없지는 않고, 저작자가 스스로 생각하여 표현한 경우에도 그 표현이 평범하고 흔한 것인 경우에는 개성이 발휘되어 있지 않다. 따라서 이와 같은 경우에는 창작성을 갖추지 못하여 저작물로 인정할 수 없다. 원고의 상담내용은 환자의 질문에 대해 모발이식수술의 개념, 효용, 수술방법, 수술 후의 처치 등에 관한 원고 자신의 사상이나 감정을 밝힌 것이라고 할 수 있지만 그 상담내용의 표현형식으로 보아 그 자체에 저작자의 독자적인 개성이 나타나는 것으로서 법적으로 보호할 가치가 있는 창작적 표현으로 보기 어렵고, 거기에 원고가 주장하는 용어 내지 수사법의 선택과 배열이 특별히 원고의 개성이나 창작성을 드러내는 것으로 보이지도 아니하므로 위 상담내용은 어문저작물로 보기 어렵다.

- (일반 불법행위의 인정) 원고가 사진 촬영, 환자들에 대한 상담내용을 작성한 것은 원고의 연구, 노력에 따른 성과이고, 또한 이와 같이 촬영, 작성된 사진, 상담내용을 홈페이지에 게시하여 운영하는 것은 원고 병원 운영의 일환으로서 경제적 가치 있는 활동이므로, 원고가 인터넷에 공개한 사진들과 상담내용이 비록 저작물성이 인정되지 않아 저작권법상의 보호를 받지 못한다고 하더라도 이는 당연히 법적 보호의 가치가 있는 이익에 해당하고, 피고가 영리의 목적으로 피고와 영업상 경쟁관계에 있는 원고가 노동력과 비용을 들이고, 전문지식을 사용하여 환자의 동의를 받아 촬영하고 작성한 원고의 사진들과 상담내용을 무단으로 도용해서 사용한 것은 공정하고 자유로운 경쟁원리에 의해 성립하는 거래사회에 있어서 현저하게 불공정한 수단을 사용함으로써 사회적으로 허용되는 한도를 넘어 원고의 법적으로 보호할 가치 있는 영업활동상의 신용 등의 무형의 이익을 위법하게 침해하는 것으로서 평가할 수 있으므로 피고의 위와 같은 행위는 민법 제750조의 불법행위를 구성한다.

지도 및 여행 안내

지면 광고 등에서는 지도를 배경으로 하여 제작된 디자인이 있다. 배경이 된 지도가 위성사진 등을 기초로 하여 광고를 위해 새로 디자인된 것이라면 저작권 위반은 전혀 문제시되지 않을 것이다. 하지만 기존에 디자인된 지도를 배경으로 한다면 저작권 침해 여부가 문제시될 소지가 있다. 또한 여행사 홈페이지 및 여행 홍보 소책자의 여행 안내 문구 및 내용 편집 역시 기존의 저작물과 동일하다면 저작권 침해 여부가 논의될 수 있다. 이와 관련하여 소위 '여행책자' 사건(대법원 2011. 2. 10. 선고 2009도201 판결)에서 지도 및 여행 안내 내용에 관한 저작권 침해가 문제시되었다. 이 사건에서 대법원은 다음 두 가지 원칙을 확인하였다.

첫째, 지도는 일반적으로 "지표상의 산맥·하천 등의 자연적 현상과 도로·도시·건물 등의 인문적 현상을 일정한 축적으로 약속된 특정한 기호를 사용하여 객관적으로 표현한 것"으로서 저작권의 보호대상은 아니라는 것이다. 따라서 지도에 창작성을 인정하기 위해서는 "지도의 내용이 되는 자연적 현상과 인문적 현상을 종래와 다른 새로운 방식으로 표현하였는지, 그 표현된 내용의 취사선택에 창작성이 있는지 등"을 판단할 필요가 있다는 것이다.

둘째, 편집물의 경우에는 "일정한 방침 혹은 목적을 가지고 소재를 수집·분류·선택하고 배열하는 등의 작성행위에 편집저작물로서 보호를 받을 가치가 있을 정도의 창작성이 인정"되어야 한다는 것이다.

대법원은 이러한 원칙에 따라 해당 지도의 저작물성을 부정하였

으며, 여행 안내 내용에 관한 편집 및 문구에 대해서는 실질적 유사
성을 부정하였다.

관련 판례

○ 소위 '여행책자' 사건(대법원 2011. 2. 10. 선고 2009도201 판결)

– (지도) △△천하유럽에 실린 프랑크푸르트 지도를 살펴보면, 그 내용이
되는 마인강 등의 자연적 현상과 도로, 건물, 지하철 등의 인문적 현상
이 종래의 통상적인 방식과 특별히 다르게 표현되어 있지는 않고 그 표
현된 내용의 취사선택도 일반적인 여행지도와 별반 다를 것이 없으므
로, 저작물로서 보호될 만한 창작성을 인정할 수가 없다.

– (여행 안내 문구) △△천하유럽의 표현들을 구성하고 있는 어휘나 구문
과 유사해 보이는 어휘나 구문이 ○○○월드유럽에서 일부 발견되기
는 한다. 그러나 그중, 해당 관광지 등에 관하여 알려져 있는 특성과 평
판 등을 이전의 다른 여행책자들에서도 쉽게 찾아볼 수 있을 정도의 통
상적인 표현방식에 의하여 그대로 기술한 것에 불과하거나 누가 하더라
도 같거나 비슷하게 표현할 수밖에 없어 창작성을 인정할 수 없는 표현
들을 제외하고 나면, 그러한 어휘나 구문이 전체 책자에서 차지하는 질
적·양적 비중이 미미하여 △△천하유럽의 창작적 특성이 ○○○월드
유럽에서 감지된다고 보기는 어려우므로, 이 부분을 들어 △△천하유럽
과 ○○○월드유럽 사이에 실질적 유사성이 있다고 할 수도 없다.

– (여행 책자의 편집) △△천하유럽은 여행에 유용한 정보를 일목요연하
고 편리하게 제공한다는 여행책자로서의 일정한 편집목적을 가지고 수
많은 여행지 및 그 여행지에서의 교통, 볼거리, 식당, 숙박시설 등의 여
러 가지 정보들 중에서 피해자 등의 축적된 여행경험과 지식을 바탕으
로 위 편집목적에 비추어 필요하다고 판단된 정보들만을 취사선택하
여 나름대로의 편집방식으로 기술한 것이라는 점에서 소재의 수집·분
류·선택 및 배열에 편집저작물로서의 독자적인 창작성을 인정할 수 있

다. 그런데 ○○○월드유럽의 편집구성을 위와 같이 창작성이 인정되는 △△천하유럽의 편집구성과 대비해 보면, 구체적으로 선택된 정보, 정보의 분류 및 배열 방식 등에서 큰 차이를 보이고 있어 이들 사이에 실질적 유사성이 있다고 할 수 없고, 비록 이들 책자가 전체적으로 도시 정보, 교통, 여행코스, 볼거리, 음식, 쇼핑 및 숙박 정보, 지도 등으로 구성되어 있다는 점에서 공통점이 있기는 하나 이는 다수의 여행책자가 취하고 있는 일반적인 구성형태일 뿐이어서 그에 대한 창작성을 인정할 수도 없으므로, 이러한 구성상의 공통점이 있다는 것만으로 달리 볼 수 있는 것도 아니다.

건축물

「저작권법」 제4조는 저작물의 예시로 '건축물·건축을 위한 모형 및 설계도서 그 밖의 건축저작물'을 들고 있다. 이는 건축물로 형상화된 미적 가치, 즉 건축가의 사상 및 감정을 보호하려는 취지다. 따라서 건축저작물로 인정받기 위해서는 어느 정도의 창작성이 필요하다. 따라서 어느 동네에서나 볼 수 있을 법한 흔한 주택이 건축저작물로 인정받기는 어려울 것이다(오승종, 2021). 대법원 역시 "건축물이 그와 같은 일반적인 표현방법 등에 따라 기능 또는 실용적인 사상을 나타내고 있을 뿐이라면 창작성을 인정하기 어렵지만, 사상이나 감정에 대한 창작자 자신의 독자적인 표현을 담고 있어 창작자의 창조적 개성이 나타나 있는 경우라면 창작성을 인정할 수 있으므로 저작물로서 보호를 받을 수 있다."(대법원 2020. 4. 29. 선고 2019도 9601 판결)라고 판시하고 있다.

광고 표현에 있어서 건축저작물이 문제되는 경우는 특정 건축물이 광고 속 배경으로 나타난 경우다. 이와 관련되어 문제된 사안이 소위 'UV하우스' 사건(서울중앙지방법원 2007. 9. 12. 선고 2006가단 208142 판결)이다. 건축물 UV하우스의 건축가가 해당 건축물의 일부 외벽이 광고 배경으로 무단 사용되었음을 이유로 광고 제작사와 광고주를 상대로 손해배상 청구를 제기하였다. 이에 대해 법원은, 첫째, 광고에 사용된 부분이 위 D건물의 한쪽 벽면 중 일부에 불과하여 이를 통하여 볼 수 있는 것도 U자형 블록이 쌓여 있는 형태일 뿐이며, 공간 및 각종 구성부분의 배치와 조합을 포함한 전체적인 디자인 또는 틀을 인지하기는 어렵다는 점, 둘째, 광고가 '창작성이 있는 표현부분을 복제한 것으로서 양적 또는 질적으로 실질성을 갖춘 경우'에 해당한다고 보기도 어렵다는 점, 셋째, 광고내용에 나타난 벽면이 전체적인 건축저작물과 독립하여 별개의 미술저작물에 해당한다고 보이지도 않는다는 점 등을 이유로 저작권 침해를 부정하였다. 이 판결에서 법원은 "전체적인 디자인과 틀, 배치라는 관점에서 보면 원고의 위 D건물이 예술적인 건축저작물인 점"을 인정하면서도, 광고의 배경으로 사용한 벽면 그 자체에 대해서는 "건축저작물성이 인정되기 어려운 일반 상가 또는 레스토랑 건물의 벽면에서도 볼 수 있을 것 같은 모습"이라고 덧붙였다.

이 사건을 토대로 광고 배경으로서의 건축물 활용에 있어 저작권자의 동의가 필요한 요건을 도출할 수 있다. 첫째, 광고 배경으로 일반 건축물이 아닌 건축저작물을 활용할 것, 둘째, 그 배경 속에 노출된 모습이 적어도 해당 건축물의 창작적 표현부분을 포함할 것 등일 것이다.

광고카피

어문저작물은 「저작권법」이 제일 먼저 들고 있는 저작물의 예시다. 법 제4조 제1항은 저작물의 예를 들고 있는데 제1호는 '소설·시·논문·강연·연설·각본 그 밖의 어문저작물'이라 규정한다. 어문저작물은 언어를 표현수단으로 하는 저작물인바, 그 형태는 문서뿐 아니라 구술로 된 저작물을 포함한다. 이와 관련하여 광고카피나 슬로건, 대사 등 짧은 문구의 창작물도 저작물로 보호를 받을 수 있는지 문제시된다.

이와 관련하여 법원은 소위 '하이트 맥주' 사건(서울고등법원 1998. 7. 7. 선고 97나15229 판결)에서 광고카피의 저작물성을 부정한 바 있다. 이 사건에서 원고는 피고에게 맥주 판매전략을 제안하면서 광고카피로 "잘 익었을 때 드십시오!" "최상의 맛을 유지하는 온도 눈으로 확인하십시오." "7~9도 사이가 아닌 맥주는 깊은 맛을 느낄 수 없습니다." "8도에 가장 깊은 맛이 숨어 있었다. 이제 가장 깊은 맛일 때 즐기십시오." 등을 제시하였다. 그 후 피고는 하이트 맥주를 출시하고 광고를 하면서 "가장 맛있는 온도에서 암반천연수 마크가 나타난다. 온도계가 달린 맥주" "국내 최초 하이트가 온도계를 달았습니다. 가장 맛있는 온도가 되면 맥주병에 암반천연수 마크가 나타나는 하이트. 가장 신선한 하이트의 맛. 눈으로 확인하세요! 온도계가 달린 맥주" "하이트의 맛 이젠 눈으로 확인하세요."라는 카피를 사용하였다.

이에 대해 법원은 다음과 같이 판시하며 광고카피의 저작물성을 부정하였다. "원고가 위 제안서에 예시한 광고문구와 피고가 사용한 광고문구는 모두 맛있는 온도를 눈으로 알 수 있다는 단순한 내용을 표현한 것으로서 그 문구가 짧고, 의미도 단순하여 그 표현형식에 위 내용 외에 어떤 보호할 만한 독창적인 표현형식이 포함되어 있다고 볼 여지도 없다 할 것이어서 위 광고문구에 저작권을 인정할 수 있는 전제로서의 창작성이나 아이디어로서의 참신성을 인정할 수 없다 할 것이다."

일반론이라고 말하기에는 성급해 보이나 광고카피와 같이 단어 몇 개의 조합으로 이루어진 문구의 저작물성을 인정받는 것은 쉽지 않아 보인다. 소위 '왕의 남자' 사건(서울고등법원 2006. 11. 14. 선고 2006라503 결정) 역시 이러한 입장이다. 법원은 희곡 '키스'의 대사 "나 여기 있고 너 거기 있어."가 영화 '왕의 남자'에 그대로 사용되었다 하더라도, 이러한 대사는 일상에서 흔히 사용되는 표현이기에 창작성을 인정할 수 없다고 하였다.

글자체 및 글자체 파일

오디오로만 이루어진 광고가 아니라면 모든 광고에서의 주효한 커뮤니케이션 수단은 글자다. 광고에 표현된 글자는 의미 전달뿐 아니라 느낌을 전달하는 디자인으로서의 기능도 가진다. 이 디자인적 기능을 하는 글자의 표현 형태를 글자체라고 할 수 있다.

그렇다면 글자체를 하나의 저작물로서 인정할 수 있을 것인가? 이와 관련해 우리나라 판례는 서예 등 미적 감상을 주된 목적으로 하는지, 혹은 정보 전달을 주된 목적으로 하는지에 따라 그 판단을 달리하고 있다. 소위 '춘향가 서체' 사건(서울고등법원 1997. 9. 24. 선고

97나15236 판결)에서는 서체의 저작물성을 긍정한 반면, 소위 '서체 도안' 사건(서울고등법원 1994. 4. 6. 선고 93구25075 판결)에서는 서체의 저작물성을 부정하였다. 다만, 저작권의 보호를 받지 못하는 글자체라고 하더라도, 글자체에 대하여 디자인등록을 출원하여 디자인권을 등록한다면 「디자인보호법」에 따른 보호를 받을 수는 있을 것이다. 법 제2조 제1호는 '디자인'에 대해 "물품[물품의 부분, 글자체 및 화상(畵像)을 포함한다]의 형상·모양·색채 또는 이들을 결합한 것으로서 시각을 통하여 미감(美感)을 일으키게 하는 것"이라고 정의하여 글자체를 디자인에 포함시키고 있기 때문이다.

관련 판례

○ 소위 '춘향가 서체' 사건(서울고등법원 1997. 9. 24. 선고 97나15236 판결)

- 원고는 ○○대학교 서예과 교수로 재직 중인 서예가로서, 궁체에 대비되는 필체로 일반 백성들의 글씨체에 바탕을 두고 글씨체가 독특하며 개성이 있는 민체를 연구하고 체계화하여 이를 작품화하여 왔는데, 1994. 5.경 서울 예술의전당에서 열린 제7회 한국서예청년작가전에 민체로 작품화한 '춘향가'를 출품하였다. … 원고가 쓴 위 '춘향가'의 서체는 원고의 사상 또는감정 등을 창작적으로 표현한 지적·문화적 정신활동의 소산(所産)으로서 하나의 독립적인 예술적 특성과 가치를 가지는 창작물이라 할 것이므로, 원고는 이 사건 글자를 포함한 위 춘향가의 서체에 대하여 저작재산권과 저작인격권을 취득하였다 할 것이다.

○ 소위 '서체 도안' 사건(서울고등법원 1994. 4. 6. 선고 93구25075 판결)

- 흔히 서체도안이라 함은 일반적으로 한 벌의 문자 서체 등에 대하여 독

특한 형태의 디자인을 한 것이라고 말하여지는바 글자꼴, 글꼴, 타이프페이스, 활자체, 서체자형 등으로도 불리워진다고 한다. … 원고들의 서체도안을 포함하여 일반적인 서체도안의 경우 특단의 사정이 없는 한 그 자체를 미적 감상의 대상으로 할 의도로써 작성되는 것은 아니라 할 것이고(미적 감상의 대상으로 할 의도로써 작성된 경우는 달리 취급되어야 할 것이다) 문자, 글자가 의사전달 수단 내지 언어, 사상 등의 표현 수단으로 사용되어지는 것에 부수하여 그 기본적인 형태는 그대로 유지하면서, 다만 문자 등의 표시에 시각적 효과 등을 첨가하거나 강화함으로써 보다 효과적으로 의사 등을 표현, 전달함에 사용되어질 것을 예상하고 그러한 용도에 사용될 것을 의도하여 만들어지는 것이라 할 것이다(원고들의 경우에도 제출한 서체도안 자체를 미적 감상의 대상으로 할 것을 주된 의도로 하여 작성되었다고 보기는 어렵다). … 위와 같은 서체도안은 일부 창작성이 포함되어 있고 문자의 실용성에 부수하여 미감을 불러일으킬 수 있는 점은 인정되나 그 미적 요소 내지 창작성이 문자의 본래의 기능으로부터 분리, 독립되어 별도로 감상의 대상이 될 정도의 독자적 존재를 인정하기는 어렵다 할 것이어서 그 자체가 예술에 관한 사상 또는 감정의 창작적 표현물이라고 인정하기에는 미흡하다고 보여지므로 이를 저작권법상 보호의 대상인 저작물 내지는 미술저작물로 인정하기는 어렵다고 할 것이다.

유의할 것은 글자체와는 달리 글자체 파일은 컴퓨터프로그램저작물로서 「저작권법」의 보호를 받는다는 점이다. 글자체 파일은 글자꼴을 화면에 출력하거나 인쇄 출력하기 위한 컴퓨터프로그램의 일종이기 때문이다. 대법원 역시 "서체파일을 단순한 데이터 파일이 아닌 컴퓨터프로그램보호법상의 컴퓨터프로그램에 해당한다."라고 인정하였다. 더 나아가 특정의 글자체 파일이 작성자 스스로 알고리즘(algorithm)에 따라 프로그래밍 언어로 직접 코드를 작성하는 방식을 취하지 않고 글자체 파일 제작 프로그램에서 마우스의 조작으로 글자체의 모양을 가감하거나 수정하여 좌표값을 지정하고 이를 이동하거나 연결하여 저장하는 방식을 취했다고 하더라도 "서체파일을 제작하는 과정에서 글자의 윤곽선을 수정하거나 제작하기 위한 제어점들의 좌표값과 그 지시·명령어를 선택하는 것에는 서체파일 제작자의 정신적 노력의 산물인 창의적 개성이 표현되어 있다고 봄이 상당하고, 따라서 윤곽선의 수정 내지 제작 작업을 한 부분의 서체파일은 프로그램저작물로서의 창작성이 인정된다."라고 하였다(대법원 2001. 6. 29. 선고 99다23246 판결).

캐릭터

캐릭터 산업이 발달하면서 광고에서도 사람이 아닌 캐릭터를 모델로 활용하는 빈도가 높아졌다. 광고에 쓰이는 캐릭터는 그에 독특한 외모와 성격을 부여받음으로써 광고의 시각적 요소를 강화하고 소비자의 눈길을 끄는 역할을 한다. 광고모델로서의 캐릭터는 관리가 가능하여 유명인 모델과 다르게 예측 불가능한 리스크를 지니지 않는다. 또 인기 있는 캐릭터의 광고모델로서의 활용은 소비자에게 친근감과 호감을 불러일으킬 뿐 아니라 구매 욕구 자극에도 효과적이다. 이러한 캐릭터는 '만화, TV, 영화, 신문, 잡지, 소설, 연극 등 대중이 접하는 매체를 통하여 등장하는 인물, 동물, 물건의 특징, 성격, 생김새, 명칭, 도안, 특이한 동작 그리고 더 나아가서 작가나 배우가 특수한 성격을 부여하여 묘사한 인물을 포함하는 것'이라고 정의할 수 있다(최연희, 1990).

캐릭터가 처음부터 「저작권법」에서 문제시되었던 것은 아니다. 캐릭터의 보호는 기본적으로 「상표법」이나 「부정경쟁방지법」상의 영역이었다. 캐릭터에 대해 상표등록을 한다면 「상표법」에 따른 보호를 받을 수 있으며, 캐릭터가 유명해져서 상품화가 이루어졌다면 「부정경쟁방지법」에 따른 보호를 받을 수 있다. 하지만 「상표법」이나 「부정경쟁방지법」상의 보호를 받기 위해서는 요건이 까다롭고 지속적인 관리도 요구된다. 이러한 이유로 캐릭터의 상품화권리자들이 간편하면서도 포괄적이며 권리 보호 기간 역시 장기간인 「저작권법」상의 보호를 꾀하게 된 것이다(오승종, 2021). 이에 따라 캐릭터에 저작권이 인정되느냐, 즉 캐릭터를 저작물로서 인정할 수 있느냐가 문제시되었다.

캐릭터의 저작물성 인정 여부에 관한 논의가 활발한 가운데 우리 판례는 캐릭터의 종류에 따라 인정 여부를 달리하는 듯 보인다. 캐릭터는 그 모습을 눈으로 직접 볼 수 있느냐에 따라 시각적 캐릭터와 어문적 캐릭터로 나눌 수 있다. 펭수나 미키마우스 등이 시각적 캐릭터라면 소설 삼국지에 나오는 관우나 장비 등은 어문적 캐릭터다.

시각적 캐릭터의 저작물성을 인정한 판결로는 소위 '실황야구' 사건을 들 수 있다. 고등법원은 이 사건에서 "'실황야구' 캐릭터는 이 사건 '실황야구'라는 저작물의 일부분에 불과하고, 이와 별도로 '실황야구' 캐릭터의 상품화 과정을 거쳐 독자적인 저작물성을 인정할 정도에 이르지 않는 한 독자적인 저작물성이 인정되는 캐릭터로 볼 수 없다."라고 하여 저작물성을 부정하였다(서울고등법원 2007. 8. 22. 선고 2006나72392 판결). 더 나아가 그 이유에 대해 "캐릭터란 그 각각의 장면의 구체적 표현으로부터 승화된 등장인물의 특징이라는 추상적 개념이지 구체적 표현이 아니며, 결국 그 자체가 사상 또는 감정을 창작적으로 표현한 것이라고 볼 수 없는 것이다."라고 판단하였다. 하지만 대법의 판단은 달랐다. 대법원은 이 사건에서 "야구를 소재로 한 게임물인 '실황야구'에 등장하는 '실황야구' 캐릭터는 야구선수 또는 심판에게 만화 속 등장인물과 같은 귀여운 이미지를 느낄 수 있도록 인물의 모습을 개성적으로 도안함으로써 저작권법이 요구하는 창작성의 요건을 갖추었으므로, 이는 창작성이 있는 저작물로서 원저작물인 게임물과 별개로 저작권법의 보호대상이 될 수 있고, 한편 위 '실황야구' 캐릭터에 관하여 상품화가 이루어졌는지 여부는 저작권법에 의한 보호여부를 판단함에 있어서 고려할 사항이 아니다."라고 판시하였다(대법원 2010. 2. 11. 선고 2007다63409 판결). 시각적 캐릭터의 저작물성을 분명히 했다고 볼 수 있다.

한편, 시각적 캐릭터와 달리 어문적 캐릭터에 관해서는 아직까지는 저작물성을 인정하지 않는 것이 법원의 입장으로 보인다. 헬로키티 캐릭터에 드라마 '겨울연가' '황진이' '대장금' '주몽' 등의 주요 인물들의 의상 등을 입혀 판매한 행위에 대해 2차적 저작물 작성권을 침해한 것인지에 다투어진 소위 '드라마 캐릭터 상품화' 사건(서울고등법원 2010. 1. 14. 선고 2009나4116 판결)에서 법원은 이를 부정하였다. 법원은 이 판결에서 영화나 드라마의 캐릭터는 어문적 캐릭터에 가깝다고 전제한 후 이는 만화 캐릭터와 같은 시각적 캐릭터와는 다르다고 판시하였다. 그리고 이러한 어문적 캐릭터는 등장인물의 총체적인 아이덴티티(identity)를 말하는 것이어서 드라마의 등장인물로부터 이와 같은 속성을 배제한 채 그 명칭이나 복장, 사용하는 소품만을 따로 떼어 낸 캐릭터가 원래의 저작물로부터 독립하여 별도로 저작권에 의하여 보호된다고 보기는 어렵다고 판시하였다. 이 사건에서는 저작권 침해 외에도 상표권 침해, 「부정경쟁방지법」 위반 (상품형태 모방행위) 및 「민법」 제750조에 따른 불법행위가 문제되었는데, 이 중 「민법」 제750조에 따른 불법행위만 인정되었다.

관련 판례

○ 소위 '드라마 캐릭터 상품화' 사건(서울고등법원 2010. 1. 14. 선고 2009나4116 판결)

– 영화나 드라마의 캐릭터는 자신만의 독특한 외양을 가진 배우의 실연에 의하여 표현되며, 등장인물의 용모, 행동거지, 명칭, 성격, 목소리, 말투, 상황이나 대사 등을 모두 합한 총체적인 아이덴티티(identity)를 말하는 것이어서, 시각적 요소가 모두 창작에 의하여 만들어지는 만화나 만화영화의 캐릭터보다는 소설, 희곡 등 어문저작물의 캐릭터에 가깝다고 할 것이다. 따라서, 드라마의 등장인물로부터 위와 같은 속성을 배제한 채 그 명칭이나 복장, 사용하는 소품만을 따로 떼어 낸 캐릭터가 원래의 저작물로부터 독립하여 별도로 저작권에 의하여 보호된다고는 보기 어렵다(이 점에서 시각적 요소가 모두 창작에 의하여 만들어진 만화 캐릭터에 관한 대법원 1999. 5. 14. 선고 99도115 판결, 2005. 4. 29. 선고 2005도70 판결은 이 사안에는 부합하지 아니한다).

– 이 사건에서, ① 드라마 '겨울연가'의 경우, 남녀 주인공이 위 저작물에서 비로소 창작된 캐릭터이긴 하나, 남녀주인공의 성격 및 주요 줄거리 등과 무관하게, 또한 실제 주연 배우를 배제한 채, 남녀주인공이 극중에서 자주 입었던 의상(긴 코트와 목도리)이나 눈이 오는 풍경 등만으로는 일반적인 연인의 모습과 구별되는 위 각 주인공 캐릭터만의 고유한 특징을 찾아볼 수 없어 이를 독자적인 저작물이라 할 수 없고, ② 드라마 '대장금'의 경우 주인공인 '장금'이라는 인물이 조선시대의 실존 인물이나 의녀라는 것 이외에 전혀 알려진 바가 없어, 성격, 주변 인물, 성공

과정, 수랏간 궁녀로서의 생활 등 주인공에 관한 대부분의 내용이 위 저작물에서 비로소 창작되었으나, 극중 인물의 성격, 주변 인물과의 관계, 에피소드나 줄거리 등과 무관하게, 또한 실제 주연 배우를 배제한 채, 주인공이 입었던 의상, 드라마에 등장한 궁중음식인 '신선로' 등만으로는 위 드라마 이전에 등장하였던 의녀와 구별되는 위 주인공 캐릭터 등만의 고유한 특징을 찾아볼 수 없어 이를 독자적인 저작물이라 할 수 없으며, ③ 드라마 '주몽'의 경우 고구려를 건국한 역사적 인물인 '고주몽'의 일대기를 그린 영상저작물로서, '고주몽'과 그의 부인인 '소서노' 등이 역사적 실존 인물이긴 하지만 구체적인 행적에 관하여 거의 알려진 바가 없어, 주몽의 왕으로서 성장과정, 고구려 건국 과정, 주변 인물과의 관계 등 주인공 캐릭터에 관한 대부분의 내용이 위 저작물에서 창작된 것이나, 이러한 특징들 및 실제 주연 배우들을 배제한 채, 주몽이 입었던 것과 유사한 갑옷, 소서노가 극 중에서 입었던 것과 유사한 의상 등만으로는 타 저작물에서의 장군 등의 모습 등과 구별되는 위 각 캐릭터만의 고유한 특징을 찾아볼 수 없어 이를 독자적인 저작물이라 할 수 없고, ④ 드라마 '황진이'의 경우 조선시대 기녀인 '황진이'가 기녀로 되는 과정, 주변 인물들과의 관계, 황진이의 춤과 거문고 연주 실력, 황진이의 외모와 화려한 복장 및 장신구 등 구체적인 내용들은 모두 위 저작물에서 창작된 것이나, 이러한 특징들 및 실제 주연배우 등을 배제한 채, 극중에서 황진이가 입었던 것과 유사한 한복, 거문고, 큰머리 또는 어여머리를 올린 헤어스타일 등만으로는 조선시대 기녀의 모습을 묘사한 타 저작물과 구별되는 위 캐릭터만의 고유한 특징을 찾아볼 수 없어 이를 독자적인 저작물이라 할 수 없다.

인터넷 링크

인터넷 링크는 웹상에서 다른 사람의 웹페이지로의 연결을 용이하게 하는 수단이다. 광고주 혹은 브랜드의 웹페이지 방문자 수가 온라인광고의 성패를 가늠하는 첫 번째 관문이라고 볼 때, 온라인광고에 있어 인터넷 링크의 활용은 필수불가결한 사항이라고 할 수 있다. 온라인광고는 해당 광고의 클릭을 통해 광고주의 웹페이지 혹은 상품 판매 웹페이지로 이동을 용이케 한다. 그리고 이러한 클릭 수는 해당 온라인광고가 게시되는 웹페이지의 방문자 수에 일차적으로 영향을 받는다. 아무리 좋은 광고라고 하더라도 방문자가 거의 없는 웹페이지에 노출된다면 소비자의 클릭을 기대하기는 어렵다. 이에 따라 온라인 광고를 유치하여 수입을 올리려는 웹페이지의 소유자에게는 웹페이지의 유익 및 신뢰도를 높이는 것이 중요해진다. 소비자 입장에서 특정 웹페이지를 방문하기 위해서는 그 유익이 방문에 따른 수고와 시간을 상쇄할 필요가 있기 때문이다.

웹페이지 소유자 입장에서는 웹페이지의 가치를 높이기 위해 자신이 직접 새로운 콘텐츠를 창작하여 게시할 수도 있으며 타인의 콘텐츠로 연결되는 링크를 게시하는 방법을 활용할 수 있다. 타인의 콘텐츠를 직접 게시하는 것은 복제권 및 전송권 침해가 되겠지만, 타인의 웹페이지에 관한 링크 게시는 기본적으로 이러한 저작권 문제에서 자유롭다(오승종, 2021). 인터넷 링크에서 이용하고 있는 것은 URL인데 URL에는 저작물성을 인정하기 어려울 뿐더러, 링크는 저작물을 복제하거나 송신하는 것이 아니라 저작물이 게시된 장소를 지시하는 역할에 불과하기 때문이다. 더 나아가 링크로 연결되는 웹페이지의 소유자는 해당 웹페이지가 소비자에 의해 열람될 것을 기대하고 있는바, 링크는 이러한 웹페이지 소유자의 목적 달성에 기여하는 것으로 해석할 수도 있다.

하지만 인터넷 링크의 형태가 다양해짐에 따라 이와 같은 입장의 변화가 감지된다. 링크의 유형은 분류하는 이에 따라 달라질 수 있지만 저작권 위반과 관련하여서는 흔히 네 가지로 분류된다(〈표 3-2〉 참조). 이 유형 중 단순 링크와 심층 링크는 저작권 위반의 소지가 없으나 프레이밍 링크와 임베디드 링크는 저작권 침해가 될 가능성이 있다(한국저작권위원회).

〈표 3-2〉 인터넷 링크의 유형

구분	특징
단순 링크 (simple link, surface link)	링크를 통하여 특정 정보가 담긴 웹사이트의 메인페이지를 연결한 것
심층 링크 (deep link, 직접링크)	링크를 통해 특정 정보가 표시되는 웹페이지로 직접 연결한 것
프레이밍 링크 (framing link)	웹페이지를 몇 개의 프레임으로 나누어 그중 임의의 프레임에 다른 웹사이트를 링크하여 정보가 직접 표시되도록 하는 것
임베디드 링크 (embedded link)	링크 대상 정보를 링크설정자의 웹페이지로 직접 연결 또는 삽입시켜 사이트 이동 없이 링크 대상 콘텐츠가 직접 표시·실행·재생되는 것(링크의 클릭이 필요 없음)

하지만 법원의 입장은 아직 명확하게 정리되지 않은 것으로 보인다. 법원은 기본적으로 링크 게시에 대해 저작권 침해의 정범 성립은 부정하고 있다. 대법원은 다음을 이유로 심층링크를 하는 행위에 대해 저작권법이 보호하려는 복제 및 전송에 해당하지 않는다고 판시하였다. "이른바 심층링크(deeplink) 또는 직접링크(directlink)는 웹사이트의 서버에 저장된 저작물의 인터넷 주소(url)와 하이퍼텍스트 태그(tag) 정보를 복사하여 이용자가 이를 자신의 블로그 게시물

등에 붙여 두고 여기를 클릭함으로써 위 웹사이트 서버에 저장된 저작물을 직접 보거나 들을 수 있게 하는 것으로서, 인터넷에서 링크하고자 하는 저작물의 웹 위치 정보 내지 경로를 나타낸 것에 불과하다"(대법원 2009.11.16. 선고 2008다77405 판결).

그렇다면 불법 저작물이 업로드된 웹페이지에 연결하는 링크를 게시한 경우에는 어떨까? 저작권 침해를 직접 하지는 않았다고 하더라도 저작권 침해행위를 돕는 것으로 보아 저작권 침해의 방조범을 인정할 수는 있지 않을까? 이와 관련하여 2015년 대법원과 2017년 서울고등법원의 판결이 그 내용을 약간 달리한다. 2015년 대법원은 위에서 본 2009년 대법원 판결을 인용하며 저작권 침해에 대한 방조행위 역시 부정하였다. 하지만 2017년 서울고등법원 판결에서는 불법 저작물 사이트에 대한 임베디드 링크 게시 행위에 대해 저작권 침해에 대한 방조행위를 인정하였다.

관련 판례

○ 소위 '불법저작물 사이트 임베디드 링크' 사건(서울고등법원 2017. 3. 30. 선고 2016나208713 판결)
– (사실관계) 갑이 인터넷 사이트를 개설한 후 해외 동영상 공유 사이트에 저작권자인을 방송사 등의 허락을 받지 않고 게시된 방송 프로그램에 대한 임베디드 링크(embedded link, 링크된 정보를 호출하기 위해 이용자가 클릭을 할 필요 없이 링크제공 정보를 포함한 웹페이지에 접속하면 자동으로 링크된 정보가 바로 재생되는 방식의 링크)를 게재하여 이용자들이 무료로 시청할 수 있도록 하였다.
– (판단) 위 사이트의 이용자는 링크를 통해 해외 동영상 공유 사이트로부터 방송 프로그램의 복제물을 직접 전송받게 되고 갑의 사이트에

서 직접적인 전송행위는 일어나지 않는 점, 갑의 링크행위를 해외 동영상 공유 사이트 게시자에 의한 방송 프로그램 게시행위(이하 '업로드 행위'라고 한다)와 동일하게 볼 수는 없는 점, 해외 동영상 공유 사이트에서 일어나는 전송행위에 대한 실질적인 지배는 업로드 행위를 한 해외 동영상 공유 사이트의 게시자에게 있는 점, 갑이 게재한 링크는 해외 동영상 공유 사이트에 게시된 방송 프로그램 복제물의 웹 위치 정보 내지 경로를 나타낸 것에 불과한 점 등에 비추어, 갑의 링크행위는 을 방송사 등의 전송권을 직접 침해하는 행위로는 보기 어려우나, 저작권법 제102조 제1항 제4호 의 해석상 우리 저작권법도 링크행위가 저작권법상의 권리 침해에 대한 방조가 성립될 수 있음을 당연한 전제로 하고 있다고 볼 수 있는 점, 링크행위가 링크행위 전에 이루어진 이용자의 업로드행위로 인하여 침해된 저작권자의 복제권 및 공중송신권(그중 전송권) 중 어떠한 권리 침해에 대한 방조인지는 개별적으로 검토하여야 하는 점, 링크행위는 침해된 저작물에 대하여 실질적으로 접근가능성을 증대시켜 이용에 제공하는 행위를 용이하게 하므로 다른 이용자에 의하여 실제 당해 링크를 통한 송신이 이루어지는지에 관계없이 이용자의 전송권 침해행위에 대한 방조가 성립할 수 있는 점, 링크행위를 전송권 침해행위에 대한 방조로 보지 않는다면 침해 저작물임을 명백히 알고 있는 정보로의 링크행위가 증가될 가능성이 높은 점, 링크행위를 전송권 침해행위에 대한 방조로 본다 하더라도 링크행위의 자유를 심각하게 제한하는 것은 아닌 점, 갑의 링크행위는 이용자들로 하여금 편리하게 해외 동영상 공유 사이트에 게시된 방송 프로그램의 복제물을 전송받을 수 있도록 함으로써 해외 동영상 공유 사이트 게시자의 이용에 제공하는 행위를 용이하게 하는 행위를 하였다고 평가하기에 충분한 점 등을 종합하면, 갑의 링크행위는 실질적으로 해외 동영상 공유 사이트 게시자의 공중에의 이용제공의 여지를 더욱 확대시키는 행위로서 해외 동영상 공유 사이트 게시자의 공중송신권(전송권) 침해행위에 대한 방조에는 해당한다.

패러디 광고

광고의 성공에 있어 일차적 관문은 소비자의 관심 끌기일 것이다. 관심을 끌어야 내용을 전달할 수 있기 때문이다. 이러한 관심 끌기를 위해 기존 저작물의 패러디가 많이 활용되고 있다. 2019년 인기를 끌었던 김영철 모델의 버거킹 광고는 2012년 드라마 '야인시대'의 대사 "4딸라"를 패러디한 것이었다.

패러디란 "표현형식을 불문하고 대중에게 널리 알려진 원작의 약점이나 진지함을 목표로 삼아, 이를 흉내 내거나 과장하여 왜곡시킨 다음, 그 결과를 알림으로써 원작이나 사회적 상황에 대하여 비평 또는 웃음을 이끌어 내는 것"을 뜻한다(오승종, 2021). 이러한 패러디는 다시 원작과 비평의 관계에 따라 직접적 패러디와 매개적 패러디로 나눌 수 있다. 직접적 패러디가 원작을 비평의 대상으로 삼는다면, 매개적 패러디는 원작을 이용하여 원작과 무관한 다른 것에 대해 비평을 하게 된다(정재훈, 1998).

패러디는 필연적으로 원작에 대한 수정 및 개변을 수반하기에 저작권 침해가 문제 될 수밖에 없다. 먼저 생각할 수 있는 것은 패러디가 2차적 저작물이냐는 문제이며, 패러디로 인해 동일성유지권을 침해하느냐는 문제도 생길 수 있다. 하지만 이를 긍정한다는 것은 패러디를 인정하지 않겠다는 의미이므로 패러디를 저작권 침해의 문제에서 자유롭게 해 줄 필요가 있다(오승종, 2021). 이를 위한 「저작권법」의 규정이 '저작물의 공정한 이용'이라는 제목을 지닌 제35조의5다. 제35조의5는 "저작물의 통상적인 이용 방법과 충돌하지 아니하고 저작자의 정당한 이익을 부당하게 해치지 아니하는 경우에는 저작물을 이용할 수 있다."라고 규정한 후, 그 판단을 위한 요소로, ① 이용의 목적 및 성격, ② 저작물의 종류 및 용도, ③ 이용된 부분이 저작물 전체에서 차지하는 비중과 그 중요성, ④ 저작물의 이용이 그 저작물의 현재 시장 또는 가치나 잠재적인 시장 또는 가치에 미치는 영향 등 네 가지를 들고 있다.

이러한 공정한 이용이 상업적 목적인 패러디 광고에도 적용될 수 있는지 문제시될 수 있다. 패러디의 목적이 상업적인지 여부는 공정한 이용의 판단에 있어 결정적인 사항이 아니다(오승종, 2021). 미국 연방대법원 역시 Campbell v. Acuff-Rose 사건에서 패러디가 상업적 성격이 강하다고 할지라도, 그것이 원저작물과 다른 기능을 가지는 변형적 이용으로서의 성격이 강하다면 공정이용에 해당할 수 있다고 하였다. 다만, 이것이 상업적 패러디 광고가 공정한 이용으로 허용된다는 의미는 아니다. 상업적 성격이 강하면 강할수록 공정이용의 성립에는 불리하게 작용하기 때문이다(김정완, 2017).

게다가 패러디 광고는 많은 경우 직접적 패러디가 아닌 매개적 패러디의 형태로 이루어진다. 공정한 이용과 관련하여 직접적 패러디에만 적용되며 매개적 패러디에만 허용된다는 견해가 있다(정재훈, 1998; 조성광, 신내경, 2014). 따라서 패러디 광고의 제작에 있어서는 원저작권자의 이용 허락을 받는 것이 필요하다.

패러디 광고가 반드시 매개적 패러디로만 이루어지는 것은 아니다. 때에 따라서는 경쟁 제품의 광고를 겨냥한 직접적 패러디로 만들어지는 것도 가능하다. 이러한 경우에는 원저작권자의 이용 허락을 받는 것 역시 불가능할 것이다. 따라서 직접적 패러디 광고에 대해서는 공정한 이용 원칙을 적용하여 원저작권자의 허락을 요구하지 않고 제작할 수 있도록 해야 한다는 견해가 존재한다(조성광, 신내경, 2014). 하지만 현재 법원의 태도를 볼 때 원저작권자의 허락을 얻지 못한 패러디 광고가 문제시되었을 경우 공정한 이용의 성립을 인정받는 것은 쉽지 않아 보인다. 서태지의 노래 '컴백홈(Come back home)'을 개사하여 문제된 소위 '컴백홈' 사건에서 법원은 공정한 이용의 성립을 부정하였다.

관련 판례

○ 소위 '컴백홈' 사건(서울지방법원 2001. 11. 1. 선고 2001카합1837 결정)

– 패러디는 우리 저작권법이 인정하고 있는 저작권자의 동일성유지권과 필연적으로 충돌할 수밖에 없는 이상 그러한 동일성유지권의 본질적인 부분을 침해하지 않는 범위 내에서 예외적으로만 허용되는 것으로 보아야 할 것이고 이러한 관점에서 패러디로서 저작물의 변형적 이용이 허용되는 경우인지 여부는 … 원저작물에 대한 비평 풍자 여부 원저작물의 이용 목적과 성격, 이용된 부분의 분량과 질, 이용된 방법과 형태, 소비자들의 일반적인 관념, 원저작물에 대한 시장수요 내지 가치에 미치는 영향 등을 종합적으로 고려하여 신중하게 판단하여야 할 것이다.

– 이 사건에 관하여 보건대 피신청인들이 이 사건 원곡에 추가하거나 변경한 가사의 내용 및 그 사용된 어휘의 의미 추가 변경된 가사내용과 원래의 가사내용의 관계 이 사건 개사곡에 나타난 음정 박자 및 전체적인 곡의 흐름 등에 비추어 피신청인들의 이 사건 개사곡은 신청인의 이 사건 원곡에 나타난 독특한 음악적 특징을 흉내 내어 단순히 웃음을 자아내는 정도에 그치는 것일 뿐 신청인의 이 사건 원곡에 대한 비평적 내용을 부가하여 새로운 가치를 창출한 것으로 보이지 아니하고, 피신청인들이 상업적인 목적으로 이 사건 원곡을 이용하였으며 이 사건 개사곡이 신청인의 이 사건 원곡을 인용한 정도가 피신청인들이 패러디로서

의도하는 바를 넘는 것으로 보이고 이 사건 개사곡으로 인하여 신청인의 이 사건 원곡에 대한 사회적 가치의 저하나 잠재적 수요의 하락이 전혀 없다고는 보기 어려운 점 등 이 사건 기록에 의하여 소명되는 여러 사정들을 종합하여 보면 결국 피신청인들의 이 사건 개사곡은 패러디로서 보호받을 수 없는 것이라 하겠다.

퍼블리시티권과 인물

퍼블리시티권의 의의

광고가 설득적 커뮤니케이션이라는 것은 이 책 앞에서부터 지속적으로 이야기해 왔던 바다. 성공적 설득을 위해서는 말의 내용도 중요하지만 누가 말하는지 역시 큰 영향을 미친다. 또한 광고의 1차적 목적이 관심 끌기에 있다는 점을 고려하면 광고에서 말하는 이, 즉 광고모델의 신뢰도 및 인지도는 광고에 있어 매우 중요한 요소가 된다. 따라서 광고주는 광고를 효과적으로 하기 위해 연예인 등 사회적으로 유명한 사람들의 이미지 등을 이용하게 된다. 유명인과 같은 특정 누군가의 성명, 초상, 목소리, 서명 등과 같은 인격적 특징에 관한 이용에 관한 권리를 퍼블리시티권이라 한다.

퍼블리시티권은 「저작권법」상 명문에 규정된 권리가 아니다. 그에 따라 퍼블리시티권이라는 권리를 인정할지 여부에 관해 논란이 있어 왔던 것이 사실이다. 하지만 현재는 퍼블리시티권을 인정하는 판결이 다수 나오고 있으며, 학계에서도 퍼블리시티권을 긍정하는 견해가 다수로 보인다. 퍼블리시티권에 관한 정의를 살핀다면 '초상·성명 등의 상업적 이용에 관한 권리'(오승종, 2021), '개인의 성명·초상 등 자기동일성표지를 상업적으로 이용하여 경제적 이익을 얻거나 그러한 사용을 통제·금지할 수 있는 권리'(김용섭, 2012; 이지원, 2017) 등이다.

이렇듯 퍼블리시티권은 「저작권법」상의 권리는 아니지만 저작권과 유사한 권리로서 저작인접권의 한 유형으로 분류되기도 한다(오승종, 2021). 법원의 판결 중에는 다음과 같이 퍼블리시티권의 상속성을 인정하며, 그 존속기간 역시 저작재산권의 보호기간과 동일하다고 설시한 예도 있다. "퍼블리시티권이 명문의 규정이 없는 권리이나, 퍼블리시티권은 현행법상의 제 권리 중 저작권과 가장 유사하다고 할 수 있고, 저작권법 제36조 제1항 본문은 저작재산권의 보호기간을 저자의 사망 후 50년으로 규정하고 있으므로 이를 유추적용하여 퍼블리시티권의 존속기한도 해당자의 사후 50년으로 해석함이 상당하다"(서울동부지방법원 2006. 12. 21. 선고 2006가합6780).[1]

한편, 법무부는 2022년 12월 퍼블리시티권을 '인격표지영리권'이라는 이름으로 신설하는 「민법」 일부개정법률안을 입법예고 하였다(법무부, 2022). 그 내용을 살핀다면, ① 인격표지영리권의 영리적 이용 허락 및 철회 허용, ② 정당한 활동(보도, 스포츠 생중계 등)에 대한 인격표지영리권의 제한, ③ 인격표지영리권의 상속성 인정 및 존속기간 설정(상속 후 30년), ④ 인격표지영리권 침해제거·예방청구권 인정 등이다.

다음에서는 기존의 논의에 따라 퍼블리시티권과 관련한 구체적 문제들을 살펴보기로 한다.

---

1) 저작재산권의 보호기간은 2011년 6월 30일 개정에 따라 사후 50년에서 70년으로 변경되었다(2013년 7월 1일 시행).

퍼블리시티권의 주체

① 일반인

퍼블리시티권이 유명인의 성명 및 초상을 중심으로 하여 발달되어 온 것은 사실이나, 현재에는 유명인이 아닌 일반인에게도 퍼블리시티권을 인정하는 것이 대체적인 견해다(오승종, 2021). 첫째, 성명 및 초상 등을 광고에 쓴다는 것 자체가 상업적 가치가 존재한다는 것이며, 둘째, 일반인이라고 하더라도 출연료를 받는 것이 업계의 관행이며, 셋째, 일반인과 유명인을 구별하는 뚜렷한 기준은 없다는 이유다(한위수, 1996). 법원 역시 피고가 홈쇼핑광고에서 일반인 A가 출연한 TV 프로그램의 녹화화면을 이용하자, 원고가 A로부터 퍼블리시티권을 양수받았다며 퍼블리시티권 등이 침해를 이유로 손해배상을 구한 사건(소위 '허브좌훈' 사건, 서울동부지방법원 2004. 2. 12. 선고 2002가합3370 판결)에서 "피고가 원고의 승낙 없이 N으로 하여금 원고가 제작하여 저작권을 가지고 있는 이 사건 광고지를 N의 위 광고에 이용하도록 함으로써 원고의 저작권을 침해하였고, A가 출연한 'I'의 화면을 위 광고에 방영하도록 함으로써 원고의 퍼블리시티권을 침해하였다"고 판시한 바 있다.

일반인에게 퍼블리시티권을 인정한다고 하더라도, 일반인이 모인 다중에게도 혹은 다중 속 일원에게도 퍼블리시티권을 인정해야 할 것인가가 문제시될 수 있다. 만일 이를 인정한다면 다중을 배경으로 한 광고는 만들어질 수 없을 것이다. 이 때문에 다중 속 한 사람의 사진은 설득을 촉진시키는 광고 모델로서의 역할을 못하기에 상업적 가치가 없다는 견해도 존재한다(이영록, 2003).

이와 관련하여 미국 캘리포니아주는 입법으로 해결했다. 캘리포니아주 「민법」 제3344조(b)(2)는 "사진에 신원을 확인할 수 있는 사람이 2명 이상 포함된 경우, 사용에 대해 불만을 제기하는 사람은 사진에 표시된 정의 가능한 그룹의 구성원이 아닌 개인으로 표시되어야 한다. 정의 가능한 그룹에는 스포츠 이벤트의 관중, 거리 또는 공공 건물의 군중, 연극 또는 무대 공연의 관객, 합창단 또는 야구팀 등이 포함되며 이에 국한되지 않는다."라고, 동조 (b)(3)은 "한 명 또는 여러 명이 사진 촬영 시점에 존재했다는 이유만으로 사진에 표시되고 어떤 방식으로든 개인으로 구분되지 않는 경우에는, 해당 개인 또는 단체는 명확한 그룹의 구성원으로 간주된다."고 규정한다. 이러한 규정에 따른다면 다중이 광고에서 배경적으로 이용되는 경우 퍼블리시티권 침해가 부정된다.

다만, 다중 속 일원인 사진이 광고에서 배경적으로 이용되지 않고 직접적으로 이용되는 경우에는 퍼블리시티권 침해로 판단될 수 있다(이영록, 2003; 조성광, 신내경, 2014). 이때는 특정 개인을 둘러싼 다중이 아닌 특정 개인에 상업적 가치가 부여되었다고 보아야 하기 때문이다.

② 법인 등 단체

퍼블리시티권은 양도 가능한 재산권이므로 법인 등은 개인의 퍼블리시티권에 대해 이용 허락을 받거나 양수함으로써 개인의 성명 및 초상 등을 사용할 수 있다. 그와는 달리 법인 등의 보호를 위해 퍼블리시티권 자체를 인정할 수 있는지에 관해서도 논의될 수 있다.

이에 대해서는 법인 등의 이름이 함부로 사용되는 경우를 방지할 필요가 있으므로 법인 등에 대한 퍼블리시티권을 인정할 필요가 있다는 견해가 있다(한위수, 1996). 상법, 부정경쟁방지법, 상표법만으로는 그 보호가 약하다는 것이다. 그에 반해 법상 자연인과 법인이 엄격히 분리됨을 감안한다면, 자연인의 권리 보호를 위해 인정되기 시작한 퍼블리시티권을 법인에게 확장하기는 어렵다는 견해도 있다(조성광, 신내경, 2014). 미국 역시 판례가 혼재되어 있기는 하지만 주류적 입장은 부정적이라고 한다(오승종, 2021; 이영록, 2003).

③ 닮은꼴 광고

광고모델로 유명인이 아니라 유명인과 닮은 사람을 활용한 경우 유명인 본인에 대한 퍼블리시티권이 침해된다고 보아야 한다. 법원 역시 코미디 프로그램을 모방하여 홍보 이벤트를 진행한 소위 '따라와' 사건(서울중앙지방법원 2007. 1. 19. 선고 2006가단250396 판결)에서 퍼블리시티권 침해를 인정하며 다음과 같이 판시한 바 있다. "원고 소속 연기자들이 TV프로그램인 '웃찾사의 따라와' 코너를 통하여 일반인들에게 널리 알려지게 되어 그들 개인의 용모, 이름, 음성, 동작, 실연 스타일등 총체적 인성(personal identity)에 대한 상품적 가치인 퍼블리시티권을 가지게 되었다고 할 것인데, 피고들이 원고의 동의 없이 '따라와' 코너를 모방하여 원고 소속 연기자들의 퍼블리시티권을 침해하였다고 할 것이므로(원고는 초상권 침해를 주장하나 직접 사진을 이용하여 홍보한 것이 아니므로 초상권 침해여부는 해당하지 아니한다) 피고들은 연대하여 불법행위로 인한 손해배상의무가 있다."

한편, 일본에서는 닮은꼴 광고에 있어 유명인 본인이 아닌 대역에게도 퍼블리시티권을 인정할 필요가 있다는 견해가 제기되기도 한다(오승종, 2021). 대역은 유명인을 모방함으로써 경제적 활동을 하는 경우가 많으며, 이러한 모방을 위해 많은 노력이 행해졌다는 이유다. 하지만 대역의 퍼블리시티권을 인정한다고 하더라도 퍼블리시티권에 대한 침해를 인정하기란 쉽지 않아 보인다. 대역은 유명인을 모방하고 있기에, 누군가가 허락 없이 대역을 모방한다고 하여도 상업적 가치가 훼손되는 이는 대역이 아닌 유명인이기 때문이다.

④ 역할모방 광고

광고에 있어 유명인이 아닌 유명인의 역할을 모방한다면 유명인에 대한 퍼블리시티권을 침해하는지가 문제시될 수 있다. 특정 유명인이 콘텐츠 내에서 특정 역할을 주로 맡음으로써 해당 유명인과 역할이 동일시되는 정도에 이르렀다면, 역할을 모방하는 것만으로도 해당 유명인을 연상시킬 수 있어 퍼블리시티권을 침해할 수 있다는 것이다(오승종, 2021). 이 경우에는 그 역할이 특정한 유명인과 동일시 될 수 있을 정도인지가 중요하다.

역할모방을 통해 퍼블리시티권이 인정된 판결로는 Vanna White v. Samsung Electronics America, Inc. 사건을 들 수 있다. 이 사건의 원고인 Vanna White는 미국의 가장 오래되고 유명한 퀴즈 프로그램 'Wheel of Fortune'의 보조진행자였다. 그의 역할은 출연자들이 문제로 나온 단어의 스펠링을 맞출 때마다 게임판의 정답을 하나하나 뒤집어 주거나 상품을 소개하는 것이었다. 피고인 삼성전자는 자사제품의 VCR 광고에서 White의 머리모양과 의상을 따라 한 로봇을 활용했다. 광고 속 로봇은 게임판 앞의 Vanna White가 자주 하는 포즈대로 서서 VCR을 소개했으며, 광고 속에서는 "Longest running game show. 2012 A.D."라는 자막이 노출되었다. 이에 대해 법원은 "퍼블리시티권의 침해가 특정인의 성명이나 외모 등을 이용함으로써만 침해되는 것이 아니라 자기 동일성을 인정할 수 있을 정도로 그 인물의 특정한 배역이나 역할을 묘사·모방함으로써도 침해될 수 있는 것"이라고 판단하였다.

역할모방 광고를 통한 퍼블리시티권을 인정한다고 하더라도 위 판결의 타당성에는 의문이 제기된다. 퍼블리시티권이 보호하려는 것이 자기동일성표지(identity)인데 이 광고로 Vanna White의 자기동일성표지가 훼손되었다고 볼 수는 없다는 것이다. 소비자 입장에서 로봇과 Vanna White를 혼동할 우려는 없기 때문이다(정재훈, 1988).

이와 비교되는 판결이 Motschenbacher v. R. J. Reynolds Tobacco Co. 사건이다. 이 사건에서 피고인 Reynolds사는 TV광고 속에 유명한 카레이서 선수 Motschenbacher의 경주용 자동차 사진을 원고의 동의 없이 게재하였다. 광고 속에 원고의 모습은 보이지 않았지만, 원고의 경주용 자동차임을 알 수 있는 독특한 마크가 자동차 측면에 표시되어 있었다. 이에 대해 법원은 "위 광고를 보는 사람들은 그 경주용 자동차에 당연히 원고가 승차하고 있을 것이라는 추론을 하기 충분하고 따라서 원고가 피고의 담배제품을 광고하고 있다는 연상을 일으킬 여지가 있으므로 퍼블리시티권의 침해가 된다."라고 판시하였다.

⑤ 목소리 모방

2023년 4월 27일, 한 유튜브 채널에는 미국 가수 브루노 마스 (Bruno Mars)의 목소리로 뉴진스의 'Hype Boy'를 커버한 영상이 공개됐다. 하지만 실제 노래를 부른 주인공은 브루노 마스가 아닌 브루노 마스의 목소리를 학습한 인공지능이었다. 그렇다면 유명인의 목소리를 모방하여 광고를 제작한다면 해당 유명인에 대한 퍼블리시티권 침해가 될 것인가? 앞서 기술한 바와 같이 퍼블리시티권은 특정인의 성명, 초상, 목소리, 서명 등과 같은 인격적 특징에 관한 권리를 보호하려는 것이므로 퍼블리시티권 침해가 될 것으로 보인다. 이러한 결론은 모방 수단이 성대모사에 재능이 있는 사람이거나 인공지능이거나 차이가 나지 않을 것이다.

목소리 모방을 이용한 광고가 문제된 것으로 Midler v. Ford Motor Co. 사건이 있다. 자동차 회사인 Ford Motor는 Mercury Sable 광고 캠페인을 진행하며, 오리지널 아티스트가 부른 1970년대 히트곡을 사용하여 향수를 불러일으키고자 했다. 그 과정에서 Ford Motor는 Bette Midler에게 노래를 불러 달라고 했으나 Bette Midler는 이를 거절했다. 이에 Ford Motor는 성대모사 가수로 하여금 Bette Midler의 노래를 부르도록 하고, 해당 노래에 대한 저작권자의 승인을 받은 후 광고의 배경음악으로 사용하였다. 이에 대해 법원은 가수의 목소리는 그 정체성의 일부로서 명시적인 동의 없이 목소리를 모방하는 것은 퍼블리시티권 침해라고 판단하였다.

⑥ 성명

퍼블리시티권이 보호하려는 가치에는 성명 역시 포함된다. 소위

'박주봉' 사건(서울중앙지방법원 2007. 11. 28. 선고 2007가합2393 판결)에서는 배드민턴 선수였던 박주봉에게 일정 기간 활동비를 지급하고 선수의 성명과 초상을 무상사용하기로 계약한 자가 사용기간 만료 후에도 인터넷 홈페이지에 그 선수의 성명과 초상을 사용하여 광고를 한 경우가 문제시되었다. 이에 법원은 "세계적으로 널리 알려진 전 배드민턴 국가대표 선수의 성명, 초상 등을 침해하는 행위는 민법상 불법행위를 구성하고, 이와 같이 보호되는 한도 내에서 위 선수의 성명, 초상 등에 관한 권리는 퍼블리시티권으로서 인격권과는 독립된 별개의 재산권"이라고 판시하며 퍼블리시티권 침해를 인정하였다.

이와는 달리 소위 '네이버 키워드' 사건(서울고등법원 2015. 1. 30. 선고 2014나2006129 판결)에서는 '연예인 ○○○ 티셔츠' '연예인 ○○○ 자켓' 등의 키워드 검색 광고에 대해 퍼블리시티권 및 성명권 침해를 부정하였다. 다만, 이 판결은 퍼블리시티권이라는 개념 자체를 부정하는 입장에 서 있기에 퍼블리시티권 침해를 부정했다는 결론의 중요성은 떨어진다. 법원에서 퍼블리시티권의 인정이 계속적으로 확대되는 경향이 있으며, 이를 반영하여 퍼블리시티권(인격표지영리권) 도입에 관한 입법예고까지 이루어졌기 때문이다.

오히려 이 판결에서는 퍼블리시티권보다는 성명권 침해가 왜 부정되었는지 확인하는 것이 중요하다. 판결의 성명권 제한 사유가 퍼블리시티권 제한 사유로도 작용할 가능성이 있기 때문이다. 입법예고된 「민법」 개정안 제3조의3 제4항 역시 "다른 사람의 인격표지 이용에 정당한 이익이 있는 사람은 인격표지영리권자의 허락 없이도 합리적인 범위에서 인격표지를 영리적으로 이용할 수 있다."라고 하여 퍼블리시티권의 제한을 인정하고 있다. 이 판결은 성명권 침해를 부정하는 이유로, 첫째, 연예인의 성명은 공적 기표이며 검색서비스는 이에 대응하는 행위라는 점, 둘째, 검색서비스를 통해 해당 연예인의 사회적 평가가 저하되었다고 보기 어려운 점, 셋째, 키워드 검색광고로서 해당 연예인의 손해가 있다고 보기 어렵다는 점, 넷째, 다른 매체의 광고에도 연예인들의 성명이 사용된 광고가 노출되고 있다는 점, 다섯째, 검색서비스 제공자의 수익원을 봉쇄한다면 사회적 공공재로서의 검색서비스가 약화될 수 있다는 점 등을 들었다.

　하지만 이 판결로 인해 연예인의 성명을 활용한 키워드 검색광고가 가능하다고 단정 짓기는 어렵다. 이 사건은 키워드 검색광고의 광고주가 아닌 광고 매체인 네이버를 상대로 한 소송이었기 때문이다. 연예인들이 광고주가 아닌 네이버를 피고로 삼은 이유는 아마 네이버가 대기업이라는 이유 외에도 키워드 검색광고의 다수를 차지하는 광고주는 중소기업이기 때문이었을 것이다. 대중의 인기를 바탕으로 직업을 영위하는 연예인의 특성상 중소기업인 광고주를 상대로 소를 제기하는 것은 상당히 부담스러웠을 것이기 때문이다.

관련 판례

○ 소위 '네이버 키워드' 사건(서울고등법원 2015. 1. 30. 선고 2014나 2006129 판결)

　－검색 이용자들은 원고들과 같은 연예인이 착용하였던 옷, 신발, 장신구 또는 그러한 스타일의 상품이 무엇인지, 이러한 상품들을 어디서 살 수 있는지 등의 정보를 알고 싶어서 인터넷 포털 사이트의 검색창에 연예인들의 성명과 상품명 등을 조합한 키워드를 입력하고, 광고주는 원고

들이 착용하였던 옷, 신발, 장신구 또는 그러한 스타일의 상품을 지칭하기 위하여 특정 상품의 성능이나 특징을 압축하는 표현으로 원고들의 성명과 상품명 등을 조합한 키워드를 사용하므로, 이는 원고들의 성명을 공적 기표로서 사용하는 것이고, 피고들의 검색서비스는 이에 대응하는 것이다.

– 원고들과 같은 연예인들은 자기의 성명이 널리 일반 대중에게 공개되기를 희망하거나 추구하는 측면이 있으므로, 검색어로 자주 사용된다고 하여 원고들의 사회적 평가와 명성 등을 저하시킨다고 볼 수 없다.

– 원고들의 성명과 같은 이름을 쓰는 사람들이 존재하고, 원고들 중 일부의 예명은 일반명사로도 사용되므로, 원고들의 이름이나 예명이 포함된 키워드를 관리하거나 금지하는 것이 기술적으로 어려울 수 있다.

– 원고들의 성명이 고객흡인력을 획득한 것은 원고들의 노력과 투자도 있으나, 피고들을 포함한 인터넷 검색 포털사이트 및 일반 대중이 부여한 인지도와 저명성에서 비롯된 것이다. 따라서 고객흡인력을 가지는 원고들의 성명으로 인한 이득을 원고들만이 독점하여야 한다고 할 수 없다.

– 신문이나 방송 광고의 경우에도 원고들의 성명이 포함된 광고가 있는데, 광고주가 원고들의 성명권을 침해하였다고 하여 신문이나 방송 등 광고 매체가 그 대가를 받는 것을 금지하거나, 그로 인한 대가를 원고들에게 분배하여야 한다고 하지 아니한다. 키워드 검색광고는 검색서비스라는 특성에 따라 광고의 방법이 달라진 것일 뿐, 광고 매체로서의 성격이 달라지는 것이 아니다.

– 검색서비스는 사회적 공공재로서의 역할을 하고 있어 무료로 제공되어야 할 필요가 있는데, 검색서비스 제공자들의 수익원을 봉쇄한다면 결국 사회적 공공재로서의 검색서비스가 약화될 위험성이 있다. 대가를 받은 광고주 웹페이지의 검색위치를 상단에 배치하는 등 검색결과를 인위적으로 조작하는 것도 큰 위험성이 있으나, 광고임을 밝힌다면, 이미 검색 이용자들로서는 검색서비스 제공자가 보여 주는 검색결과에 광고가 있다는 점을 인식하고 있으므로, 사회적 공공재로서의 검색서비스와 검색서비스 제공자 이익의 적절한 비교형량이라고 할 수 있다.

// 마치는 글

"방송광고는 15초의 예술이다." 2010년 이전까지만 해도 광고를 표현하는 문장 중 이만한 것이 없었다. 광고시장은 확 바뀌었으며 이 문장은 잊혔다. 방송광고는 대세에서 물러났으며, 그 길이 역시 다양해졌다. 하지만 이 문장의 중심 의미까지 효력을 상실한 것은 아니다. 광고가 찰나를 붙잡는 예술이라는 것, 이것은 여전히 유효할 뿐 아니라 그 속성은 더욱 짙어졌다. 스크린에서 광고가 지나가는 짧은 순간, 스크린의 스크롤을 내리는 짧은 순간, 자동차를 타고 지나가는 짧은 순간을 놓치지 않고 소비자의 관심을 불러일으켜야 한다.

하지만 소비자의 관심을 붙잡기 위해 세간에 인기를 끌고 있는 창작물을 막무가내로 이용할 수는 없다. 그렇게 하는 경우 저작권 침해를 이유로 하여 광고노출 자체가 가로막힐 수 있다. 저작권자에 대한 손해배상책임을 질 수도 있다. 더 큰 문제는 해당 이슈가 광고 자체를 넘어 광고의 대상인 제품과 서비스, 더 나아가 해당 브랜드 및 광고주의 윤리성 이슈로 확대될 가능성이 크다는 것이다. 그렇게 본다면 광고는 자유로운 예술임과 동시에 매우 조심스러운 예술이다. 이미지, 글자, 음성 하나하나를 넣을 때마다 겨울 강 위를 걷는 심정으로 저작권 위반 사항은 없는지 살필 필요가 있다.

이 장은 이렇게 조심스러운 광고 제작에 있어 도움이 되고자 쓰여졌다. 저작권에서 논의되는 수많은 쟁점 속에서 광고 제작자가 반드시 알아 두어야 할 것만을 추렸다. 쟁점을 다룸에 있어서도 깊이 있는 논의는 의도적으로 배제하였다. 지금 법원이 내리는 판결을 중심으로 서술하되, 중요한 판결의 경우에는 조금 길더라도 원문을 인용함으로써 법원의 논리를 이해하기 쉽도록 하였다.

이러한 까닭에 한계도 분명하다. 쟁점마다 얽힌 논의들을 생략하다시피 할 수밖에 없었다. 법원의 판결에 대한 비판적 논의 역시 서술에서 제외하였다. 원고의 분량과 가독성을 생각할 수밖에 없었다. 또 이 장에서 소개한 판결은 중요한 판결이지만 '현재'의 판결에 불과하다. 판결은 연구의 축적에 따라 바뀔 가능성이 있으며, 판결이 변경된다면 이 장의 결론은 참고해서는 안 될 것들이 되어 버리고만다. 그렇다 보니 이 장을 광고와 관련한 '저작권의 모든 것'이 아닌 '저작권 입문' 정도로 받아들여 주었으면 하는 바람이 있다.

한편, 광고와 마케팅의 경계가 허물어지고 있는 추세에 따라 광고업 종사자가 공부해야 할 것도 많아지고 있다. 광고업이 예전에는 광고의 제작 및 집행에만 관여했다면 언제부턴가는 광고를 포괄한 마케팅 전반에 관련을 맺고 있다. 브랜드를 만드는 것부터 시작해서 상품 및 마케팅의 기획까지 광고업 종사자의 손이 미친다. 역할이 늘어나는 것은 바람직한 일이지만 그에 따른 책임도 확대된다. 공부하고 조심해야 할 것도 많아진다. 브랜드를 만들 때는 「상표법」 위반을, 마케팅을 할 때는 「부정경쟁방지법」 위반을 조심해야 한다. 디자인과 관련된 모든 일에 있어서는 「디자인 보호법」을 준수해야 한다. 그리고 이러한 지적재산권과 관련된 법과 판례들은 기술 변화로 인한 사례의 다변화, 이로 인한 연구의 축적으로 인해 그 결론이 다른 법 영역들과 달리 빠르게 변화하기도 한다. 결국 2020년대를 살아가는 광고업 종사자들에게는 창조적 역량을 기본으로 하면서도 관련법에 대한 광범위한 지식이 요구되는 것이다. 어찌 보면 역량에 대한 과다 요구일지 모른다. 수많은 업종 중에서 이렇게 다양하고 많은 역량을 요구하는 업종은 찾기 힘들 것이다. 하지만 이것을 곤란해하지 않았으면 좋겠다. 많은 역량을 요구한다는 것은 그간 그러한 역량을 발휘해 왔다는 증거이며, 광고업이 가진 고도의 전문성에 대한 인정이기 때문이다.

04

상업적 표현으로서
광고 표현의 자유와 한계

상윤모(성신여자대학교 미디어커뮤니케이션학과 부교수)

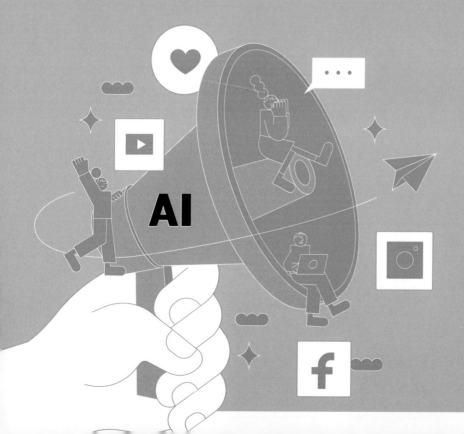

// 들어가는 글

표현의 자유는 인간이 누리는 기본적 권리다. 하지만 우리 「헌법」은 헌법상 보호받는 표현이라 할지라도 국가안전 보장 · 질서유지 또는 공공복리를 위하여 필요한 경우에는 법률로써 제한할 수 있도록 규정하고 있다. 여론 형성이나 국민의 자기지배와 관련이 없어 보이는 광고가 「헌법」 제21조에 의해 보호받는 표현인지에 대해서는 견해가 나뉘지만, 우리 헌법재판소는 광고도 「헌법」이 보장하는 언론 · 출판의 자유의 보호 대상임을 인정하고 있다. 광고에 대해 국민의 자기지배나 여론 형성, 개인의 자아실현 등과는 관련이 없는 표현이므로 보호할 가치가 없다는 견해도 존재하지만, 표현의 자유의 보호범위에 속하되 정치적 표현 등과는 차등적인 보호를 받는다는 견해, 그리고 다른 표현들과 동등한 헌법적 보호 가치가 있다는 견해도 존재한다. 표현의 자유는 절대적인 자유가 아니라는 점에서, 상업적 표현으로서의 광고에 대한 헌법적 보호 여부와 관련하여 어떤 견해를 택하는지와 상관없이 광고 표현에 대한 제한은 가능하며 보호범위에 있어 한계가 있을 수밖에 없다. 이 장에서는 상업적 표현으로서의 광고 표현의 자유의 범위와 한계에 대해 살펴보고 오늘날 인공지능을 이용한 광고 표현과 관련하여 제기되는 이슈들에 대해서도 살펴보고자 한다.

// 표현의 자유의 가치

표현의 자유는 진실을 발견하게 하고, 국민의 자기지배를 가능하게 하며, 정부의 권한 행사를 감시하고, 개인의 자아실현을 돕는 등 다양한 기능을 행사한다(문재완 외, 2017). 한편, 표현의 자유는 인격의 자유로운 발현과 인간의 존엄성을 보장하기 위해 필수적인 기본권으로 여겨진다. 오늘날 우리가 누리고 있는 기본권으로서의 표현의 자유는 유럽을 중심으로 입헌군주 국가가 성립되고 헌법이 제정되면서부터 인정되기 시작하였다고 볼 때 역사가 그리 오래된 편은 아니다(이재진, 2022).

표현의 자유 내지 언론의 자유에 대한 근간은 1644년 존 밀턴(John Milton)의 아레오파지티카(Areopagitica)에 나타난 출판 허가제에 대한 반대에서 찾을 수 있으며, 언론의 자유에 대한 최초의 법적 선언은 1649년 영국의 국민협약(The Agreement of the People)이라고 알려져 있다(이재진, 2003).

표현의 자유에 기반한 사상의 자유로운 교환은 '진실의 발견'을 가능케 한다. 표현의 자유가 진실의 발견에 도움을 준다는 주장은 모든 사실과 주장들에 대한 고려로부터 합리적 결정이 등장할 수 있다고 가정한다(Middleton & Lee, 2009). '아레오파지티카'에서 존 밀턴은 진실과 거짓이 자유로운 토론을 통해 경쟁을 벌이면 종국에는 진실이 승리함을 주장하였다. 표현물에 대한 검열금지의 기원을 '아레오파지티카'에서 찾기도 한다(임효준, 2019). 이후 1859년 존 스튜어트 밀(John Stuart Mill) 또한 자유론(On Liberty)에서 사상의 자유 시장의 필요성을 역설하며 검열에 반대하였다. 표현의 자유가 진실에 대한 탐구의 속도를 높여 준다는 믿음은 종종 사상의 자유 시장(marketplace of ideas) 비유로 요약되곤 한다(Middleton & Lee, 2009). 미국 연방대법원의 올리버 웬델 홈즈 주니어(Oliver Wendell Holmes Jr.) 판사는 사상의 자유 시장을 1919년 에이브럼스 대 미국(Abrams v. United States) 판결에서 최초로 언급하였다. 홈즈 대법관에 따르면, 진실에 대한 가장 좋은 시험은 시장의 경쟁에서 스스로를 인정받도록 하는 것이다(Middleton & Lee, 2009). 마치 시장에서 소비자들이 최고의 제품을 찾는 것처럼, 다양한 생각이 경쟁하는 사상의 시장에서도 사람들은 가장 진실한 정보 혹은 유용한 정보를 찾는다는 것이다. 사상의 자유 시장 이론에 따르면, 시장에서 열등한 재화나 서비스를 찾는 사람을 찾기 힘들듯 사람들은 사상의 시장에서도 열등한 생각을 받아들이는 잘못을 범하지 않도록 주의할 필요가 있다. 사상의 자유 시장 이론을 지지하는 사람들은, 적어도 이론적으로는, 사상의 자유 시장에서는 좋은 생각들이 우세할 것이라고 주장한다.

표현의 자유는 '국민의 자기지배'를 위한 선결 조건이다. 민주주의 국가에서 시민들은 자신 또는 자신이 소속한 공동체에 영향을 미치는 중요한 사안들을 스스로 결정할 수 있어야 한다. 이를 위해서는 의사결정을 위한 충분한 정보가 제공될 필요가 있다. 국민의 자기지배는 시민들이 투표권 등을 행사하기 전 의사결정에 필요한 정보를 자유롭게 주고받을 수 있도록 표현의 자유가 충분히 보장될 때 달성될 수 있는 가치다. 알렉산더 마이클존(Alexander Meiklejohn) 같은 학자는 표현의 자유는 민주적 자기지배를 촉진하기 때문에 가치가 있다고 주장한다(Balkin, 2004). 개인들은 자유롭게 자신의 의견을 표현하고 서로 의견을 교환함으로써 사회 전체적인 공적 의사 형성에 기여할 수 있다는 점을 고려할 때, 표현의 자유는 민주주의의 발전에 있어서 필수불가결한 기본권이다.

　한편, 표현의 자유 내지 언론의 자유는 언론이 권력에 대한 감시·비판자로서 파수견(watchdog) 역할을 수행할 수 있도록 한다. 언론이 공익을 위해 권력에 대한 감시·비판 기능을 충실히 수행하고 있는지에 대한 평가는 다를 수 있어도, 언론이 행사하는 주요 기능 중 하나가 권력에 대한 감시와 비판임은 부인할 수 없는 사실이다. 표현의 자유는 언론이 파수견 역할을 충실히 수행할 수 있도록 돕는다는 점에서 그 가치를 찾을 수 있다. 블라시(Blasi, 1977)는 표현의 자유는 정부 권한의 남용을 견제하는 수단으로 소중히 여겨야 한다고 주장하면서 미디어를 정부에 대한 제도적 균형추로 보았다. 블라시에 따르면, 미국에서 워터게이트 사건과 같이 민주적 기관들에 대한 압력이 심해져 정부가 표현의 자유를 억압하려는 유혹을 느낄 때와 같은 병리적(pathological) 시기에 표현의 자유를 보장하는 「수정헌법」 제1조가 가장 가치가 있다고 주장한다(Blasi, 1985).

　개인의 자아실현 또한 표현의 자유가 보장될 때 달성될 수 있는 가치다. 자아실현을 중시하는 관점에서는 표현의 자유의 가치를 민주주의에서 국민의 자기지배를 가능케 하거나 여론 형성에 이바지하는 측면에서만 찾지는 않는다. 개인의 자아실현을 중시하는 학자 중에서는 정치적 표현에 우월적 지위를 인정하는 것에 반론을 제기하기도 한다(Redish, 2017). 일견 국민의 자기지배와는 관련이 없어 보이는 표현이라 할지라도 개인의 인격 발현 및 자아실현에 도움이 되는 표현이라면 보호받을 가치가 충분하다고 주장한다. 에드윈 베이커(Edwin Baker)는 표현의 자유가 보호되어야 하는 일차적인 정당성은 표현의 자유가 인간의 자유를 보호한다는 점에서 찾을 수 있으며, 개인의 자아실현(self-realization)과 자기결정(self-determination)을 촉진한다는 점에서 보호될 가치가 있다고 주장한다(Baker, 1978).

한편, 헌법학자인 잭 발킨(Jack Balkin) 교수는 디지털 시대에는 소수의 사람만이 언론에 접근할 수 있던 대중매체 시대와 달리 표현을 위한 사회적 조건들이 많이 변하였고, 표현의 자유를 통해 일반 사람들이 문화적 의미창출(meaning-making)에 누구나 쉽게 이바지할 수 있음을 강조하면서 표현의 자유의 가치 확장을 시도하였다(Balkin, 2004). 발킨(Balkin, 2016)에 따르면, 문화민주주의는 개인들이 문화적 의미창출에 참여하고 자아실현을 하는 기회를 제공하며, 이러한 과정에서 표현의 자유는 정치적 민주주의뿐 아니라 문화민주주의의 구현에 있어 필수적이다.

문화민주주의(cultural democracy)는 국민의 자기지배와 관련이 없어 보이는 표현들이 왜 보호받을 가치가 있는지에 관한 더 설득력 있는 설명을 제공해 준다(Balkin, 2016; Sang, 2016). 문화민주주의를 지지하는 사람들은 표현의 자유를 이야기할 때 정치적 토론만을 가장 높고 가치 있는 것으로 취급할 필요는 없다고 주장한다(Balkin, 2016). 문화민주주의 측면에서 보면, 대중문화(popular culture) 또한 사람들이 좁은 의미로 정의된 정치나 공공 정책에 관해 이야기하고 싶지 않더라도 가치, 관습, 의미, 그리고 감정 등에 관해 소통하고 토론할 수 있도록 하며, 궁극적으로 문화적 의미창출에 기여할 수 있도록 한다.

포스트(Post, 2000)는 상업적 표현은 민주적 정당화(democratic legitimation)에 잠재적으로 기여하도록 계획되거나 의도된 것이 아니라는 이유로 공공 담론(public discourse)의 일부는 아니지만, 상업적 표현이 시민들의 민주적 역량(democratic competence)을 높이는 데 도움이 되는 정보를 제공할 수 있다는 점에서 헌법적 가치를 갖는다고 주장한다. 즉, 로버트 포스트(Robert Post)는 상업적 표현이 가진 정보적 기능 때문에 헌법적으로 보호받을 가치가 있다고 주장한다. 이에 반해, 문화민주주의 관점에서 표현의 자유가 가진 가치를 넓게 파악하는 발킨(Balkin, 2016)은 많은 경우의 상업적 표현 또한 개인들이 문화적 의미와 문화적 담론을 이해하고, 탐색하고, 참여하는 문화적 역량(cultural competence)을 쌓는 데 기여하는 것이라는 점에서 헌법적 가치를 갖는다고 주장한다(Balkin, 2016). 문화민주주의는 결국 개인이 문화적 의미창출 과정에 기여할 수 있도록 하고 이 과정에서 개인들이 자아실현을 이룰 수 있도록 하는 것에 초점이 맞추어져 있다. 표현의 자유가 중요한 이유는 개인들이 저마다의 독특한 창의성과 개성을 발휘할 기회를 제공하여 새로운 생각들을 통해 개인의 자아실현 및 사회적인 변화를 이룰 수 있는 가능성을 제공하는 것에서 찾을 수 있을 뿐만 아니라, 무엇보다도 인간의 존엄성과 권리를 존중하고 보호하는 기반이 된다는 점에서 찾을 수 있다.

// 상업적 표현으로서의 광고

　상업적 표현은 미국에서 「수정헌법」 제1조의 보호 대상 중 소송이 많이 제기되고 논란이 많은 영역 중의 하나다(Redish, 2017). '상업적 표현'이 정확히 무엇을 의미하는지 아직 확립된 개념은 존재하지 않지만, 일반적으로 상업 광고가 상업적 표현의 대표 유형으로 분류된다.

　우리 법원과 헌법재판소의 경우 대부분 상업성을 배경으로 하는 광고 행위에 관한 판단을 해 왔으며 상업적 표현의 유형이나 판단 기준에 관한 논의를 하지는 않았다(문재완 외, 2017). 한편, 미국 연방대법원은 상업적 표현(commercial speech)에 해당하여 「수정헌법」 제1조의 보호 대상이 되는지를 판단할 때 해당 표현이 광고의 형식을 취하였는지, 특정한 상품을 언급하였는지, 해당 표현이 경제적 동기에서 비롯된 것인지를 종합적으로 살펴야 한다고 판시하였다.[1] 상업적 표현에 대한 연방대법원의 판단 기준이 가진 한계점을 비판하면서 상업적 표현이 광고뿐만 아니라 다른 형태의 상업적 표현이 있을 수 있음을 고려하여야 한다는 비판도 제기되었다. 이러한 견해에 따르면, 상업적 표현에 해당하는지를 판단할 때, 첫째, 문제가 된 표현이 상업상의 거래를 제안하였는지 여부, 둘째, 광고와 연계되는가, 셋째, 특정 상품에 대해 언급하는지, 넷째, 경제적 동기로 해당 표현이 행해졌는지, 다섯째, 해당 광고 행위 자체가 「수정헌

---

1) Bolger v. Youngs Drug Products, Corp., 463 U.S. 60 (1983).

법」 제1조의 보호되는 성격의 것인지, 여섯째, 공적인 문제를 다루
는 것인지 등 더 상세한 기준을 제시하기도 한다(문재완 외, 2017).

상업 광고로 대표되는 상업직 표현의 보호 정도에 대해서는 견
해가 나뉜다(장철준, 2011). 노스웨스턴대학 로스쿨 교수인 마틴 레
디쉬(Martin Redish)는 대다수 학자가 상업적 표현을 보호하는 것은
「수정헌법」 제1조의 진정한 의미를 사소하게 만들어 버리는 것이
며, 전통적으로 더 가치 있다고 여겨지는 표현들에 부여된 강력한
보호마저 약하게 만들 수 있는 위험이 있는 것으로 인식하고 있다
고 주장한다. 대표적으로 예일대학 로스쿨 교수였던 토마스 에머슨
(Thomas Emerson) 같은 헌법학자는 "상업적 거래와 관련된 커뮤니
케이션은 일반적으로 표현의 자유보다 재산권 제도와 관련된 별도
의 사회 활동 영역과 관련이 있다."라고 주장하였다(Emerson, 1966;
Redish, 2017에서 재인용).

마틴 레디쉬 같은 학자는 이러한 견해와 대척점에서 표현의 자유
의 궁극적 가치를 개인의 자아실현에서 찾으면서 상업적 표현에도
다른 표현과 동등한 보호가 인정되어야 한다고 주장한다. 그는 "자
본주의 시스템에서 이익을 얻는 사람들에게 불이익을 주려는 이데
올로기에 기반한 욕구를 제외하고는 상업적 발언자들(commercial
speakers)을 구분할 수 있는 합리적 근거는 존재하지 않는다."라고
주장한다(Redish, 2017, p. 11).

한편, 미국 대법원의 경우 전통적으로 「수정헌법」 제1조의 보호
를 받아 온 정치적 표현이나 예술적 표현 등에 비해 상업적 표현에
대해서는 상대적으로 낮은 수준의 보호를 제공해 왔다. 상업적 표
현에 관한 이론적 논의와는 별개로 미국에서 지난 25년 동안 진실한

내용을 담고 있는 상업적 표현에 대한 정부의 탄압을 지지하는 대법원판결을 찾는 것은 어렵다(Redish, 2017).

상업적 표현이 헌법상 표현의 자유 보호 대상에 포함된 것은 근대적 광고가 국내보다 일찍 발달한 미국에서도 역사가 그리 오래되지 않았다. 미국에서 상업적 언론과 표현의 자유 사이의 관계에 대한 논의는 1942년 Valentine v. Chrestensen, 316 U.S. 52 (1942) 판결이 처음으로 여겨지며, 1976년 Virginia State Board of Pharmacy v. Virginia Citizens Consumer Council Inc., 425 U.S. 784 (1976) 판결에서 상업적 표현이 표현의 자유 영역에서 본격적으로 논의되기 시작하였다. 이후 미국 연방대법원은 Central Hudson Gas & Electric Corporation v. Public Service Commission of New York, 447 U.S. 557 (1980) 결정에서 상업적 표현에 대한 규제가 「수정헌법」 제1조를 위반했는지 여부를 판단하기 위한 네 가지 기준을 제시하였다.[2]

오늘날 Central Hudson 결정에서 마련된 기준은 해당 결정이 내려졌던 시기에 비하면 상업적 표현에 강화된 보호를 제공하고 있기는 하지만 정치적 표현이나 예술적 표현 등에 대한 보호에 비하면 약한 보호를 제공하고 있는 것이 현실이다. 미국 연방대법원은 1990년대 결정된 일련의 사건에서 규제가 Central Hudson 테스트를 충족한다

---

2) 첫째, 광고가 사실이며 오해의 소지가 없고 합법적인 제품이나 서비스를 광고하고 있는지? 만일 불법적인 재화나 서비스를 광고하거나 허위 정보에 해당하면 보호받지 못한다. 둘째, 규제가 정당하고도 실질적인 정부의 이익에 기여하는지? 정당하고도 실질적인 정부의 이익이란 공중보건, 안전, 도덕과 공중 미관 등이 이에 해당한다. 첫 번째 테스트를 통과한 경우 해당 규제가 정당하고 실질적인 정부의 이익에 기여한다는 것에 대한 입증책임은 정부에게 넘어간다. 셋째, 해당 규제가 정부의 이익을 직접적으로 증진시키는가? 넷째, 해당 규제가 정부 이익을 위해 필요한 것보다 더 광범위하지는 않은지? 규제가 목표 달성에 있어 필요 이상이어서는 안 된다는 원칙이다(Gower, 2013).

는 정부의 주장을 뒷받침할 수 있는 확실한 증거를 요구함으로써 상
업적 표현에 대한 헌법적 보호를 한층 강화했다고 평가된다(Gower,
2013).

1993년 미국 연방대법원은 독립형 상업용 뉴스 가판대는 금지하
고 신문 뉴스 가판대는 허용하는 신시내티시의 조례를 무효화하였
다. 미국 연방대법원은 City of Cincinnati v. Discovery Network,
Inc. 판례에서 상업적 표현이 비상업적 표현과 동등한 수준의 보호
를 받을 필요는 없다고 하더라도 해당 조례가 두 종류 표현의 차이를
지나치게 강조하고 있다고 보았다.[3] 해당 판결은 공공 거리의 안전
과 미관을 증진하려는 신시내티시의 목적과 비상업적이 아닌 상업
적 목적의 뉴스 가판대를 금지한 것 사이에 합리성이 부족하다고 판
단하였다. 이후 일부 대법원 판사들은 비상업적 표현과 진실하고 오
해의 소지가 없는 상업적 표현을 동등하게 보호할 필요가 있다고 보
면서 대법원은 Central Hudson 테스트를 놓고 의견이 나뉘게 된다.

한편, 국내에서는 1998년 선고된 헌법재판소 판례(96헌바2)에서
광고물도 "사상·지식·정보 등을 불특정다수인에게 전파하는 것
으로서 언론·출판의 자유에 의한 보호를 받는 대상이 됨은 물론이
다."라고 판시하여 상업적 표현이 헌법상 보호받는 표현의 자유 영
역의 하나임을 분명히 하였다.

아울러 헌법재판소는 "광고가 단순히 상업적인 상품이나 서비스
에 관한 사실을 알리는 경우에도 그 내용이 공익을 포함하는 때에는
「헌법」 제21조의 표현의 자유에 의하여 보호된다. 그뿐만 아니라

---

3) 507 U.S. 410 (1993).

상업적 표현으로서의 광고 | 197

국민의 알권리는 국민 누구나가 일반적으로 접근할 수 있는 모든 정보원(情報原)으로부터 정보를 수집할 수 있는 권리로서 정보수집의 수단에는 제한이 없는 권리인 바, 알권리의 정보원으로서 광고를 배제시킬 합리적인 이유가 없음을 고려할 때, 광고는 이러한 관점에서도 표현의 자유에 속한다."라고 하였다(2000헌마764).

또 다른 판례에서 헌법재판소는 "상업적 광고 표현 또한 표현의 자유의 보호를 받는 대상"이라는 전제하에 식품이나 식품의 용기·포장에 "음주전후" 또는 "숙취해소"라는 표시를 금지하는 것은 표현의 자유를 제한하는 것이 된다고 판시하였다(99헌마143). 이 사건에서 헌법재판소는 「식품 등의 표시기준」에 의해 청구인의 상업적 광고 표현을 제한한 것이 과잉금지원칙에 위배하여 표현의 자유를 제한하고 청구인들의 재산권인 특허권을 침해하였다고 판단하였다. 이 판례의 경우 상업적 광고 표현은 표현의 자유 그 자체만이 아니라 영업의 자유 내지 재산권과도 연결될 수 있음을 보여 준다.

한편, 헌법재판소는 상업광고에 대한 규제 위헌성 판단에서 완화된 심사기준을 적용해 왔는데, 광고가 표현의 자유의 보호 대상에는 포함될지라도 정치적 표현 등과는 구별된다는 이유로 피해의 최소성 심사를 완화하는 결정을 내려 왔다(권형둔, 2015; 윤성옥, 2016). 광고 내용에 대한 규제가 아닌 광고 방법에 대한 규제의 경우, 표현 내용에 대한 규제가 아닌 관계로 합리적인 공익상의 이유 등이 있는 한 폭넓은 제한이 가능한 것으로 보는 것이 일반적이다.

// 표현의 자유에 대한 제한: 광고 표현에 대한 제한을 중심으로

표현의 자유는 절대적인 자유가 아니다. 「헌법」 제21조 제4항은 "언론·출판은 타인의 명예나 권리 또는 공중도덕이나 사회윤리를 침해해서는 아니 된다. 언론·출판이 타인의 명예나 권리를 침해한 때에는 피해자는 이에 대한 피해의 배상을 청구할 수 있다."라고 규정하고 있다. 한편, 「헌법」 제37조 제2항에서는 "국민의 모든 자유와 권리는 국가안전보장·질서유지 또는 공공복리를 위하여 필요한 경우에 한하여 법률로써 제한할 수 있으며, 제한하는 경우에도 자유와 권리의 본질적인 내용을 침해할 수 없다"라고 규정하고 있다.

따라서 상업적 표현을 포함하는 표현의 자유는 타인의 명예나 권리 또는 공중도덕이나 사회윤리를 침해하지 않는 한도 내에서 보호받으며, 국가안전보장·질서유지 또는 공공복리를 위해 필요한 경우 법률을 통해 제한될 수 있다.

시민들의 안전하고 쾌적한 생활환경 조성을 위한 「옥외광고물 등의 관리와 옥외광고산업 진흥에 관한 법률」, 국민건강의 보호·증진을 위한 「식품위생법」과 「의료법」 등은 공공복리 등 공익을 보호하기 위한 목적으로 광고가 제한되는 경우다. 광고 표현의 경우 매체나 업종과 상관없이 적용되는 「표시·광고의 공정화에 관한 법률」[4]의 적용을 받으며, 매체별, 업종별로 별도로 적용되는 법률들

---

4) 제1조(목적) 이 법은 상품 또는 용역에 관한 표시·광고를 할 때 소비자를 속이거나 소비자로 하여금 잘못 알게 하는 부당한 표시·광고를 방지하고 소비자에게 바르고 유용한 정보의 제공을 촉진함으로써 공정한 거래질서를 확립하고 소비자를 보호함을 목적으로 한다.

〈표 4-1〉 매체별 광고 심의 관련 주요 법률

적용 매체	근거 법률	동법의 광고 관련 주요 조항·규칙	비고	심의 주체 및 시기	별도 소관 기관
방송 (TV, 라디오) 광고	「방송법」	• 제32조(방송의 공정성 및 공공성 심의) • 제33조(심의규정) • 제73조(방송광고등) • 「방송심의에 관한 규정」 　- 간접광고 심의기준 　- 가상광고 심의 기준 • 「방송광고심의에 관한 규정」 　- 일반 방송광고 심의 기준 　- 광고 시간 제한 및 광고 금지 품목 등 관련	홈쇼핑채널방송은 「표시·광고법」상으로는 '광고'에, 「방송법」상으로는 '판매방송프로그램'에 해당되는 점 유의	사전 자율 및 법적 사후 타율 심의 • 사전 자율 심의는 자체 심의 또는 방송통신위원회 신고한 기관에 위탁 심의 가능(지상파 방송광고는 '한국방송협회', 그 외 모든 방송광고는 '한국광고 자율심의기구'에서 심의). • 모든 방송광고의 사후심의는 공통적으로 「방송법」에 근거하여 '방송통신심의위원회'에서 실행	• 과학기술정보통신부(방송신업 정책과) • 방송통신위원회(방송광고정책과)

온라인(인터넷)·모바일광고	관련 법률		사전·사후 자율 심의		「정보통신망법」, 방송통신위원회
온라인(인터넷)·모바일광고 • 일반 인터넷 광고 • 스마트폰 광고	「정보통신망 이용 촉진 및 정보보호 등에 관한 법률」(약칭, '정보통신망법')	• 제42조의2(청소년유해매체물의 광고금지) • 제44조의2(정보의 삭제 요청 등) • 제50조(영리목적의 광고성 정보전송 제한) • 제50조의7(영리목적의 광고성 정보게시의 제한) • 제50조의8(불법행위를 위한 광고성 정보전송 금지)	• 인터넷 홈페이지, 메타버스 광고, 콘텐츠 연계 e-커머스 광고, 인터넷신문 및 인터넷 정기간행물 등 광고 포함 • 온라인·모바일 전체를 관리하는 단일의 별정 부재 • 「표시·광고법」에 따른 「인터넷 광고에 관한 심사 지침」의 관련성 높음 • 업종 별 별률 우선 적용	• 자율 심의일 경우 심의 기구(기관)는 고정적이지 않으매 해당 광고 주제 측의 심의를 해도 무방함(단, 인터넷신문의 기사형광고는 인터넷신문위원회에서, 신문(온라인판)의 기사형광고는 신문윤리위원회에서 심의) • 국내 주요 검색 포털사 등 플랫폼 회사들은 자체적으로 내부팀을 갖추고 심의함. • 자율 심의일지라도 사후 관련법을 위반 시 처벌 받음	「정보통신망법」, 방송통신위원회 • 방송통신위원회 -이용자정책총괄과 -디지털유해정보 대응과(불법 정보 대응과 및 청소년보호 등 관련) • 과학기술정보통신부 -과학기술정보통신정책기획과 -통신정책기획과(통신과금관련) -사이버침해대응과(해킹 등 침해 대응관련) 「전자상거래법」, 공정거래위원회(전자거래과)
	「전자상거래 등에서의 소비자보호에 관한 법률」(약칭, '전자상거래법')	• 제6조(거래기록의 보존 등) • 제13조(신원 및 거래조건에 대한 정보의 제공) • 제17조(청약철회 등) • 제24조의2(구매권유광고 시 준수사항 등)			

광고유형	관련 법률	적용 법조항	규정 내용	심의	관할부처
인쇄(지면)광고 • 신문광고 • 잡지 등 정기간행물 • '기사형광고'에 적용.	「신문 등의 진흥에 관한 법률」(약칭, '신문법') 「잡지 등 정기간행물의 진흥에 관한 법률」(약칭, '정기간행물법')	기사형광고에 적용되는 법률 조항 • 「신문법」 제6조 제3항(독자의 권리보호) • 「정기간행물법」 제6조(광고)	• 동법들은 '기사형광고'에만 적용되며 그 외 인쇄 광고의 관리는 광고자율규정으로 운영됨 • 독자가 기사와 광고를 혼동하지 않도록 명확하게 구분하여 편집할 것에 대해 규정함	사전·사후 자율 심의. • 자율 심의일 경우 기구(기관)는 고정적이지 않으며 해당 광고 주체 측이 심의를 해도 무방함(단, 기사형 광고는 〈한국광고 자율심의기구〉에서 심의). • 자율 심의일지라도 사후 관련법률을 위반 시 처벌 받음	「신문법」 문화체육관광부 (미디어정책과) 「정기간행물법」(문화체육관광부) (미디어정책과)
옥외(OOH)광고 • 일반 간판/디지털 사이니지/임시 간판/현수막/벽보/전단 어 이와 유사한 것	「옥외광고물 등의 관리와 옥외광고산업 진흥에 관한 법률」(약칭, '옥외광고물법')	• 시·군·구 자치 법규(조례)	• 타매체 광고와는 달리 별도 인허가 절차를 위해 자치법규에 의해 심의를 받아야 하는 점에서 차이가 있음	법적 사전 타율 심의. • 시·군·구 자치 법규(조례)에 의한 광고물관리 및 디자인심의위원회에서 심의	• 행정안전부(생활공간정책과)

* 출처: 조계영(2022). '한국광고 심의총람', 40-41쪽

이 다수 존재한다. 〈표 4-1〉은 매체별 광고 심의 관련 주요 법률을 소개하고 있다.

상업적 표현인 광고가 언론·출판의 자유의 보호 대상인 만큼 광고 표현에 대한 제한은 언론·출판의 자유에 대한 기본권 제한의 일반이론이 적용된다(권형둔, 2015). 즉, 「헌법」 제21조 제4항 및 「헌법」 제37조 제2항에 따라 광고 표현의 자유가 제한될 수 있다. 이외에도 광고 표현의 경우 매체별·업종별로 다양한 법률에 따라 제한될 수 있다. 한편, 광고 표현을 제한하는 법률이 「헌법」을 위반하는지는 헌법재판소에서 위헌법률심판을 통해 다투게 된다. 미국과 우리나라에서 위헌성 심사의 정도는 표현의 자유에 대한 제한이 해당 표현의 내용에 대한 제한인가, 아니면 내용 규제가 아니라 표현 방법 등에 대한 규제인가에 따라 달라진다. 표현 내용에 대한 규제인 경우, 위헌성 심사에서 엄격한 심사 기준이 적용된다.

「수정헌법」 제1조를 통해 표현의 자유를 다른 어느 나라보다 강하게 보호하는 미국에서도 표현의 자유는 절대적으로 인정되는 자유가 아니다. 대표적으로 명예훼손, 사기, 위증, 거짓 광고, 타인에 대한 협박, 즉각적인 불법 행동을 선동 내지 유발하는 표현 등은 「수정헌법」 제1조에 의해 보호받는 표현이 아니다. 표현의 자유는 이외에도 공공 안녕, 개인의 사생활 보호, 미성년자 보호 등 제한의 정당한 이유가 있는 경우 제한이 가능하며, '사전억제(prior restraint)'의 금지, '막연하기 때문에 무효의 이론(void for vagueness)' '명백하고 현존하는 위험의 원칙(clear and present danger rule)' '이익형량의 원칙(ad hoc balancing test)' 등의 헌법적인 원칙에 따라 검토된다(이재명, 2019).

거짓된 상업적 표현(false commercial speech)의 경우 '최소심사기준(minimum scrutiny standard)'이 적용되어 상업적 표현에 대한 정부의 제한은 그것이 합법적인 정부 이익에 합리적으로 관련되고 과도하게 광범위한 것이 아니라면 「수정헌법」 제1조에 어긋나지 않는 것으로 간주한다. 한편, 정치적 표현보다 덜 보호된다고 여겨지는 진실한 상업적 표현(truthful commercial speech)의 경우 '중간심사기준(intermediate scrutiny standard)'이 적용되며, 상업적 표현에 대한 정부의 제한이 실질적인 정부 이익(substantial government interest)을 증진하기 위해 좁게 마련된 경우 「수정헌법」 제1조의 위반이 아니게 된다.

// 딥페이크(deepfake) 광고와 윤리적 이슈

인공지능 관련 기술은 하루가 다르게 발전하고 있다. 특히 인공지능을 활용한 딥페이크 기술이 발달하면서 진짜 같은 가짜 사진이나 동영상을 쉽게 만들 수 있게 되면서 새로운 윤리적·법적 문제들이 발생하고 있다. 딥페이크는 '딥러닝(Deep Learning)'과 '가짜(Fake)'의 합성어로 인공지능 기술을 이용하여 진짜인지 가짜인지 구별하기 어렵게 생성된 가짜 이미지나 영상을 의미한다. 딥페이크는 2017년 "Deepfake"라는 아이디의 레딧(Reddit)[5] 이용자가 한 개

---

5) 미국의 최대 소셜 미디어 플랫폼 중 하나로 소셜 뉴스 및 다양한 온라인 커뮤니티를 통한 토론 기능이 활성화되어 있음.

인의 얼굴과 얼굴 동작을 다른 사람의 얼굴과 동작으로 바꿔치기한 실제와 같은 동영상을 제작하여 공유하면서 시작되었다고 전해진다 (Kietzmann, Mills, & Plangger, 2021).

현재 딥페이크 동영상의 경우 주로 포르노그래피에 이용된다고 할 수 있으며, 아직 대부분의 딥페이크 영상물은 광고의 형태를 취하지는 않고 있다(Citron & Chesney, 2019). 딥페이크 및 생성적 대립 신경망(Generative Adversarial Networks: GAN) 등의 다양한 인공지능 기술의 발전 속도를 고려할 때 딥페이크가 10년 안에 광고 및 주류 미디어에서 널리 이용될 것이라는 전망도 존재한다(Cameron, 2022).

도널드 트럼프 미국 전 대통령의 체포 장면 사진, 미국 펜타곤 폭발 사진, 프란치스코 교황이 명품 롱패딩을 입고 산책하는 사진, 볼로디미르 젤렌스키 우크라이나 대통령의 항복 선언 영상 등은 최근

[그림 4-1] AI가 생성한 미국 펜타곤 폭발 가짜 이미지

* 출처:https://edition.cnn.com/2023/05/22/tech/twitter-fake-image-pentagon-explosion/index.html

인공지능을 이용한 가짜뉴스의 대표적인 사례들이다. 일부 국가에서는 미국 펜타곤 폭발 사진을 인용하여 뉴스 보도를 내보냈고, 해당 가짜뉴스에 미국 주식시장이 일시적으로 영향을 받는 등 딥페이크 기술을 이용한 가짜뉴스의 폐해는 점차 커지고 있다(Marcelo, 2023).

한편, 인공지능을 이용하여 정교하게 제작된 가짜뉴스들이 선거 등에 미칠 악영향에 대한 우려 또한 커지고 있다. 특히 최근 오픈 AI(OpenAI)에서 개발한 챗GPT(ChatGPT)가 대중에게 소개되어 인기를 끌기 시작하면서 가짜뉴스 관련 논의가 새로운 국면을 맞이하고 있다. 인공지능 언어모델의 상용화로 일반인들도 가짜뉴스를 손쉽게 제작하고 가짜뉴스를 조직적으로 생산하는 기구의 설립 및 운영이 쉬워졌으며, 챗GPT가 가짜뉴스의 확산에 영향을 미칠 것이라는 우려 또한 제기되고 있다(Hsu & Thompson, 2023). 미국의 저널

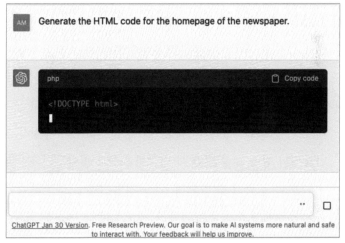

[그림 4-2] 챗GPT가 조작된 뉴스인 'Suncoast Sentinel'의 홈페이지를 위한 HTML을 생성하는 장면

* 출처:https://www.poynter.org/fact-checking/2023/chatgpt-build-fake-news-organization-website/

리즘 관련 비영리기관인 포인터센터(Poynter Center)는 챗GPT와 같은 인공지능 도구를 활용하여 코딩 지식이 없는 일반인이 가짜뉴스 사이트를 제작하는 것이 얼마나 쉬운지를 보여 줬다(Mahadevan, 2023). 정치공작원, 로비스트, 광고비를 노리는 사기꾼들이 특정 국가에서 하청업체를 고용해 기사를 생산하거나 인공지능 알고리즘을 이용해 정부 데이터베이스를 기반으로 수많은 기사를 생성하는 등 비교적 짧은 시간에 '핑크 슬라임(pink slime)'으로 불리는 의심스러운 뉴스 사이트들을 개설할 수 있다는 우려도 제기된 바 있다(Mahadevan, 2023).

미국에서는 인공지능을 이용하여 만든 정치 광고 영상과 사진에 출처를 의무적으로 표기하도록 하는 법안이 발의된 상태다. 예를 들어, 116대 미국 의회(2019-2020)에서 뉴욕주 의원인 이베트 클라크(Yvette Clarke)는 인공지능이 우리 사회를 혼란스럽게 만들 수 있는 위험을 고려하여 인공지능이 생성한 콘텐츠가 정치 광고에 사용된 경우 해당 사실을 공개하는 문구를 포함하도록 하는 것을 핵심으로 하는 입법안을 제출하였다(Stanley-Becker, 2023). 해당 법안[6]에서는 딥페이크 제작자는 일반적으로 디지털 워터마크(digital watermark) 및 공개 요건들(disclosure requirements)을 준수하도록 규정하고 있다.[7] 법률에서 정한 규정 위반 시 벌금형 또는 5년 이하의 징역형에 처하거나 둘 다 부과될 수 있으며, 민사 처벌 조항을 신설하여 개인이 민사상 손해배상 소송을 제기할 수 있도록 하는 내용을 포함하고

---

6) "Defending Each and Every Person from False Appearances by Keeping Exploitation Subject to Accountability Act of 2019" 또는 "DEEP FAKES Accountability Act"로 불림.

7) https://www.congress.gov/bill/116th-congress/house-bill/3230

있다. 또한 해당 법안은 특정 신분증과 관련된 사기죄를 개정하여 딥페이크를 이용하여 위조된 신분증에 대한 규제를 포함하고 있으며, 자사의 소프트웨어가 딥페이크 제작에 사용될 것이라고 합리적으로 예상되는 소프트웨어 제조업체는 디지털 워터마크와 공개 사항을 삽입할 수 있는 기술적 역량을 갖추고 있는지 확인하도록 하고 있다. 유럽연합에서도 인공지능이 만든 콘텐츠에 이에 대한 표기를 의무화하는 규제가 검토되고 있다(이윤정, 2023).

딥페이크 기술이 발전함에 따라 정치 광고의 투명성과 정보의 신뢰성을 확보하는 것이 무엇보다 중요해지고 있다는 인식을 반영한 입법 논의들이 미국 및 유럽연합을 중심으로 활발히 진행 중이다. 한편, 딥페이크를 이용한 포르노 및 성착취 영상물 등에 대한 형사법적 규제에 관한 연구 또한 상대적으로 활발히 진행되었다. 국내에서도 최근 「성폭력범죄의 처벌 등에 관한 특례법」을 개정하여 딥페이크 기술이 이용된 '허위영상물 등의 반포등'의 행위를 처벌할 수 있는 규정을 신설한 바 있다.[8]

이에 반해 딥페이크 기술을 이용한 상업적 광고에 대한 규제 관

---

8) 제14조의2(허위영상물 등의 반포등) "① 반포등을 할 목적으로 사람의 얼굴·신체 또는 음성을 대상으로 한 촬영물·영상물 또는 음성물(이하 이 조에서 "영상물등"이라 한다)을 영상물등의 대상자의 의사에 반하여 성적 욕망 또는 수치심을 유발할 수 있는 형태로 편집·합성 또는 가공(이하 이 조에서 "편집등"이라 한다)한 자는 5년 이하의 징역 또는 5천만원 이하의 벌금에 처한다. ② 제1항에 따른 편집물·합성물·가공물(이하 이 항에서 "편집등"이라 한다) 또는 복제물(복제물의 복제물을 포함한다. 이하 이 항에서 같다)을 반포등을 한 자 또는 제1항의 편집등을 할 당시에는 영상물등의 대상자의 의사에 반하지 아니한 경우에도 사후에 그 편집등 또는 복제물을 영상물등의 대상자의 의사에 반하여 반포등을 한 자는 5년 이하의 징역 또는 5천만원 이하의 벌금에 처한다. ③ 영리를 목적으로 영상물등의 대상자의 의사에 반하여 정보통신망을 이용하여 제2항의 죄를 범한 자는 7년 이하의 징역에 처한다. ④ 상습으로 제1항부터 제3항까지의 죄를 범한 때에는 그 죄에 정한 형의 2분의 1까지 가중한다."

런 논의는 아직 활발하지 않은 상태라고 할 수 있다. 온라인 광고는 단지 광고 콘텐츠를 만들고 디지털 도구들을 이용하여 해당 콘텐츠에 변형을 가하는 것을 넘어 다양한 인공지능 기술을 이용한 광고로 변화하고 있다(Sivathanu, Pilllai, & Metri, 2023). 이러한 와중에 최근 일론 머스크(Elon Musk), 톰 크루즈(Tom Cruise), 레오나르도 디카프리오(Leonardo DiCaprio), 엠마 왓슨(Emma Watson) 등 해외 유명 인사들이 등장하는 딥페이크 광고가 논쟁거리가 되고 있다(Coffee, 2022).

2021년 러시아 통신회사 메가폰은 실어증으로 영화계를 은퇴한 할리우드 배우 브루스 윌리스가 폭탄 실린 요트에 묶인 채 러시아 억양을 섞어 가며 "미시시피"라고 말하는 딥페이크 광고를 내보냈다(Derico & Clayton, 2022). 이와 관련하여 브루스 윌리스와 딥케이크(Deepcake)라는 딥페이크 기술 관련 회사 사이에 계약이 체

[그림 4-3] 브루스 윌리스를 딥페이크 기술로 재현해 등장시킨 러시아 통신회사의 광고

* 출처: https://www.bbc.com/news/technology-63106024

결되었다고 데일리메일(Daily Mail)이 보도하였고 텔레그래프(The Telegraph)를 비롯한 다른 매체들에서는 "에미상을 두 번이나 수상한 브루스 윌리스가 딥케이크에 자신의 초상권을 판매한 후 영화들에 출연할 수 있게 되었다."라는 보도를 하였으나, 브루스 윌리스의 대변인은 BBC에 브루스 윌리스는 해당 회사와 어떠한 파트너십이나 계약이 없는 상태라고 밝혔다(Derico & Clayton, 2022).

현재 딥페이크 기술을 이용하여 제작된 광고를 규제하는 입법이 미비한 상태다. 미국 일부 주에서는 리벤지 포르노그래피(revenge pornography) 제작과 선거운동에 딥페이크 기술을 이용하는 것을 금지하는 법을 제정하였으나 광고에 대해서는 구체적인 입법이 부재하다(임수근, 2022).

이처럼 딥페이크 광고에 대한 규제가 확립되지 않은 틈을 타 일부 기업들은 딥페이크 기술을 이용한 광고를 제작하고 있다. 유명 연예인을 이용한 딥페이크 광고의 경우 초상권 침해 위험이 뒤따르기는 하지만 노이즈 마케팅을 통해 사람들로부터 쉽게 큰 주목을 받을 수 있어 위험보다 얻는 이득이 큰 경우들이 있는 것으로 보인다(Cameron, 2022).

한편, 딥페이크 기술이 등장하기 전 작성된 계약서들의 경우 유명인의 기존 영상을 활용하여 딥페이크 영상을 제작하는 행위를 금지한다고 보기 힘든 경우도 있을 수 있다(Landymore, 2022). 명확히 법률로 금지되는 영역이 아닌 경우 윤리의 문제로 남게 되는데 빠르게 진화하는 딥페이크 기술에 대한 윤리적 고민이 사회 전반에 걸쳐 아직 부족한 상태라고 할 수 있다.

글로벌 자동차 브랜드 폭스바겐은 사망한 브라질 유명 여가수를

주인공으로 내세운 텔레비전 광고를 방영하였다. 딥페이크 기술을
이용하여 사망한 여가수인 엘리스 레지나가 1960~1970년대 인기
를 얻었던 폭스바겐의 자동차를 운전하며 노래하는데 옆에서 엘리
스 레지나의 딸이자 현재 브라질 유명 가수인 마리아 리타가 폭스바
겐 전기자동차를 운전하면서 함께 노래하는 장면을 내보냈다([그림
4-4] 참조).

[그림 4-4] 딥페이크 기술을 이용해 제작된 폭스바겐 자동차 광고
* 출처: https://www.theguardian.com/world/2023/jul/14/brazil-singer-elis-regina-artificial-
intelligence-volkswagen

해당 폭스바겐 자동차 광고는 고인의 유족 측과 사전협의를 거쳐
제작되었음에도 폭스바겐이 과거 브라질 군사정권이 노동자들을 탄
압할 때 협력하였고 엘리스 레지나가 군사정권에 저항하는 활동을
하다 고초를 겪었던 과거 등을 다시 소환하며 윤리적 논란을 낳았다
(Phillips, 2023). 이 광고에 대해 고인의 명예를 실추시킨다거나 윤리
적으로 비난받을 만한 광고라는 논란이 일었고 브라질 광고 관련 감

시기관은 사망한 사람을 광고에 활용하기 위해 딥페이크 기술을 이용하는 것이 옳은지, 일부 어린이와 청소년이 허구와 현실을 혼동할 가능성은 없는지 등을 종합적으로 살펴보기 위해 조사에 들어갔다.

최근 미국 백악관은 AI에 의해 제작된, 오디오, 비디오, 이미지에 AI 제작을 알리는 '디지털 워터마크'를 의무화하기로 하였는데, 구글, 오픈 AI 등 미국의 기술 기업 7곳이 이러한 규제에 참여하기로 하였다(Bartz & Hu, 2023). 이러한 접근은 의회 입법이 마련되기 전 규제의 공백을 메우려는 시도로 평가된다. 의회 입법 시 정치 광고뿐 아니라 딥페이크 기술이 이용되는 다양한 상황에 대한 종합적인 검토가 이루어질 필요가 있다. 유럽연합 또한 2023년 6월 ChatGPT와 같은 시스템이 AI가 생성한 콘텐츠를 밝히고, 딥페이크 이미지와 실제 이미지를 구별하는 것을 도우며, 불법 콘텐츠에 대한 안전장치를 마련해야 한다는 일련의 규칙 초안 마련에 동의한 만큼 유럽연합 각 국가는 관련 입법에 나설 것으로 기대된다. 광고에 있어 딥페이크 기술의 사용을 전적으로 금지하기는 어려운 만큼, 무엇보다 딥페이크 기술의 이용이 가능한 경우와 그렇지 않은 경우를 구분하는 사회적 합의를 도출하려는 노력이 필요한 시기다.

딥페이크 기술을 이용한 광고의 경우 해당 광고가 딥페이크 기술을 사용하여 제작되었음을 명확하게 표시하도록 하는 것이 필요한지가 점차 중요한 이슈가 되고 있다. 딥페이크 기술 활용 여부를 밝히도록 하는 것은 소비자들이 광고의 진실성과 신뢰성을 판단하고 합리적인 의사결정을 내리는 데 있어 중요하다. 광고 정보의 투명성을 강화하는 것은 궁극적으로 소비자가 신중하고 합리적인 의사결정을 하도록 도움으로써 소비자 보호에 기여하고, 광고 업계가 윤리적인 광고 활동을 하도록 독려하는 데 도움이 될 수 있기 때문이다. 한편, 딥페이크 기술의 이용 여부를 밝히도록 하는 것은 딥페이크 이미지나 영상에 등장하는 인물의 초상권 등 관련 법적 분쟁을 사전에 방지하는 데 도움이 될 수 있다. 광고 제작사나 광고주, 광고 플랫폼 등이 초상권 혹은 퍼블리시티권 침해 여부에 대한 검토를 거치도록 하는 데 도움이 되기 때문이다.

딥페이크가 이용된 광고에 대해 이러한 사실을 표시하도록 하는 방법으로는 디지털 워터마크를 삽입하는 방법, 광고의 형태에 따라 오디오나 진술문을 삽입하는 방법, 광고 플랫폼 등이 딥페이크 기술을 탐지하고 이를 표시하도록 하는 방법, 광고 영상 혹은 이미지에 디스클레이머(disclaimer)를 추가하는 방법 등 다양한 방법을 고려해 볼 수 있다. 이러한 수단들은 딥페이크 광고에 대한 투명성을 높이고, 소비자들이 광고를 접했을 때 딥페이크가 이용되었음을 쉽게 파악할 수 있도록 도와줌으로써 광고산업과 소비자들 사이의 신뢰를 증진하는 데 기여할 수 있다.

하지만 딥페이크 기술을 이용한 광고에 대해 해당 광고에 딥페이크 기술이 사용되었다는 것을 표시하도록 의무화하는 것은 기술적·윤리적·법적으로 다양한 고려사항에 대한 검토가 전제되어야 하는 복잡한 문제다. 무엇보다 딥페이크 기술이 이용된 광고에 대해 어떤 기준으로 딥페이크를 판단하는지, 어떤 법적 규제를 마련하고 시행할지 정하는 것은 사회적인 합의가 필요한 부분이다. 한편, 딥페이크를 감지하고 식별해내는 기술은 계속 발전하고 있지만 딥페이크 생성 기술 또한 다양한 유형과 형식으로 변화하므로 딥페이크 기술이 이용된 광고를 정확하게 감지하고 식별하는 것과 관련된 기술적인 문제도 고려되어야 한다. 현재 국내 광고 자율심의기구들이 기사형 광고를 규제하고 있음에도 불구하고 수많은 기사형 광고가 광고임을 표시하지 않고 있다(박서연, 2022). 딥페이크 기술이 이용된 광고에 이를 표시하는 것과 관련하여 광고주들의 자발적인 이행을 확보하는 것은 쉽지 않으리라고 예상된다. 결국 딥페이크 기술이 이용된 광고 관련 법적 규제는 법적 문제뿐 아니라 기술적이고 윤리적인 측면도 모두 고려되어야 하며, 관련 이해관계자들 간의 지속적인 논의와 협의를 필요로 한다.

// 마치는 글

표현의 자유는 개인의 자아실현, 진실의 발견, 국민의 자기지배, 정부와 권력에 대한 감시 등을 가능케 한다. 우리 헌법재판소는 광고도 「헌법」이 보장하는 언론·출판의 자유의 보호 대상임을 인정하고 있다. 다만, 광고가 정치적 표현 등과 동등한 보호를 받는지에 대해서는 견해가 대립하며 상업적 표현의 경우 정치적 표현보다는 더 쉽게 제한될 수 있는 것으로 보는 것이 지배적인 견해다. 헌법상 보호받는 표현이라 할지라도 국가안전 보장·질서유지 또는 공공복리를 위하여 필요한 경우에는 법률로써 제한되는 만큼 상업적 표현인 광고 또한 다양한 법률들에 따라 규제되고 있다. 매체별로 방송광고는 「방송법」, 온라인·모바일 광고는 「정보통신망 이용촉진 및 정보보호 등에 관한 법률」과 「전자상거래 등에서의 소비자보호에 관한 법률」, 인쇄광고는 「신문 등의 진흥에 관한 법률」과 「잡지 등

정기간행물의 진흥에 관한 법률」, 옥외광고물은「옥외광고물 등의 관리와 옥외광고산업 진흥에 관한 법률」에 따른 법률을 따라야 한다. 한편, 업종별로 금융광고는「금융소비자 보호에 관한 법률」, 식품광고는「식품 등의 표시ㆍ광고에 관한 법률」, 의료광고는「의료법」, 의료기기광고는「의료기기법」, 의약품 및 의약외품광고는「약사법」, 화장품광고는「화장품법」의 적용을 받는 등 다양한 법률에 따라 광고 표현이 제한될 수 있다. 매체나 업종에 제한되지 않고 일반적으로 적용되는 법률로는「표시ㆍ광고의 공정화에 관한 법률」이 있으며, 광고 심의 기준은 동법을 준수하여야 한다.

표현의 자유는 절대적인 가치가 아니라는 점에서, 상업적 표현으로서의 광고에 대한 헌법적 보호 여부와 관련하여 어떤 견해를 택하는지와 상관없이 광고 표현에 대한 제한은 가능하며 그 보호 범위에는 한계가 있을 수밖에 없다. 즉, 광고 표현의 자유는 국가안전보장, 질서유지 또는 공공복리를 위해 필요한 경우 그 본질적 내용을 침해하지 않는 범위 내에서 법률로써 제한할 수 있다(97헌마108).

빠르게 발전하고 있는 딥페이크 기술은 영화나 게임 등에서 시각효과(visual effects) 작업의 완성도를 높여 주고, 의료부문 인공지능 딥러닝의 훈련에 활용되어 의사들이 실제 환자를 대체하는 가상 모델을 생성할 수 있도록 돕는 등 건전한 목적으로 활용될 여지도 있다. 예술과 엔터테인먼트 분야에서도 딥페이크 기술은 창의적 표현 수단으로 활용될 수 있으며, 교육과 연구 영역에서도 딥페이크를 이용하여 과학적인 실험이나 시뮬레이션 등을 수행할 수 있다. 다만, 이러한 기술이 실제와 구별이 힘든 허위조작정보를 양산하는 데 이용된다면 민주주의에 악영향을 미칠 수 있으며, 초상권을 비롯한 개인의 인격권을 침해하고 더 나아가 국가안보에도 영향을 미칠 수 있는 등 부정적인 영향에 대한 우려가 큰 상황이다(Citron & Chesney, 2019).

딥페이크 기술을 이용한 상업적 광고 표현의 경우 표현의 자유뿐 아니라 초상권과 같은 개인의 권리 및 사생활 보호 등 다양한 사회적 이슈와 윤리적 문제를 야기할 수 있다. 딥페이크 기술을 활용하여 제작된 광고에 대한 규제는 소비자가 오인하거나 기만당할 여지를 최소화하려는 정책적 목표 아래 마련될 필요가 있다. 정부와 광고산업 단체 등의 이해관계자들은 사회적 합의를 통해 딥페이크 기술의 허용 범위를 명확히 하려고 노력하여야 한다. 한편, 딥페이크 기술로 제작된 광고가 개인의 권리를 침해할 경우를 대비하여 이에 대한 구제책 마련에도 나서야 한다. 인공지능 시대 이용자 보호 정책개발도 국내에서는 최근에서야 본격적으로 논의되기 시작하였다(김동원, 2021; 장민선, 2018). 현재 국내의 경우, 딥페이크 등 인공지능 기술이 개인의 명예나 초상권 등을 침해하여 법률적 다툼이 발생한 경우를 제외하고 관련 이슈를 종합적으로 관리할 주무부처와 기구가 어느 곳이어야 하는지조차 명확하지 않은 상태다. 법적·제도적 규제의 틀 마련 외에도 산업계를 중심으로 허용되지 않는 딥페이크 기술을 식별하고 이를 제한하기 위한 기술적 수단의 개발에도 신경 쓸 필요가 있다. 딥페이크 기술은 계속해서 변화하고 발전할 수밖에 없는 만큼 딥페이크 기술을 이용한 광고에 대한 적절한 정책 마련 또한 규제 당국, 산업계, 기술 전문가들의 지속적인 협력을 통해 마련될 필요가 있다.

05

광고 자율심의 관련 이슈와 도전: 기사형 광고

상윤모(성신여자대학교 미디어커뮤니케이션학과 부교수)

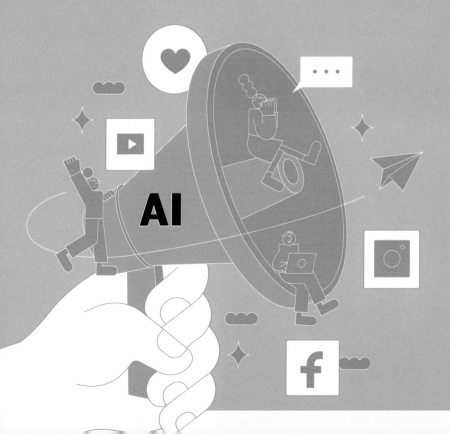

국내 광고심의 체계는 매체별, 업종별로 심의를 담당하는 기관과 적용되는 법률이 상이하여 복잡하다는 평가를 받고 있다. 광고 매체별로, 방송광고는 「방송법」, 온라인·모바일광고는 「정보통신망 이용촉진 및 정보보호 등에 관한 법률」 및 「전자상거래 등에서의 소비자보호에 관한 법률」, 인쇄광고는 「신문 등의 진흥에 관한 법률」 및 「잡지 등 정기간행물의 진흥에 관한 법률」, 옥외광고는 「옥외광고물 등의 관리와 옥외광고산업 진흥에 관한 법률」의 적용을 받는다. 주요 업종별 적용 법률을 살펴보면, 의료광고는 「의료법」, 식품광고는 「식품 등의 표시·광고에 관한 법률」, 금융상품광고는 「금융소비자 보호에 관한 법률」, 영화 및 비디오물 광고의 경우 「영화 및 비디오물의 진흥에 관한 법률」, 주류광고는 「국민건강증진법」의 적용을 받는 등 업종별로 다른 법률이 적용된다. 한편, 「표시·광고의 공정화에 관한 법률」 「저작권법」 및 「청소년 보호법」처럼 모든 광고에 적용되는 법률들도 존재한다. 상업적 광고 표현은 다양한 법률에 따른 규제뿐 아니라 관련 업계를 통한 자율심의를 거치게 된다. 방송광고의 경우는 「방송법」에 따라 다른 매체에 비해 상대적으로 엄격하게 규율되지만, 인터넷, 신문, 잡지 등의 매체의 경우 자율심의가 중심이 된다. 이 장에서는 광고 자율심의 관련하여 제기되는 다양한 이슈와 도전 중 최근 심각성을 더해 가는 기사형 광고 이슈에 초점을 맞추어 논의를 진행한다. 국내에서 기사형 광고에 대한 자율심의는 한국광고자율심의기구, 한국신문윤리위원회, 인터넷신문윤리위원회를 중심으로 이루어지는 만큼 이들 기구의 역할 및 과제를 중심으로 살펴본다. 이후 해외 주요국에서의 기사형 광고에 대한 정부규제 및 자율심의 기구를 중심으로 한 자율규제에 대해 검토하고 국내 기사형 광고 규제 개선 방향에 대한 제언으로 글을 마무리한다.

// 들어가는 글

2022년 한국언론진흥재단에서 실시한 기사형 광고에 대한 수용자 인식 조사 결과에 따르면, 인터넷이나 종이신문을 통해 기사형 광고를 접한 응답자가 10명 중 9명(88.9%)으로 나타났다(최진호 외, 2022). 기사형 광고는 기사 형식을 띤 광고로 전 세계적으로 규모가 증가하는 추세다(이재진, 2013). 이미 오래전부터 경영상의 어려움을 겪어 온 언론사들은 새롭게 광고 수익을 창출할 방안으로 기사형 광고에 주목하였고, 최근 온라인 및 모바일 매체의 급격한 성장과 더불어 기사형 광고가 급증하는 추세다(최세정, 문장호, 2017).

기사형 광고에 대해서는 오늘날 새로운 매체 환경에 적합한 효과적인 광고 방식으로 보아야 한다는 주장과 사실상 소비자를 기만하여 합리적인 의사결정을 방해할 수 있다는 점에서 윤리적으로 문제가 있다는 주장이 엇갈리고 있다(홍문기, 2017). 후자의 견해에 따르면, 기사형 광고가 기사의 형식을 택하고 있다는 점에서 볼 때, 저널리즘 윤리 차원에서 문제가 된다.

한편, 지난 2021년 11월 기사형 광고 논란을 일으킨 연합뉴스에 대해 뉴스제휴평가위원회(제평위)는 포털에 뉴스콘텐츠 제휴 계약 해지를 권고하였다. 제평위의 권고를 받아들여 네이버와 카카오는 자사의 포털에서 연합뉴스 기사 노출을 중단하였다. 연합뉴스는 네이버와 카카오가 일방적으로 계약을 해지했다며, 이러한 처분의 효력을 멈춰 달라고 법원에 가처분 신청을 냈고 법원의 인용 결정으로 연합뉴스 기사는 얼마 지나지 않아 포털에 다시 노출되었다(정철운, 2021).

정부의 재정 지원을 받는 국가기간뉴스통신사인 연합뉴스가 포털에 2천여 건의 기사형 광고를 송출한 사건은 기사형 광고의 심각성을 새삼 알리는 계기가 되었다. 한국언론진흥재단의 기사형 광고 수용자 인식 조사에 따르면, 국내에서는 포털을 통해 기사형 광고에 노출되는 비율이 가장 높은 것으로 나타났다(최진호 외, 2022). 국내의 경우 포털을 통해 뉴스를 소비하는 경우가 대다수라는 점 때문에 수많은 언론사가 기사형 광고를 포털에 노출시키기 위해 노력해 왔다. 포털 중심의 뉴스 생태계 하에서 언론사들의 온라인 기사 어뷰징[1] 등을 막고 온라인 뉴스 생태계의 건강한 발전을 도모하기 위해 설립된 독립기구인 제평위는 그동안 공정성 및 운영상의 투명성과 관련하여 논란이 제기되어 오다 2023년 5월 네이버와 카카오의 제안에 따라 잠정적으로 운영이 중단된 상태다(박서연, 2023).

기사형 광고에 대한 법적 규제는 국내에서는 대략 2005년부터 시작되었다(최진호 외, 2022). 이후 2009년 「신문 등의 진흥에 관한 법률(신문법)」 개정으로 기사형 광고에 대한 처벌 규정이 삭제되면서 현재 한국광고자율심의기구, 한국신문윤리위원회, 인터넷신문윤리위원회 자율심의를 중심으로 기사형 광고에 대한 규제가 이루어

---

1) 포털 사이트에서 언론사가 의도적으로 검색을 통한 기사 조회 수를 늘리기 위해 동일한 제목의 기사를 반복하여 송고하는 등의 일을 이르는 용어.

지고 있다. 제평위 또한 기사형 광고에 대한 심의를 담당하였으나 2023년 8월 현재 운영이 중단된 상태다.

한편, 기사형 광고 자율심의를 담당하고 있는 민간자율심의기구에 대한 지원은 신문법 및 동법 시행령에 근거하여 한국언론진흥재단에서 담당하고 있다. 뉴스타파와 언론인권센터가 중앙일간지, 경제지, 통신사 등 18개 매체를 대상으로 2022년 2월 7일부터 2월 25일까지 19일간 진행한 모니터링 결과에 따르면, 기사형 광고 의심사례가 총 1,813건이 발견되었다(김강민, 2022). 연합뉴스 사태 이후 기사형 광고 관련 노골적인 영업행위 등은 많이 사라졌다고 평가되지만, 여전히 주요 일간지를 포함하여 많은 언론사에서는 다양한 형태로 기사형 광고를 작성하고 있는 실정이다(김강민, 2022).

최근 헌법재판소는 공정거래위원회가 표시광고에 대한 사건을 처리할 때 인터넷 신문기사 3건을 심사대상에서 제외한 행위는 청구인의 평등권과 재판절차진술권을 침해하여 위헌이라고 결정한 바 있다.[2] 이 판결에서 헌법재판소는 "신문기사 형식이라는 이유만으로 광고가 아니라고 단정할 수 없고 … △△이 사건 제품 관련 보도자료를 배포한 사실 등이 있으므로 그 의사에 기하여 위 기사들이 작성되었을 정황이 존재"함을 주요 근거로 삼아 문제가 된 인터넷 신문기사 3건도 표시광고법상 심사대상에 포함된다고 보았다.

우리 법원은 광고 표현도 언론·출판 자유의 보호 대상에 포함되는 것으로 본다. 광고 심의는 광고 표현이 타인의 명예나 권리 또는 공중도덕이나 사회윤리를 침해하지 않도록 돕는 역할을 한다. 광

---

2) 헌법재판소 2022. 9. 29. 선고 2016헌마773 위헌확인 결정.

고 심의는 광고 메시지의 진실성 여부 및 해당 광고 메시지 표현 기법이 윤리적인지 판단하는 부분으로 구성된다(조재영, 2022). 기사형 광고의 경우 특히 '거짓·과장의 광고'에 해당하는지가 문제가 된다. 우리 법원은 허위·과장 광고 해당 여부 판단과 관련하여, "허위·과장의 광고는 사실과 다르게 광고하거나 사실을 지나치게 부풀려 광고하여 소비자를 속이거나 소비자로 하여금 잘못 알게 할 우려가 있는 광고행위로서 공정한 거래질서를 저해할 우려가 있는 광고를 말하고, 광고가 소비자를 속이거나 소비자로 하여금 잘못 알게 할 우려가 있는지는 보통의 주의력을 가진 일반 소비자가 당해 광고를 받아들이는 전체적·궁극적 인상을 기준으로 하여 객관적으로 판단되어야 한다."라고 판시하였다.[3]

// 국내 기사형 광고에 대한 자율심의

「언론중재 및 피해구제 등에 관한 법률」에 근거하여 설립된 준사법적 독립기구인 언론중재위원회 또한 기사형 광고 심의를 담당하고 있으나 의료 관련법령에서 금지하고 있는 기사형 광고만을 대상으로 심의하고 있다.[4] 다음에서는 의료분야를 포함한 다양한 분야의 기사형 광고 자율심의를 담당하고 있는 한국광고자율심의기구, 한국신문윤리위원회, 인터넷신문윤리위원회의 활동을 중심으로 살

3) 대법원 2003. 6. 27. 선고 2002두6965 판결.
4) 언론중재위원회의 시정 권고 현황 통계에 따르면, 기사형 광고 시정 권고 건수는 2019년 132건, 2020년 157건, 2021년 182건, 2022년 209건으로 증가추세다.

펴보고자 한다.

한국광고자율심의기구

한국광고자율심의기구는 "광고활동이 기업윤리와 사회규범에 위배되지 않도록 광고인이 자율적 책임을 다함으로써 광고윤리를 확립하고, 나아가 기업언론으로서 광고의 자율성과 신뢰도를 신장시키는 데 기여함"[5]을 목적으로 1993년 발족한 문화체육관광부 소관의 사단법인이다. 신문발전위원회의 심의사업을 직접 이어받은 곳으로 여겨진다.

심의는 인쇄매체 광고 심의와 기사형 광고 심의로 구분된다. 제1 광고심의위원회는 위원장 1인과 6인의 위원으로 구성되며, 기사형 광고에 대한 심의를 담당한다. 제2광고심의위원회는 위원장 1인과 6인의 위원으로 구성되며, 일반 광고에 대한 심의를 담당하고 있다. 심의대상 매체사의 선정은 회원사 가입이나 서약과는 무관하며, 상시적인 광고 모니터링 활동의 경우 2023년 8월 7일 기준으로 78종의 신문매체, 57종의 잡지매체가 그 대상이다.

기사형 광고 심의는 신문법 제6조 제3항 및 정기간행물법 제6조에 근거하여 이루어지며, 독자의 권익 보호, 언론에 대한 신뢰 향상 및 건전한 언론 환경 조성, 국민경제 발전에의 기여, 타 광고심의기관 및 소비자·시민단체와의 업무연대를 통한 심의업무의 효율성 증대를 목적으로 한다. 심의 대상은 자체 모니터링을 통하여 인지한

---

5) https://www.karb.or.kr/introduce/purpose.aspx

광고물, 소비자로부터 고발이 이루어진 부당광고, 각종 단체나 공공
기관으로부터 제보된 부당광고, 이해당사자로부터 제출된 광고분
쟁 사항, 기타 소비자 제보 등을 포함한다. 한국광고자율심의기구의
기사형 광고에 대한 심의는 기사형광고심의위원회의 월 2회 회의를
통해 이루어지며 다음과 같은 절차를 따른다.

기사형 광고 심의는 기사형 광고 중 발행일로부터 1개월이 지나
지 않은 것만을 대상으로 하며, 심의결과는 기각, 권고, 주의로 구분
된다.[6] '권고'는 위반 건수에는 포함되지 않는 결정으로 심의대상 매
체사에 시정이 필요한 부분에 대해서는 알리지만 어떤 심의규정 위
반인지에 대한 구체적인 언급은 이루어지지 않으며, '주의' 결정은
'권고'보다 높은 수위의 결정이다(최진호 외, 2022).[7]

[그림 5-1] 한국광고자율심의기구 기사형 광고 심의절차

* 출처: https://www.karb.or.kr/business/news_business.aspx

한국광고자율심의기구에서 제시한 기사형 광고 관련 편집기준
을 살펴보면 다음과 같다. 기사와 같은 형식으로 만들어진 광고에는
"광고" "기획광고" "전면광고" "광고특집" "의견광고" 등과 같이 "광
고"임을 명시하여야 하며(편집기준 제1조), 기사형 광고에 "취재" "편

---

6) 2022년 규정 개정을 통해 '경고' 결정 관련 조항을 삭제하였다(이강석, 2022; 최진호 외,
  2022에서 재인용)
7) 2023년 6월 심의 결과 통계를 살펴보면, 주의 결정 960건, 권고 결정 6건, 기각 결정 13건이
  었다.

집자 주" "독점인터뷰" "글(또는 취재) ○○기자" "전문기자" "칼럼니스트" 등 기사로 오인하게 유도하는 표현을 사용해서는 안 된다(편집기준 제3조)고 규정하고 있다.[8] 한편, 기사형 광고 편집기준 위반 여부 판단은 기사형 광고 심의세칙 제2조에 따른다.

---

* 심의세칙 제2조(기사형광고 편집기준의 세부기준)

① 기사형광고 편집기준 제1조(광고의 명시)의 "광고"라는 명시 없이 기사형광고에 "특집", "기획", "신상품소개", "협찬", "소비자정보", "스폰서특집", "스폰서섹션", "Promotion" 등과 같이 기사로 오인할 수 있는 표시를 하여서는 아니 된다.

② 다음의 기사형광고는 기사형광고 편집기준 제1조(광고의 명시) 위반으로 보지 아니한다.

   1. 일반기사와 구분된 박스 등으로 독자가 명료하게 광고로 인식할 수 있는 기사형광고

   2. 헤드라인이나 제목카피에서 광고하고자 하는 기업명, 상품명 등의 명시, 또는 광고 대상물의 사진이나 이미지를 보고 독자가 명료하게 광고로 인식할 수 있는 기사형광고

   3. 공공기관 및 지방자치단체 등의 공익적인 기사형광고

③ 의료기사형광고의 경우 '의료광고심의인증필'은 기사형광고 편집기준 제1조(광고의 명시)의 '광고'라는 표시로 보지 아니한다.

④ 기사형광고 편집기준 제3조(오인 유도 표현 금지)에서 "광고"의 명시 없이 기사로 오인하게 유도하는 표현으로 "뉴스", "탐방", "취재", "인터뷰", "글 ○○○기자" 등의 용어를 사용해서는 아니 된다.

⑤ 다음 각 호와 같이 기자명을 밝히는 등 형식적으로 기사 요건을 갖추었다고 하더라도 내용적으로 취재 기사라고 보기 어려울 정도로 특정 광고주나 상품에 대한 상업적 광고를 주목적으로 하여 독자로 하여금 오인케 할 우려가 있는 경우에는 기사가 아닌 광고로 판단하여 심의규정을 적용하며, 다음의 경우에도 광고로 판단한다.

---

8) https://www.karb.or.kr/rules/newsReview2.aspx

1. 여러 매체에 유사한 내용이 게재된 경우
2. 동일한 매체에 연속적 · 중복적으로 게재된 경우
⑥ 다음 각 호의 경우는 기사형광고로 보지 아니한다.
1. 기업 또는 상품 선정과 관련하여 선정주체와 객관적인 선정기준을 제시하고 있는 경우
2. 독자에게 뉴스성이 있는 정보를 제공하기 위한 단신기사로 인정되는 경우

한국신문윤리위원회

한국신문윤리위원회는 "언론의 자유를 지키고 언론의 사회적 책임을 다하기 위해 한국신문협회와 한국신문방송편집인협회, 한국기자협회가 1961년 9월에 설립한 언론자율기구"[9]다. 심의대상 매체는 신문협회 회원사들, 회원사는 아니더라도 신문윤리강령 및 실천요강을 준수하겠다고 서약한 신문사와 통신사, 그리고 온라인신문사다. 한국신문윤리위원회의 심의대상 온라인신문은 일간신문(종이지면신문)을 발행하는 언론사에 속하면서 일간신문의 온라인판을 제공하는 매체사를 대상으로 하며, 서약사는 2023년 8월 7일 기준 일간신문과 뉴스통신은 130개 사, 온라인 신문은 139개 사다.

기사형 광고와 홍보성 기사로 구분해 심의가 이루어지며, 광고 표식 유무에 따라 심의가 구분된다. 광고 표시가 있다면 신문광고윤리강령이 적용되고, 광고 표시가 없다면 홍보성 기사로 간주하여 신문윤리강령이 적용된다(최진호 외, 2022). 윤리위원회는 윤리위원, 심의실 심의위원, 그리고 온라인신문 전문위원으로 구성되며, 심의실

---

9) http://www.ikpec.or.kr/

보고사건, 기사 및 광고와 관련된 제소사건, 윤리위원회가 필요하다고 인정하는 사건, 독자불만처리위원이 회부한 독자불만사건에 대해 신문윤리강령 및 신문광고윤리강령과 그 실천요강의 위반여부를 심의 결정한다.[10] 심의위원은 일간지 및 뉴스통신을 담당하고 전문위원은 온라인신문을 담당하여 기준 위반 소지가 있는 기사와 광고를 수집하여 내부 회의를 거쳐 위원회에 상정할 대상을 선정한다. 윤리위원회 운영규정 제9조에 따르면, 제재의 종류는 '주의' '경고' '공개경고' '정정' '사과' '관련자에 대한 윤리위원회 경고'가 있다. 윤리위원회의 결정 사항에 대해 이의가 있는 경우 결정사항을 통보받은 날로부터 2주 이내에 재심의를 청구할 수 있으며, 재심의의 의결은 재적위원 3분의 2이상의 찬성을 얻어야 한다. 재심의 결정에 대해서는 이의를 제기하지 못한다.

기사형 광고 심의는 신문윤리실천요강과 신문광고윤리실천요강을 기준으로 이루어진다. 신문윤리실천요강 제10조 제7항에 따르면, "독자들이 기사와 광고를 명확하게 구분할 수 있도록 편집해야 한다. 광고를 기사와 같은 지면이나 공간에 배치할 때는 독자가 명백하게 광고로 인식할 수 있도록 표시해야 한다."라고 규정하고 있다. 한편, 신문광고윤리실천요강 제18조 또한 "신문광고는 기사와 혼동되기 쉬운 표현 또는 편집체제를 사용해서는 안 되며, 광고임을 표기해야 한다."라고 명시하고 있다. 한국신문윤리위원회의 기사형 광고 규제 관련 조항은 한국광고자율심의기구 또는 인터넷신문윤리위원회의 관련 규정들에 비해 간결하고 선언적인 것이 특징이라 할 수 있다.

10) http://www.ikpec.or.kr/

한편, 한국신문윤리위원회는 독자가 불만을 제기하면 [그림 5–2]의 절차에 따라 처리한다. 클릭 수를 높이려고 기사처럼 작성된 낚시성 제목의 광고에 대해 독자가 불만을 제기하는 경우 신문광고윤리강령 제1조(진실성) 및 신문광고윤리실천요강 제18조(광고와 기사의 구분) 위반 여부가 검토된다.

01 독자불만의 접수
–신문과 뉴스통신의 보도 및 광고 내용에 대하여 불만을 제기하려는 자는 불만의 이유와 불만의 대상이 된 내용을 독자불만처리위원에게 제출하여야 합니다.
–불만의 제기는 보도 후 90일을 넘지 않아야 합니다.
–익명의 불면은 처리하지 않는 것을 원칙으로 합니다.

02 사전심의 실시
–제기된 불만이 전혀 근거가 없는 것으로 판단되면 불만 접수 후 2주 이내에 불만을 처리할 수 없는 이유를 서면으로 통보합니다.

03 사실확인 및 심의
–사전심의를 통해 제기된 불만이 상당한 이유가 있다고 판단하면 불만 접수 2주 이내에 해당독자에게 위원이 이를 맡아 처리할 것임을 통보합니다.
–이해당사자 자신이 불만을 제기한 경우 불만의 상대방 및 해당언론사에 불만접수사실과 불만내용을 통보하고 의견표명을 요구합니다.
–독자가 제기한 불만에 내용과 사실확인 내용, 불만 상대방의 의견표명에 대한 심의결과를 윤리위원회에 회부합니다.

04 윤리위원회 결정 및 처리
–회부된 불만이 이유가 없다고 판단하면 기각합니다.
–이유가 있다고 판단할 불만에 대해 윤리위원회는 윤리위원회 규정에 따라 제재조치를 결정합니다.

05 재심
–독자불만처리위원회의 결정에 대하여 이의가 있는 당사자는 통보를 받은 날로부터 2주 이내에 윤리위원회에 재심을 청구할 수 있습니다.

[그림 5–2] 독자불만처리절차

* 출처: http://www.ikpec.or.kr/

인터넷신문윤리위원회

인터넷신문윤리위원회는 인터넷신문기사 및 인터넷신문광고에 대한 자율심의를 담당하는 기구로 건강하고 지속가능한 인터넷언론 문화 조성을 목적으로 2012년 출범하였다. 2023년 8월 7일 현재 846개 인터넷신문이 인터넷신문 윤리강령 및 시행세칙, 인터넷신문광고 자율규약 및 시행세칙 준수에 동의한 서약사로 참여하고 있고, 2023년 9월 인터넷신문위원회가 인터넷신문윤리위원회로 명칭을 변경하였다. 분과위원회는 인터넷신문 기사심의분과위원회, 인터넷신문 광고심의분과위원회, 그리고 인터넷신문발전 분과위원회로 구성된다. 광고심의분과위원회의 심의 대상은 인터넷신문광고윤리강령의 준수를 서약한 준수서약사 PC 및 모바일 사이트에 노출되는 광고물이다.

인터넷신문 광고에 대한 모니터링 업무는 모니터링 요원이 심의대상 매체에 접속하여 광고물과 이에 연결된 페이지를 전수조사하고 부적절하다고 판단되는 광고물을 직접 수집하여 보고하는 방식으로 이

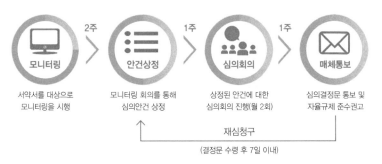

[그림 5-3] 인터넷신문 기사 및 광고심의 절차

* 출처: https://inc.or.kr/inc03/inc01.php

루어지고 있다. 수집된 자료를 바탕으로 사무처의 연구원들이 2차 모니터링을 진행하여 심의안건을 상정하면 매월 2회 열리는 심의회의에서 심의가 이루어지고 매체사에 결과가 통보된다. 심의결정은 '기각' '권고' '주의' '경고'가 있으며, '경고'의 경우 위원회 자율규약에 저촉되는 위반 정도가 매우 심각하거나, '주의' 결정이 반복되어 인터넷 언론의 신뢰도를 크게 해칠 우려가 있는 경우에 내려지게 된다.

인터넷신문윤리위원회는 인터넷신문의 기사와 광고에 대해 불만이 있는 독자가 접수한 민원을 심의하고 심의결정을 민원인과 매체에 전달하는 절차를 운영하고 있다. 2022년 기준 인터넷신문 기사의 경우 30건, 인터넷 신문광고는 27건 심의가 이루어졌다. 이용자 상담은 신청인의 성명, 연락처 및 상담내용을 기재하여 이메일, 우편 및 팩스를 이용하여 신청할 수 있다.

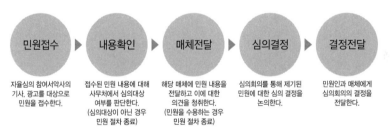

[그림 5-4] 인터넷신문윤리위원회 이용자상담 절차

* 출처: https://inc.or.kr/inc06/inc01.php

인터넷신문윤리위원회의 기사형 광고 관련 규정들은 다음과 같다. 2023년 9월 현재 인터넷신문윤리위원회는 현행 모니터링 및 심의과정에서 제기되는 문제들을 보완하고 심의업무의 효율성을 높이고자 일부 심의규정에 대한 개정작업을 진행 중이다.

〈표 5-1〉 인터넷신문윤리위원회 기사형 광고 관련 규정

	인터넷신문 윤리강령	인터넷신문 기사심의규정	인터넷신문 광고윤리강령	인터넷신문 광고심의규정
윤리강령·심의규정 내용	제8조 기사와 광고의 분리 인터넷신문은 이용자가 광고를 기사로 오인하지 않도록 기사와 광고를 명확하게 구분해야 한다.	제17조(기사와 광고의 분리) ① (기사와 광고의 구분) 이용자들이 기사와 광고를 명확하게 구분할 수 있도록 해야 한다. 광고를 기사와 같은 공간에 배치할 때는 이용자가 기사로 오인하지 않도록 명확한 광고 표시를 해야 한다. ② (광고 목적의 제한) 특정 상품이나 서비스 등을 일방적으로 홍보해 소비자의 선택을 유도하기 위한 보도를 하지 않는다. ③ (협찬 명시) 네이티브광고, 브랜디드 콘텐츠, 협찬기사 등 경제적 보상 또는 후원을 받아 작성한 기사나 콘텐츠는 일반보도 기사와 명백히 구별되도록 표시해야 한다. ④ (이용자 보호) 이용자가 건강 및 재산상의 피해를 입지 않도록 다음 각 호를 준수한다. (이하 생략)	제5조 광고와 기사 구분 인터넷신문은 이용자가 광고와 기사를 혼동하지 않도록 광고와 기사를 명확하게 구분하여야 한다.	제14조 (광고와 기사의 구분) 인터넷신문광고는 이용자가 광고와 기사를 구분할 수 있도록 다음 각 호의 사항을 준수한다. 광고 및 광고지면에 "광고", "AD" 등의 문구를 사용하여 광고임을 명확히 표시해야 한다. 인터넷신문광고는 기사로 오인할 수 있는 "속보", "특종", "긴급", "단독", "뉴스", "보도" 등 문구를 사용해서는 안 된다. 랜딩페이지는 "NEWS", "기사", "기자명(By-line)", "독점인터뷰", "전문기자", "칼럼니스트" 등의 표현으로 이용자가 이를 기사로 오인하지 않도록 해야 한다.

* 출처: https://inc.or.kr/main/

인터넷신문윤리위원회의 광고 심의 관련하여 가장 많은 위반사례는 허위·과장 표현, 이용자를 기만하는 표현 등 부당한 표현을 사용한 광고이며, 다음으로 이용자의 접근만을 위한 목적으로 제작된 낚시성 광고를 들 수 있다. 인터넷신문윤리위원회의 2022년 광고심의 심의위반 현황을 살펴보면, 총 심의위반 16,885건 중 허위·과장 표현 건이 약 82%, 이용자의 접근만을 유도하기 위해 낚시성의 표현을 사용한 이용자 오인 광고 건이 약 13%로 대다수를 차지하였다. 2023년 6월 인터넷신문 광고 자율심의 결과를 보면, 부당한 표현의 금지 조항 위반사례 1,154건, 이용자가 오인할 수 있는 낚시성 표현 금지 조항 위반사례 131건, 공포심 및 불쾌감 유발 표현의 제한 조항 위반사례 8건, 음란표현의 금지 조항 위반사례 8건으로 나타났다.[11]

인터넷신문 광고의 경우 인터넷상에서 이루어지는 만큼 신문이나 방송 등 전통적인 매체를 통한 광고에 비해 상대적으로 비용이 저렴하고 텍스트 광고 외에도 배너 광고, 썸네일 광고, 플로팅 광고 등 다양한 형태로 광고 게재가 가능하다는 특징을 갖는다.

한편, 인터넷신문들은 이용자가 "광고물에 대해 클릭(click), 드래그(drag), 마우스 오버(mouse over) 등의 행위를 하였을 때 연결되는 다른 웹 또는 앱 페이지"[12](랜딩페이지)에서 광고 정보를 제공하기도 하는데, 이 경우 기사 형식의 광고를 제공하는 경우가 많이 발생하여 이용자의 합리적인 선택을 방해할 수 있다는 점에서 문제가 된다. 특히 랜딩페이지가 기사형 광고 형식으로 작성되고 허위·과장

11) https://inc.or.kr/common_board/view.php?&bbs_code=deliberation_case&ca_id2=&bd_num=1059
12) https://inc.or.kr/inc03/inc0201.php

표현이나 음란하거나 선정적인 이미지를 이용하는 경우가 문제가 된다.

[그림 5-5] 인터넷신문 광고 랜딩페이지 예시

* 출처: 인터넷신문윤리위원회 일반개요 내부자료.

인터넷신문들의 경우 광고 클릭을 유도하고 이용자가 광고를 클릭하였을 때 연결되는 랜딩페이지에서 심의규정에 위반되는 기사형 광고, 허위·과장 광고, 음란 광고 등을 노출할 수 있다는 점에서 심의와 관련하여 지면 광고에 대한 심의에 비해 더 많은 시간과 노력이 필요하다는 특징이 있다. 특히 클릭을 유도하는 광고 자체가 심의규정 위반이 아닌 경우는 광고 모니터링 과정에서 랜딩페이지까지 조사하기는 어려운 측면이 있고 인터넷 광고 기법 자체가 지속해서 변화한다는 점 또한 인터넷신문 광고에 대한 심의를 어렵게 하는 요소라고 할 수 있다.

// 해외 주요국의 기사형 광고 규제: 미국, 영국, 호주를 중심으로[13]

미국

미국의 경우 기사형 광고는 애드버토리얼(advertorial) 또는 네이티브 광고(native advertising)로 불린다.[14] 애드버토리얼은 광고와 기사를 결합한 형태로, 내용은 광고이면서 기사 형식으로 작성된 콘텐츠를 말한다. 연방거래위원회(Federal Trade Commission: FTC)는 1967년 보도자료와 1968년 위원회 자문 의견에서 뉴스 형식으로 게재되는 인쇄광고의 문제를 처음 다루었다.[15] 한편, 네이티브 광고는 광고 콘텐츠가 주된 본문과 조화되는 스타일과 형식으로 제작되어 이용자의 콘텐츠 이용과 광고 노출 경험이 상호 이질적이지 않고 자연스럽게 조화되는 것을 추구한다. 네이티브 광고라는 용어가 등장하기 시작한 것은 2010년경으로, 신문의 헤드라인에 처음 등

---

13) 해외 각국의 언론사 차원의 기사형 광고에 대한 자율규제는 생략하고 정부규제 및 자율심의 기구를 중심으로 살펴보고자 한다.

14) 엄밀히 말하자면, '네이티브 광고'와 '기사형 광고'는 정확히 동일한 개념이라고 보기는 힘들며, 용어가 사용되는 맥락에 따라 다르게 해석될 수 있다. 네이티브 광고는 광고 콘텐츠가 해당 플랫폼의 이용자 경험을 방해하지 않고 플랫폼의 디자인과 성격 등에 자연스럽게 융화되는 것을 강조하는 개념이다. '네이티브 광고'에 대한 정의 자체도 시간이 지남에 따라 변화되어 2012년경 '네이티브 광고'라는 용어는 특정 광고주를 위해 뉴스 사이트의 모양과 느낌에 어울리게 맞춤형으로 콘텐츠를 제작하는 것과 같은 온라인 뉴스의 광고 전략을 포함하는 것으로 확장되었다(Bakshi, 2015).

15) https://www.ftc.gov/system/files/documents/public_statements/896923/151222decept iveenforcement.pdf

장한 것은 2013년으로 여겨진다(Bakshi, 2015). 인터랙티브광고협회 (Interactive Advertising Bureau: IAB)에 따르면, 네이티브 광고는 페이지 콘텐츠와 일관성이 있고, 디자인에 동화되며, 이용자들이 광고가 해당 페이지에 속한다고 느낄 수 있도록 플랫폼과 조화되는 광고를 의미한다(IAB, 2013). 이러한 네이티브 광고는 특히 디지털 환경에서 광고주들이 소비자와 더 잘 소통할 수 있는 새로운 방법이자 언론사에게는 새로운 광고 수익원으로 부상하고 있다(IAB, 2013). 네이티브 광고의 효율성은 주변 콘텐츠에 자연스럽게 녹아들어 광고임을 쉽게 알아차리기 어렵다는 점에서 찾을 수 있다(Carlson, 2015).

박시(Bakshi, 2015)는 네이티브 광고가 광고주들에게 인기 있는 이유는 세 가지를 들었다. 첫째, 네이티브 광고의 경우 광고주가 아닌 언론사가 작성한 것이라는 인식을 소비자들에게 줄 수 있고 이러한 인상을 주는 것이 상대적으로 더 신뢰를 줄 수 있다는 인식이다. 둘째, 광고주는 소비자의 관심과 흥미를 유발하고 참여를 유도할 수 있는 방식으로 콘텐츠를 제공하기를 원하기 때문이다. 셋째, 네이티브 광고의 경우 광고주가 언론에서 다루는 주제와 테마에 영향을 미칠 수 있기 때문이다. 네이티브 광고는 소비자에게 혼동을 줄 수 있고 혼동을 주는 것과 소비자를 기만하는 것 사이의 경계는 분명하지 않다. 기업 스폰서가 명확하게 공개될 경우 네이티브 광고가 가져올 수 있는 피해는 크게 완화되고, 소비자들은 새로운 콘텐츠가 제공하는 혜택을 얻을 수도 있다. 하지만 많은 경우의 네이티브 광고는 그렇지 못한 것이 현실이기에 소비자 보호 차원에서 네이티브 광고에 대한 적절한 규제는 필요하다.

정부규제

네이티브 광고에 대한 규제는 크게 정부규제와 자율규제로 나뉜다. 산업계 자율규제만으로는 소비자를 충분히 보호하기 힘든 측면이 있으므로 관련 산업에 대한 정부의 적절한 규제는 필요하며, 네이티브 광고 규제 또한 예외가 아니다. 정부규제의 경우 연방 정부 차원에서는 FTC와 연방통신위원회(Federal Communications Commission: FCC)가 규제를 담당하며, 주 정부 또한 해당 주에서 발생할 수 있는 불공정하거나 기만적인 행위 또는 업무 관행을 규제하기 위한 법령을 마련하고 있다.

FTC의 정책 설명서(Enforcement Policy Statement on Deceptively Formatted Advertisements)는 광고가 후원 광고주가 아닌 다른 당사자가 제공한 것이라는 인식을 주도록 하는 묵시적 또는 명시적 표현을 포함하여 광고의 상업적 성격에 대해 소비자를 실질적으로 오도하는 네이티브 광고는 기만적이고 FTC의 규칙을 위반하는 것이라는 점을 명확히 하고 있다.[16] 따라서 광고주는 소비자가 광고를 다른 콘텐츠와 구별할 수 있도록 하는 정보 공개 유형에도 주의를 기울여야 한다. '광고'라는 표시가 있더라도 다양한 방법을 이용하여 광고를 기사처럼 보이도록 하는 것은 기만적인 행위로 간주될 수 있다는 점을 경고하고 있다. 광고가 소비자를 오인하도록 할 소지가 있는지를 평가할 때, FTC는 광고의 전체적인 형태, 퍼블리셔의 사이트에서 제공되는 비광고성 콘텐츠와의 서면, 음성 또는 시각적 스

---

16) https://www.ftc.gov/system/files/documents/public_statements/896923/151222decept iveenforcement.pdf

타일의 유사성, 다른 콘텐츠와 구별할 수 있는 정도 등의 요소를 면
밀히 검토한다. 누가 보더라도 홍보성 콘텐츠임이 명백한 경우 네이
티브 광고에 필요한 공개 사항이 불필요할 수 있지만 이러한 판단은
개별 사례별로 이루어지는 만큼 주의가 요구된다. [17]

　FTC는 관련법령(Federal Trade Commission Act)에 근거하여 네이
티브 광고 관련 지침을 위반한 광고주나 퍼블리셔에 경고 서신을 보
낼 수 있고, 시정 조치를 요구할 수 있다. FTC는 광고주에게 자문 제
공, 정책 성명서 발표, 업계 가이드라인 발행, 규칙 제정 및 입증 요
구 등 다양한 수단을 활용하여 시장에 기만적인 광고가 게재되는 것
을 방지하기 위해 노력한다(Gower, 2013). FTC에 의해 피소된 당사
자는 유죄를 인정하지 않고 향후 문제가 되는 행위를 하지 않기로
FTC와 합의 해결안(consent agreement)을 체결할 수 있다. 광고주
가 FTC의 합의 해결안 또는 중지 명령에 따라 시정 조치를 하지 않
을 경우, 미국법무부(U.S. Department of Justice: DOJ)에 형사사건으
로 회부될 수 있다. 사안에 따라 FTC는 규제 조치를 먼저 취하지 않
고 DOJ에 형사사건으로 회부하거나 피고 당사자를 상대로 민사 소
송을 제기할 수 있다. [18] 허위 및 기만적 광고로 피해를 입은 경쟁사
및 소비자는 랜햄법(Lanham Act)에 근거하여 구제를 요청할 수 있다
(Gower, 2013). 랜햄법 소송에서 원고는 피고의 허위 및 기만적 주장
으로 인해 상업적 피해를 입었거나 입을 가능성이 있음을 입증해야
한다. 주법에서도 광고를 규제하고 있으며, 많은 주에서는 소비자

---

17) https://instituteforpr.org/ftc-regulation-native-advertising-new-federal-rules-
　　impact-pr-practice/

18) https://www.britannica.com/money/topic/Federal-Trade-Commission-Act

및 경쟁업체가 금지명령 구제(injunctive relief) 외에 손해배상 소송을 제기할 수 있도록 허용하고 있다.

앞서 살펴본 것처럼 미국에서 소비자 보호와 광고 규제와 관련된 주요 기관은 FTC이며, 네이티브 광고에 대한 지침을 발표하고 불이행을 감독하는 역할을 수행한다. 한편, FCC는 방송·통신 분야에 관련된 규제를 담당하고 있다. 광고 규제가 FCC의 주요 업무는 아니지만, 방송에서 네이티브 광고가 문제가 된 경우 FCC가 규율할 수 있다. FCC는 금전, 서비스 또는 기타 가치 있는 대가를 받거나 지급의 약속을 받고 방송을 전송하는 경우 연방법 및 FCC 규칙에 따라 해당 방송사는 방송을 내보낼 때 해당 사안이 후원받거나 대가를 받고 제작되었다는 사실과 후원을 한 주체가 누구인지 밝혀야 한다.[19] 2017년 FCC는 스폰서십(sponsorship) 여부에 대한 명확한 표시 없이 뉴스 기사의 형식으로 제작된 광고를 1,700회 이상 내보낸 싱클레어 브로드캐스트그룹(Sinclair Broadcast Group)에 1,340만 달러의 벌금을 부과한 바 있다(Johnson, 2017).

자율규제

미국 광고산업계는 대표적인 자율규제 기구인 전국광고국(National Advertising Division: NAD)과 전국광고심의위원회(National Advertising Review Board: NARB)를 중심으로 자율규제를 수행하며, 광고와 관련된 표준들을 확립하고 있다. 전국광고국과 전국광고심의위원회는 시장에서 광고에 대한 소비자들의 신뢰와 공정한 경쟁에

---

19) https://www.fcc.gov/consumers/guides/sponsorship-identification-rules

대한 지원을 확립하기 위한 독립적인 산업계 자율규제 기구로 1971
년 설립되었다. 광고 자율규제를 담당하는 NAD와 NARB는 독립적
인 비영리 단체인 BBB내셔널프로그램(BBB National Programs)[20]
의 한 부서다. BBB내셔널프로그램의 광고 관련 자율규제 기구들
은 NAD와 NARB 외에도 어린이광고심의부서(Children's Advertising
Review Unit), 어린이식음료광고이니셔티브(Children's Food and
Beverage Advertising Initiative), 어린이제과광고이니셔티브(Children'
s Confection Advertising Initiative), 직접판매자율규제위원회(Direct
Selling Self-Regulatory Council)를 포함한다.

[그림 5–6] BBB National Programs

* 출처: https://bbbprograms.org/

---

20) BBB는 Better Business Bureau의 약칭임.

NAD는 기업, 무역 협회, 소비자 또는 자체적으로 광고의 진실성 문제를 검토하여 모든 미디어 유형에 걸쳐 높은 수준의 진실성과 정확성을 유지하기 위해 노력한다. NAD는 언론 공표 등을 통해 자율규제 관련 결정 사항을 대중에게 알리거나, 사건을 FTC에 회부하는 방식으로 사업자들의 이행력을 높이고 있다(손봉현, 2019). 한편, NAD는 '과대광고'와 같은 일반적인 용어를 포함한 광고법 기본 사항들 및 진실한 광고와 소비자를 오인시킬 수 있는 광고 사이의 경계를 구분하는 데 도움이 되는 정보들을 알리고 있으며, 네이티브 광고 관련 자율심의 또한 담당하고 있다.

인터랙티브광고협회(Interactive Advertising Bureau: IAB)는 온라인 광고 관련 업계 표준의 개발 및 관련 연구 수행, 교육 및 법률 지원 등을 제공하는 협회로 뉴욕시에 본사를 두고 1996년 설립되었다. 현재 700개 이상의 회원사가 IAB에 가입되어 있다. IAB는 브랜드, 광고 대행사, 광고 기술 제공업체 및 퍼블리셔 모두 네이티브 광고를 쉽게 이해하고 탐색할 수 있도록 하기 위해 업계에 네이티브 광고 옵션들을 고려하고 논의할 수 있는 프레임워크를 제공하는 가이드라인을 출간하였다.[21] 해당 가이드라인에 따르면, 인-피드/인-콘텐츠 (In-Feed/In-Content) 네이티브 광고, 콘텐츠 추천 광고, 브랜디드/네이티브(Branded/Native) 콘텐츠가 대표적인 네이티브 광고의 형태라고 할 수 있다. 한편, 네이티브 광고 기법은 계속해서 진화하고 있다. 온라인 광고에서 네이티브 광고가 차지하는 비중 또한

---

21) https://www.iab.com/wp-content/uploads/2019/05/IAB-Native-Advertising-Playbook-2_0_Final.pdf

증대되고 있다(Clementi, 2019). 중요한 것은, 네이티브 광고의 유형에 상관없이 소비자가 해당 광고가 언론사나 플랫폼 콘텐츠의 일부가 아닌 유료 광고임을 인식할 수 있도록 유료 광고임을 알리기 위한 공개 사항을 포함해야만 한다. 이러한 네이티브 광고에 필요한 공개 사항은 광고에 대한 대가를 지불했음을 전달할 수 있는 문구를 사용하여야 한다. 기존의 홍보성 광고 메시지가 포함되어 있지 않더라도 광고임을 알 수 있도록 하여야 한다. 한편, 특정 페이지의 맥락 및 광고를 보는 디바이스와 관련하여 소비자가 알아볼 수 있을 만큼 충분히 크고 눈에 잘 띄어야 한다. 즉, 맥락에 상관없이 합리적인 소비자라면 무엇이 유료 광고이고 무엇이 퍼블리셔의 편집 콘텐츠인지 구분할 수 있도록 네이티브 광고가 제작되어야 한다.

영국

미국과 마찬가지로 네이티브 광고라는 용어가 영국에서도 일반적으로 사용된다. 한 조사에 따르면, 세계적으로 네이티브 광고 지출은 2020년부터 2025년까지 372퍼센트 증가할 것으로 예상되며, 미국이 네이티브 광고 시장을 주도하는 가운데 유럽 지역에서는 영국이 가장 큰 시장을 형성할 것으로 전망된다(Clementi, 2019). 한편, 온라인 환경에서 브랜디드 콘텐츠(branded content)가 비즈니스 및 크리에이티브 전략의 핵심으로 자리 잡으면서 관련된 논란도 점차 증대하고 있다. 콘텐츠를 둘러싼 편집 환경에 자연스럽게 조화를 이루는 것을 중요시하는 네이티브 광고와 브랜드에 의해 제작 또는 큐레이션되면서 콘텐츠의 면모를 갖춘 광고인 브랜디드 콘텐츠는 많은 접점을 갖는 개념이라고 할 수 있다.[22] 네이티브 광고와 브랜디드 콘텐츠 모두 기사 형식으로 제작될 수 있는 만큼 소비자가 광고를 기사로 오인하도록 하는 기만적인 성격의 광고에 대한 규제 필요성이 논의되어 왔다(Hardy et al., 2023). 영국에서 광고 규제는 비방송 광고에 대한 자율규제와 방송광고에 대한 공동규제를 중심으로 이루어진다.[23] 영국 정부는 디지털 규제에 대한 혁신 친화적이고 비례적인 접근 방식을 유지하는 것을 전반적인 목표로 삼으며, 광고의 경우 유료 광고의 혜택과 위험 및 잠재적 피해를 모두 인정함으로써 기업과 시민 사회 전반의 다양한 이해관계자를 안심시키려 노력하고 있다(Hardy et al., 2023). 경쟁과 소비자 보호 정책 또한 디지털 시장에서 경쟁을 촉진하고 오해의 소지가 있는 사기성 광고의 경우 규제의 대상이 되는데 네이티브 광고도 이러한 맥락에서 규제가 이루어진다. 영국 정부는 2023년 4월 디지털 시장, 소비자 및 경쟁 법안(Digital Markets, Consumer and Competition Bill)을 의회에 제출했다. 이 법안은 디지털 시장에 대한 추가 규제를 가져올 것으로 예상되며, 경쟁법을 재검토하고, 소비자 보호법에도 상당한 변화를 가져올 것으로 예상된다(Hardy et al., 2023). 해당 법안에 따르면, 경쟁시장국(Competition and Markets Authority)은 소비자에게 보상금을 지급

---

22) 브랜디드 콘텐츠(branded content)의 경우 브랜드의 제품이나 서비스를 직접적으로 판매하거나 홍보하는 것이 아니라, 브랜드의 가치와 스토리텔링 등을 강조하고, 브랜드의 제품이나 서비스와 직접적으로 연관되지 않은 유용한 정보, 엔터테인먼트, 감동적인 스토리텔링 등을 제공하여 소비자들이 브랜드와 자연스럽게 소통하고 공유할 수 있도록 하는 데 초점이 맞추어진다.

23) https://commonslibrary.parliament.uk/research-briefings/sn06130/#:~:text=In%20the%20UK%2C%20the%20content,for%20non%2Dbroadcast%20advertising%20and

할 수 있고 소비자 보호법 위반에 대한 벌금을 직접 부과할 수 있게 될 예정이다.

정부규제

2003년 커뮤니케이션법(Communications Act 2003)은 정부로부터 독립된 성격을 갖는 오프콤(Office of Communications)이 텔레비전과 라디오, 주문형 비디오, 고정 회선 통신, 모바일, 우편 서비스 및 무선 통신 스펙트럼까지 통합적으로 규제하도록 정하고 있다. 해당 법에 따르면 오프콤의 주요 의무는 "커뮤니케이션 문제들과 관련하여 시민의 이익을 증진하고, 적절한 경우 경쟁을 촉진함으로써 관련 시장에서 소비자의 이익을 증진하는 것"이다. 오프콤은 정부로부터 승인받아 설립된 기관이지만 정부의 직접적인 통제를 받지 않고 독립적으로 운영되는 체제를 갖고 있다. 민간 자율규제 가구와의 공동규제를 통해 사전심의, 광고불만접수, 모니터링 및 위반에 대한 제재 등의 행정 업무를 처리하고 있다(최진호 외, 2022). 텔레비전·라디오 방송광고, VOD 및 비디오 공유 플랫폼(video-sharing platform) 광고 관련 규제의 경우 광고표준위원회(Advertising Standards Authority: ASA)와 협력하여 규제한다. 오프콤에서 주로 다루는 영역이 방송·통신과 관련된 만큼 신문·잡지와 같은 인쇄매체에서 제작한 기사형 광고의 경우 오프콤의 규제 영역은 아니다.

한편, 우리나라의 공정거래위원회와 유사한 업무를 담당하고 있는 영국 경쟁시장청(Competition and Markets Authority: CMA)은 경쟁 정책 및 소비자 보호를 감독하는 기관으로 기사형 광고에 대한 규제 또한 이 기관에서 다룰 수 있다. CMA는 부당한 경쟁행위나 합병 및 인수 등 경제 활동에 대한 규제를 수행하며 소비자의 이익을 보호하고 공정한 거래 환경을 조성하는 역할을 담당하고 있다. 광고임을 식별할 수 있도록 하는 것과 관련하여 종합적이고 일반적인 법률은 부재하다(Hardy et al., 2023). 다만, 오프콤 방송 규정, 광고실무위원회 규정, 소비자 보호 규제들은 모두 광고의 경우 광고임을 알 수 있도록 제작되어야 한다는 원칙과 관련된 부분을 포함하고 있다. 한편, CMA가 소비자를 기만하는 기사형 광고를 규제할 수 있는 근거로 2008년 제정된 '불공정거래로부터 소비자를 보호하기 위한 규제(The Consumer Protection from Unfair Trading Regulations)'를 들기도 한다(Hardy et al., 2023). 기본적으로 모든 광고 콘텐츠는 소비자가 광고임을 명확하게 식별할 수 있도록 제작되어야 한다. 이러한 원칙은 모든 광고 매체에 적용되고 소비자법에 근거를 두고 있으며, CMA의 경우 이에 따라 행동할 수 있는 권한을 갖는다(Online Advertising Programme, 2023).

자율규제

영국에서 기사형 광고에 대한 자율규제는 주로 ASA를 통해 이루어진다. ASA는 영국 광고산업을 감독하고 규제하는 기관으로, 광고 콘텐츠가 소비자를 혼란스럽게 하거나 기만하는 부분에 대한 감시와 조치를 취한다. 온라인 마케팅을 포함한 모든 미디어를 통한 광고 콘텐츠, 판매 프로모션과 직접 마케팅은 ASA의 규제를 받는다. ASA에 따르면, 업무의 70퍼센트 이상이 오해의 소지가 있는 광고와 관련된 우려에 대응하고 해결하는 것과 관련되어 있다고 한다(Online Advertising Programme, 2023).

ASA의 네이티브 광고를 포함한 온라인 마케팅에 관한 공식적인 입장은 비교적 최근에 수립되었지만, 집행 및 규제에 관해서는 일반적으로 미국 FTC의 발자취를 따르고 있다고 평가된다.[24] ASA의 자매 자율규제 기관인 광고실무위원회(Committee of Advertising Practice)는 인쇄매체, 인터넷매체 등을 포함한 모든 비방송 광고 및 다이렉트 마케팅(direct marketing), 프로모셔널 마케팅(promotional marketing) 관련 규범의 제정 및 개정을 담당한다(Asquith & Fraser, 2020). 텔레비전과 라디오 방송 광고에 대한 자율규제는 방송광고실무위원회(Broadcast Committee of Advertising Practice)가 담당한다.

이러한 자율규제 기관들은 가이드라인을 제공하거나 소비자 불만 사항에 대응하는 역할을 담당한다. ASA는 텔레그래프(The Telegraph) 온라인신문에 실린 미쉐린 타이어 네이티브 광고에 대한 소비자 불만, 플랫터미티(Flat Tummy Tea) 인스타그램 광고에 대한 소비자 불만을 처리하기도 하였다. ASA는 광고주에게 위반한 규정에 대해 안내하고 다시 위반하지 않도록 경고하는 방식으로 규제하며, 광고주가 협조하지 않는 경우 ASA는 언론사에 광고 게재 금지를 요청할 수 있다. 한편, ASA의 웹사이트에 규정 미준수 온라인 광고주 섹션에 해당 광고주의 이름을 공개하고 있다.

호주

호주도 기사형 광고에 대한 규제에 있어 정부규제와 자율규제의

---

24) https://www.nativeadbuzz.com/blog/native-advertising-laws-in-the-uk-the-us/

조화를 추구한다. 호주광고주협회(Australian Association of National Advertisers: AANA)와 호주언론평의회(Australian Press Council: APC)는 자율적인 광고 규제 개발 및 홍보를 주로 담당하고 있다. AANA 윤리강령(Code of Ethics)은 광고 및 다른 형태의 마케팅 커뮤니케이션에 적용되는 핵심적인 자율규제 강령으로, 합법적이고 품위 있으며 진실에 기반한 광고가 제작되도록 돕는 것을 주된 목적으로 한다. 광고 관련 정부규제의 경우 호주경쟁 및 소비자위원회(Australian Competition and Consumer Commission: ACCC)가 주요한 역할을 담당하고 있다. ACCC는 어떤 광고가 오해의 소지가 있거나 기만적인지를 판단할 때 해당 광고의 전반적인 인상이 '허위 또는 부정확한'것인지 여부를 고려한다. 네이티브 광고의 경우 호주 경쟁 및 소비자법(Competition and Consumer Act 2010)에 따라 오해를 유발하거나 기만적인 행위 및 허위 정보제공 등의 행위는 규제 대상이 될 수 있다.[25]

정부규제

ACCC는 공정한 경쟁 환경을 조성하여 호주 소비자, 기업 및 커뮤니티의 보호를 강화하기 위해 설립된 기관이다. ACCC는 국가 기반 서비스들을 규제하는 역할을 담당하고, 허위 광고 및 소비자를 기만하는 행위에 대해서도 이를 감시하고 대응하는 역할을 담당하고 있다. 개인 및 기업이 호주 경쟁 및 소비자법(Competition and

---

25) https://www.lexology.com/library/detail.aspx?g=ab7052c4-ebc6-4184-8ee1-222ea8ee9688

Consumer Act 2010)을 비롯한 관련법령들을 준수하는 것을 감독하는 책임을 맡고 있다.

소비자를 오인하게 하거나 기만하는 광고는 호주소비자법(Australian Consumer Law)에 따라 처벌받을 수 있다. 소비자는 허위 광고에 속았다고 생각하는 경우, ACCC에 불만을 제기할 수 있다. 유료 콘텐츠에 이를 알리는 표식을 하지 않는 것이 소비자로 하여금 오인하도록 하거나 기만적인 것으로 간주될 가능성은 낮은 편이지만, 콘텐츠가 광고주의 상품이나 서비스를 직접적으로 언급하지 않는 경우, 광고 내용 자체가 오해의 소지가 있거나 기만적인 것으로 밝혀지면 관련 책임을 지게 된다(Goldenfein, 2014).

자율규제

1997년부터 AANA와 자매기관인 애드스탠다드(Ad Standards)는 호주의 광고 콘텐츠 자율규제 시스템을 관리해 왔으며, 광고 표준을 개발하고 커뮤니티 기준을 충족하는 공정한 불만 처리 프로세스를 높은 이행 준수율로 운영해 오고 있다. AANA는 광고 표준의 개발, 검토 및 업데이트를 담당한다. 애드스탠다드는 다양한 연령층과 배경을 가진 사람들로 구성되고 호주 사회의 다양성을 최대한 대표할 수 있는 독립적인 커뮤니티 패널을 구성하여 일반 대중이 제기한 불만 사항들을 처리하고 있다. 2017년부터 AANA 윤리강령에 광고의 경우 소비자가 광고와 광고가 아닌 콘텐츠를 분명히 구분할 수 있도록 제작되어야 함을 규정하는 조항이 추가되었다.[26] 아울러 2017년

---

26) https://www.lexology.com/library/detail.aspx?g=ab7052c4-ebc6-4184-8ee1-222ea8ee9688

3월 1일부터 광고표준위원회(Advertising Standards Board: ASB)는 편집 콘텐츠로 위장한 광고에 대한 소비자 불만 사항에 대해 다룰 수 있는 권한을 부여받았다. 네이티브 광고 관련하여 적절한 공개를 하지 않는 광고주는 ASB로부터 광고를 중단하거나 수정하도록 요구받을 수 있고, 이를 준수하지 않을 시 기업의 홍보활동에 심각한 영향을 받을 수 있다. 한편, AANA는 광고주가 새로운 공개 의무를 이해하는 데 도움을 줄 목적으로 모범사례 가이드라인을 발표하였다.

소결

네이티브 광고는 상대적으로 새로운 형식의 광고다. 해외 언론사들은 네이티브 광고를 어떻게 기획하고 제작할지에 대한 나름의 전략을 만들어 나가고 있다(Ferrer-Conill et al., 2021). 한편, 해외 주요 국가들은 각국의 저널리즘 윤리 규칙과 광고 규제 체계에 따라 독자가 기사와 광고를 구분하기 어려울 때 발생할 수 있는 잠재적인 문제를 최소화하기 위한 접근을 취해 왔다. 네이티브 광고를 금지하는 것이 아니라 네이티브 광고가 가져올 수 있는 부작용을 최소화하는 정책을 택하고 있다. 국내에서도 네이티브 광고가 소비자에게 미칠 수 있는 영향과 언론의 투명성 및 신뢰도에 영향을 미치는 측면에 대해 더 깊고 종합적인 논의가 진행될 필요가 있다. 이 장에서 살펴본 해외 주요국들의 경우 소비자가 광고임을 명백히 인식할 수 있도록 제작된 네이티브 광고는 규제의 대상이 아니라고 할 수 있다. 한편, 네이티브 광고 기법이 계속 진화하는 만큼 다양한 네이티브 광고 기법들을 허용할 수 있는 형태와 그렇지 않은 형태로 구분하고 광고주와 언론사 등에 유익한 가이드라인 등을 제공하고 있는 점이 특징적이다. 미국, 영국, 호주의 경우 주로 경쟁법 측면에서 기만적인 광고로 인한 피해로부터 소비자를 보호하는 차원에서 접근하는 점은 공통적이지만, 위반행위에 대한 제재에 있어서는 차이를 보인다. 국내에서는 자율심의기구를 중심으로 기사형 광고에 대한 규제에 주력해 왔지만, 기사 형식으로 제공되는 광고를 포함하는 개념이라 할 수 있는 네이티브 광고로 인한 소비자 피해를 최소화하기 위한 노력은 부족한 측면이 있다(안순태, 이소영, 2019).

// 마치는 글

저널리즘은 오랫동안 규범적 측면에서 편집 기능과 광고의 분리를 요구해 왔다. 오늘날 온라인 환경에서 기사형 광고 관련 새로운 관행들의 등장은 언론사의 편집물과 광고의 구분을 점차 복잡하게 만들고 있다(Carlson, 2015). 기사형 광고에 대해서는 언론사의 수익 창출 및 광고산업 활성화에 기여할 수 있다는 인식도 있지만, 독자가 '광고'를 '기사'로 오인할 가능성이 있고, 잠재적인 소비자의 합리적인 의사결정을 방해하고 더 나아가 피해를 줄 수 있다는 우려 또한 함께 존재한다(최진호 외, 2022; 홍문기, 2017). 이에 국내뿐 아니라 해외에서도 자율심의기구들은 대체로 '기사형 광고'에 대해 규제하고 있다.

한편, 기존 연구들은 네이티브 광고가 가진 장점에 대해서도 지적하고 있다. 이에 해외 주요 국가들은 기사형 광고를 포함한 네이티브 광고를 규제하되, 허위·과장된 정보를 제공하여 이용자가 합리적인 의사결정을 내리지 못하도록 하는 관행에 규제의 초점을 맞추고 있다. 국내에서도 기사형 광고의 폐해에 대해 인식하고 규제를 해왔지만, 기사형 광고를 둘러싼 논쟁은 더 커져만 가고 있다.

최근 기사형 광고의 종류와 수가 급증함에 따라 법률의 개정이 필요하다는 목소리가 힘을 얻고 있다(최진호 외, 2022). 특히 표시광고법 등 관련법령의 개정을 통해 허용되지 않는 편집 방법 등에 대해 명확히 규정하고 이의 위반 시 위반 사항의 경중에 따라 다양한 방식으로 규제하는 것을 고려해야 한다는 의견에 주목할 만하다(최진호 외, 2022). 표시광고법은 그 목적이 "상품 또는 용역에 관한 표시·광고를 할 때 소비자를 속이거나 소비자로 하여금 잘못 알게 하는 부당한 표시·광고를 방지하고 소비자에게 바르고 유용한 정보의 제공을 촉진함으로써 공정한 거래질서를 확립하고 소비자를 보호함"에 있는 만큼 기사형 광고의 부작용에 대한 규제 또한 표시광고법의 틀 안에서 검토될 필요가 있다. 이외에도 신문법이나 정부광고법 개정을 통한 규제 논의 또한 꾸준하게 제기되어 온 만큼 기사형 광고의 폐해를 줄이기 위한 정부 및 자율심의기구들의 더욱 적극적인 노력이 요구된다.

무분별한 기사형 광고를 효과적으로 규제하기 위해, 해외 주요국의 사례를 종합적으로 고찰하여 관련법률을 개정하는 것이 필요하다. 이와 더불어 민간자율심의기구들의 기사형 광고에 대한 자율심의를 강화하는 노력도 병행될 필요가 있다. 기사형 광고에 대한 자율심의 강화는 무엇보다 민간자율심의기구들의 심의결정에 대한 이행률을 높이는 데 초점을 맞추어야 한다. 자율심의 대상이 아닌 매체에 게재된 기사형 광고로 인한 피해를 최소화하고, 자율심의 대상 매체의 심의결정 이행률을 향상시키기 위해, 신문법이나 표시광고법에 과태료 조항 추가 등 다양한 방안을 검토할 필요가 있다(최진호 외, 2022). 더불어 자율심의기구들의 모니터링 역량을 강화하고 전문성을 높이기 위한 대책 마련 역시 중요하다. 모니터링 요원 수 부족을 극복하기 위해 인공지능을 활용한 모니터링 방안을 고려할 필요가 있다. 현재는 비용 및 기술적인 문제로 인해 자율심의기구 내에서 적극적으로 검토되고 있지는 않지만, 가까운 미래에는 이러한 기술의 도입 가능성이 높아질 것으로 예상된다. 국내에서도 이미 일부 영역에서는 인공지능을 이용한 광고 모니터링이 도입되고 있다(최광민, 2022). 기사형 광고 심의에 인공지능이 어떤 형식으로 적용될 수 있을지에 대해서도 논의를 시작할 필요가 있다.

마지막으로, 인공지능이 기사 작성 및 광고 제작 과정에 더욱 광범위하게 이용될 것이 예상되는 만큼, 소비자들에게 발생할 수 있는 문제들에 대처하기 위한 준비 또한 서두를 필요가 있다. 예를 들어, 딥페이크 기술을 이용하여 제작된 기사형 광고가 소비자를 기만하는 경우 등에 대비하여 관련 규제체계를 정립하려는 노력을 서두를 필요가 있다.

06

광고에서의 젠더 감수성과
광고윤리

엄남현(홍익대학교 광고홍보학부 교수)

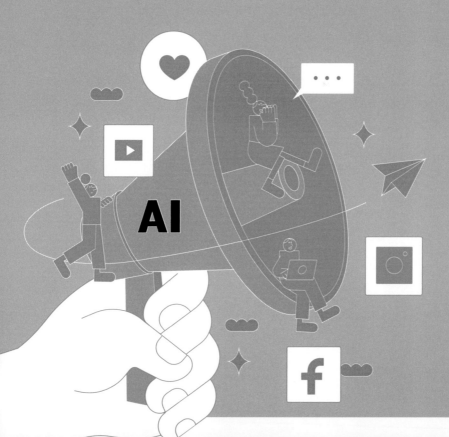

국내 정치에서는 '성별 갈라치기'가 선거전략으로 활용되면서 우리 사회 젠더 갈등을 부추겼다는 비판이 나온다. 하지만 광고산업에서는 '젠더 감수성'이라는 키워드는 중요한 화두로서 인식되고 있다. 성차별 광고는, 첫째, 남성과 여성 사이에 불공평한 대우를 유발할 수 있으며, 둘째, 남성과 여성에 대한 고정된 편견을 강화시키고, 이로 인해 성별에 따른 역할, 능력, 특성 등에 대한 편견이 굳어지고, 다양성과 개인의 독특한 특징을 무시하는 경향을 만들 수 있으며, 셋째, 특정 성별을 향한 비난, 비웃음 또는 대소변명으로 인해 사람들의 자기 존중감을 훼손할 수 있고, 넷째, 사회적 영향력을 통해 특정 성별의 권리와 기회를 제한할 수 있다. 성차별 광고는 사회적·문화적·경제적으로 성별에 따른 균등한 대우를 추구하는 현대 사회에서는 심각한 문제로 인식되고 있으며, 많은 광고주와 광고기획자들은 성차별 광고를 회피하고 다양성과 포용성을 반영한 광고전략을 추구하고 있다. 성별에 기반한 사회적 역할, 기대, 편견 대한 인식과 인식의 변화를 의미하는 개념인 '젠더 감수성'이 광고를 통해 표현되었을 때 우리가 사는 이 사회는 더욱 건강해질 수 있을 것이다.

// 젠더 감수성과 사회

젠더(gender) 감수성이란 성인지 감수성이라고 하며, 일상생활에서 성별 차이로 인한 차별과 불균형을 감지해 내는 민감성을 의미한다. 젠더 감수성은 성별에 기반한 사회적 역할, 기대, 편견 대한 인식과 인식의 변화를 의미한다. 이는 개인과 사회 간의 상호작용과 관계되며, 사회의 성별 관련 구조와 관련이 깊다. 사회는 성별에 따라 역할, 기대, 규범을 형성하고 이를 사회적으로 전파하며, 이러한 성별 관련 기대는 개인이 성별에 맞는 행동을 취하도록 유도하거나 일부 개인이 성별적인 역할과 특성을 따르도록 요구한다. 이러한 성별적인 역할과 편견은 여러 분야에서 나타날 수 있으며, 가정, 교육, 직업, 정치 등에 영향을 미칠 수 있다. 젠더 감수성은 이러한 성별 관련 역할과 기대를 인식하고, 그에 대한 비판적인 시각과 이해를 가지는 것을 의미한다고 볼 수 있다.

젠더 감수성을 가진 사람들은 성별의 다양성과 인간의 복잡성을 인식하며, 개인의 자유로운 선택과 다양한 성별 표현을 존중한다. 이는 성별에 따라 특정한 역할과 기대를 가하는 것이 아니라, 개인의 자유와 다양성을 존중하며 공정한 사회를 추구하는 것을 의미하기도 한다. 젠더 감수성은 사회와의 관련성을 통해 사회의 변화를 이끌어 내고 포용적인 사회를 형성하는 데 중요한 역할을 한다. 성별에 대한 관념과 기대를 다양화하고, 성별적 차별과 편견을 극복하는 데 기여하여 여성의 권리와 차별을 받는 그룹의 인권을 존중하며, 인간의 다양성을 인정하는 사회적인 변화를 촉진할 수 있다. 이를 통해 개인과 집단의 평등과 인권을 존중하는 사회를 구축할 수 있다.

따라서 광고를 통해 젠더 감수성을 전달하는 것은 더욱더 중요해지고 있다. 광고는 성별 역할의 미디어 표현 역할을 하고 있다고 볼 수 있다. 즉, 광고는 대중 매체로서 강력한 영향력을 가지며, 성별 역할과 관련된 메시지를 전달한다. 젠더 감수성을 고려하지 않은 광고는 성별 편견을 강화하거나 성별에 기반한 역할, 기대를 고정화하는 경향이 있다. 그러나 젠더 감수성을 가진 광고는 성별 다양성을 인식하고 성별 편견을 깨는 메시지를 전달하여 보다 포용적인 메시지를 전달할 수 있다. 광고는 사회적인 가치와 문화를 반영하는 매체이기 때문에 광고는 더욱더 젠더 다양성 표현에 더욱 힘써야 한다. 젠더 감수성을 가진 광고는 성별 다양성을 존중하고 다양한 성별 표현을 포용하는 메시지를 전달할 수 있으며, 이는 성별에 상관없이 모든 개인이 자유롭게 표현하고 자기를 식별할 수 있는 공간을 제공하는 것을 의미한다.

현대의 소비자들은 사회적 가치와 다양성을 중요시하며, 젠더 감수성을 가진 광고는 소비자들과 더 긍정적인 연결을 형성할 수 있다. 젠더에 대한 민감성을 반영하는 광고는 소비자들에게 상품이나 브랜드와의 공감대를 형성하고, 포용적인 이미지를 전달하여 소비자들의 지지와 선호를 유도할 수 있다. 광고는 사회적인 영향력을 행사하는 매체로 여겨지기 때문에 젠더 감수성을 가진 광고는 성별 평등과 인권을 촉진하는 메시지를 전달함으로써 사회적인 변화를 이끌어 낼 수 있다. 젠더 감수성 광고는 성별에 따른 차별과 편견을 극복하고, 성별 다양성과 인간의 복잡성을 인정하는 사회적인 변화를 촉진하는 역할을 할 수 있다. 요약하면, 젠더 감수성은 광고와 연관되어 성별 역할의 미디어 표현, 젠더 다양성의 표현, 소비자 인식과 연결성, 그리고 사회적 영향력에 영향을 미친다. 젠더 감수성을 고려한 광고는 보다 포용적이고 사회적으로 존중받는 메시지를 전달하며, 사회의 인식과 태도를 변화시키는 데 기여할 수 있다.

광고에서 성차별을 금지하기 위해서는 업계의 자발적인 노력도 필요하겠지만, 정부 기관에서의 규정 또는 가이드라인 제시가 필요하다. 한 예로, 영국 광고표준위원회(Advertising Standards Authority: ASA)는 지난 2018년 '유해한 성별 스테레오타입 광고'를 금지하는 기준을 제시했다. 영국 광고표준위원회는 방송과 온라인, 소셜미디어 등에서 성 고정관념을 일으킬 수 있는 광고를 금지한다고 밝혔다. 성 고정관념이 담긴 광고가 어린이나 청소년, 성인들의 선택에 영향을 줄 수 있다는 게 이유였다. 이에 따라 어린이 · 청소년의 성역할에 대한 상상력을 제한하고, 다양성을 감소시키는 광고 이미지에 대해 규제하고 있다. 또한 여성의 얼굴을 제대로 묘사하지 않는다거나, 신체 일부만을 부각하는 이미지를 사용할 경우 '성적 대상화'로 보며, 이는 남성에게도 적용된다. 그러나 한국은 방송통신심의위원회의 광고심의규정에 일반론적으로 제시되어 있을 뿐 구체적인 가이드라인은 부족한 상황이다. 특히, 광고심의규정의 사각지대에 있는 유튜브가 가장 큰 문제로 떠오른다. 따라서 광고가 유통되는 소셜미디어 플랫폼에서 자체적으로 차별 광고를 걸러 내기 위한 시스템의 필요성이 제기되고 있다.

// 페미니즘 그리고 국내 젠더 이슈(여혐 및 남혐)

2018년 리얼미터가 1,000명 이상의 성인 남녀를 대상으로 실시한 설문조사에 따르면 20대 남성의 76%, 30대 남성의 66%가 페미니즘에 반대한다고 응답했으며, 20대의 60%가 페미니즘을 한국에서 가장 심각한 갈등 원인이라고 생각하는 것으로 나타났다(김서현,

2020). 또한 한국여성정책연구원의 '20대 현상: 탈가부장 사회를 향한 도전과 갈등' 보고서에 따르면 20대 남녀 1,179명에 대한 설문조사 결과, 폭력을 고발하는 '미투(Me Too)' 운동, 여성을 겨냥한 '묻지마 범죄'에 대한 경각심을 높인 강남역 추모시위, 낙태죄 폐지 운동, 디지털 성범죄의 상징이 된 '소라넷' 폐지 운동 등은 남녀 모두 절반 이상이 지지를 보였지만, 여성 내에서도 찬반논쟁이 있는 '미러링(mirroring: 여성혐오 표현을 성별을 바꿔 보여 주기)'이나 '탈코르셋(脫 corset: 여성에게 강요된 꾸밈에서 벗어나기)' 운동은 남녀 모두에게 상대적으로 낮은 지지를 받은 것으로 나타났다(김서현, 2020). 실제 전체의 89.6%는 '한국은 페미니즘에 대한 혐오가 심각하다.'에 동의했으며, 페미니즘 지지층의 40.1%는 대화 중 페미니즘에 우호적인 입장을 제시하다 공격받은 경험이 있다고 답했다.

이러한 페미니즘에 대한 남녀 간의 차이뿐만 아니라 사회 속 여성혐오와 남성혐오 현상이 심각한 것으로 나타났다. 한국언론진흥재단 미디어연구센터의 20~50대 성인 남녀 1,000명을 대상으로 진행한 설문결과에 따르면, 응답자 80.7%가 성별을 기반으로 하는 혐오 표현 문제가 심각한 것으로 느낀다고 밝혔다(이정현, 2018). 이 중에서도 28.5%는 매우 심각하다고, 52.2%는 약간 심각하다고 밝혔다. 연령 기준으로는 어린 세대일수록 심각성을 더 강하게 인식하는 경향을 보였으며, 20대(48.0%)는 40대(22.0%)와 50대(14.0%)의 2~3배 수준으로 성별 간 혐오 현상이 매우 심각하다고 생각하는 응답자가 더 많은 것으로 나타났다.

국내에서 혐오 표현 문제는 인터넷 커뮤니티 '일베(일간베스트의 저장소)'의 혐오적 또는 경멸적 표현, 외국인 근로자와 난민들에 대한 민족적·인종적 차별 표현위주로 논란이 되어 왔지만, 2016년 5월 강남역 살인사건을 계기로 여성혐오가 혐오 표현의 새로운 측면으로 부각되기 시작했다(김용철, 2018). 또한 여성혐오 및 남성혐오 표현으로 쓰이는 한남충(한국 남성 전체를 비하하는 속어로 '한국남자벌레'의 줄임말), 김치녀 또는 된장녀(특정 행태를 보이는 여성을 지칭, 한국 여성 비하 표현)와 같은 표현은 20~50대 성인남녀 중 75%가 그 뜻을 인지하고 있으며, 10%가 사용하는 것으로 나타났다(김용철, 2018). 더 나아가, 2018년에 불거진 남성과 여성 일행의 마찰에서 비롯된 '이수역 폭행 사건'은 진위를 가리기도 전에 '남혐'과 '여혐'이 가열된 것을 보면, 우리 사회가 직면한 성 갈등이 고스란히 드러났다고 볼 수 있다.

2019년 세계경제포럼(WEF)이 153개국의 성별에 따른 격차 분석 결과에 따르면, 한국의 성평등 수준은 중국(106위)보다 2계단 아래로 나타났다(이정애, 2020). 이는 아직도 우리나라는 양성평등 기반을 마련하기 위해 더 노력해야 한다는 것으로 해석할 수 있다. 한 예로, 국내 광고 속 성차별도 우리가 해결해야 할 과제이기도 하다. 서울 YWCA가 발표한 '대중매체 양성평등 내용분석 보고서'에 따르면, 국내 TV광고에서 육아를 제외한 가사를 하는 사람은 여성 85%, 남성 15%로 여성은 애 보고 집안일 하는 사람이라는 이미지를 강화시키고 있다고 밝혔다(하민지, 2020). 또한, 광고 속에서 여성이 집안일을 하는 동안 남성은 바깥일 하며 돈 버는 사람으로 주로 표현하는 것도 사회적 편견의 반영일 수 있다.

// 국내 성차별 광고 사례

  광고에 검증 없이 성차별적 내용을 담았다가 소비자들의 비난을 받은 사례는 다양하게 발견된다. SK텔레콤은 가족끼리 데이터를 주고받을 수 있는 요금제를 광고하면서 "아들, 어디 가서 데이터 굶지마." "딸아, 너는 데이터 달라고 할 때만 전화하더라."라는 문구를 담았다. 해당 광고는 남성은 걱정의 대상으로, 딸은 이기적인 존재로 묘사했다는 소비자들의 비판에 직면했고, 결국 SK텔레콤은 딸 광고 문구를 삭제하고 아들 광고 문구만 남겨 놓기로 했다.

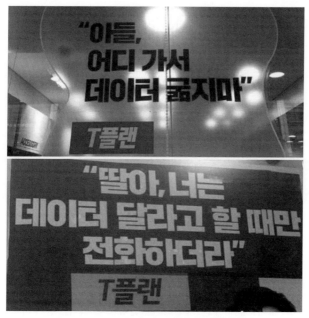

[그림 6-1] SK 텔레콤 가족끼리 데이터 광고

* 출처: https://www.ekoreanews.co.kr/news/articleView.html?idxno=28641

　남양유업은 루카스나인 광고에서 남성은 부장, 군인 등 능동적인 주체로 그린 반면, 여성은 주부나 남성의 빈 커피잔을 채우는 수동적인 존재로 묘사해 일부 소비자로부터 성역할 고정관념을 심화시키는 광고라는 비판을 받았다. 비판이 거세지자 남양유업과 광고대행사 측은 공식 페이스북 페이지 계정에서 해당 광고가 담긴 게시를 중단했다. 여성의 적극적인 사회진출로 인해 성역할이 조금씩 변화하고 있음에도 불구하고 고무장갑을 낀 여성의 모습이나, 할아버지의 뒤에서 커피를 따르는 할머니의 모습은 전형적인 성역할 고정관념을 공고히 하는 광고라고 할 수 있다.

[그림 6-2] 남양유업 커피브랜드 '루카스나인(Lookas9)' 광고

* 출처: http://www.ntoday.co.kr/news/articleView.html?idxno=55855

　아이스크림 브랜드 '배스킨라빈스'에서는 새로 출시되는 맛 '핑크스타' 광고에서 세계적인 아동모델 엘라 그로스를 성적대상화하는 콘셉트로 찍었다는 논란에 휩싸인 바 있다. 아동 모델임에도 진한

화장과 성인여성을 연상케 하는 의상, 무엇보다도 아이스크림을 먹는 입술을 클로즈업한 연출이 문제였다는 지적이다. 광고가 논란이 되자 배스킨라빈스 측은 해당 광고를 내리고 사과하면서 SNS계정을 통해 "해당 광고는 어린이 모델(엘라 그로스)의 부모님과 소속사를 통해 충분한 사전 논의를 거쳤으며, 어린이 모델 수준의 메이크업과 아동복 브랜드 의상을 준수한 광고였다."라고 해명하기도 했다.

[그림 6-3] 배스킨라빈스 '핑크스타' 광고

*출처: https://sports.khan.co.kr/news/sk_index.html?art_id=201907010000013

2023년 서울시가 제작한 '엄마·아빠 행복 포스터'도 성차별 논란을 불러일으켰다. 해당 포스터에는 특별한 글이나 설명 없이 서울시에서 내놓은 '엄마아빠 행복 프로젝트' 홍보 포스터 두 장의 사진이 게시되어 '엄마 좀 쉬세요'와 '아빠 힘내세요'라는 문구가 각각 적혀 있다. 무심하게 보면 엄마와 아빠를 응원하는 단순한 응원의 메시지를 담고 있지만, 이를 두고 일각에선 '여자는 좀 쉬고, 남자는 일 하라는 거냐?'라는 다른 시각의 해석이 나오면서 논란에 불이 붙었다. 성차별을 주장하는 일부 누리꾼들은 "공공기관부터 남자만 독박 노동을 권장한다." "아빠는 죽어라 일만 하라는 거냐?" "아빠도 쉬고 싶다." "반대였으면 어떤 말 나왔을지." 등의 비난이 쇄도했다. 서울시의 '엄마 · 아빠 행복 프로젝트'는 엄마 · 아빠(양육자)의 행복에 초점을 맞춘 사업으로, 아이를 낳기만 하면 사회가 키워 준다는 분위기를 확산시키기 위해 마련되었으며, 사업은 크게 안심돌봄과 편한외출, 건강힐링, 일 · 생활균형 등으로 구분해 엄마와 아빠를 지원한다.

[그림 6-4] 서울시 '엄마아빠 행복 프로젝트' 홍보 포스터

* 출처: https://news.imaeil.com/page/view/2023062313255633680

// 펨버타이징 개념과 효과

여권신장 광고(female empowerment advertising)란 TV, 인쇄, 온라인 및 소셜 미디어 등 다양한 커뮤니케이션 채널을 통해 여성의 권

익 향상을 위한 공익적인 목적을 가지고, 기존 사회가 가지고 있는 전통적인 편견에 맞서 '그들이 무엇이 될 수 있고, 무엇을 할 수 있으며, 무엇을 성취할 수 있는가'라는 주된 메시지를 전달하는 광고를 의미한다(Kabeer, 2005). 반면, '펨버타이징'이란 페미니즘(feminism)과 광고(advertising)가 합쳐진 말로, 기존의 성차별적 광고를 지양하고 여성의 이미지를 독립적이고 주체적으로 그려 내는 등 성평등의 가치를 추구하는 광고를 가리킨다. 펨버타이징과 유사한 개념으로 애드허타이징(ad-her-tising)도 있으며, 마찬가지로 여권신장 및 평들을 주제로 한 광고를 일컫는 개념으로 사용된다(Becker-Herby, 2016). 칸 라이언즈에서 양성평등 등 사회의 긍정적인 변화에 기여한 작품들에 시상하는 '글라스(Glass)' 부문을 신설했으며, 펨버타이징 캠페인들도 글라스 부문에서 수상작들을 내고 있다.

'펨버타이징'은 2014년에 처음으로 받아 들여진 개념으로, 2014년 10월 "애드버타이징 위크(Advertising Week) 패널에서 '펨버타이징'을 주제로 토론을 이끈 라이프스타일 웹사이트인 "SheKnows"가 처음으로 사용했다(Ciambrello, 2014). 이 패널에서 '펨버타이징'은 광고를 통해 전통적인 여성 편견에 맞선 현대적인 광고 캠페인들을 일컫는 개념으로 사용되었다(Åkestam, Rosengren, & Dahlen, 2017). 미국 디지털 미디어 대행사인 '쉬노즈 미디어(SheKnows Media)'는 '펨버타이징'을 '여성과 소녀들에게 여권신장을 할 수 있는 능력 있는 전문 여성, 메시지, 그리고 이미지를 사용한 광고'를 말한다고 정의했다(Drake, 2017). 우리나라에는 '위스퍼'로 판매되는 P&G의 여성용품 브랜드 'always'가 "여자처럼(#Like A Girl)" 캠페인을 실시한 것이 대표적인 사례라고 할 수 있다. 쉬노즈 미디어(SheKnows Media)

는 '펨버타이징 어워즈'를 만들어 매년 수상하고 있다.

쉬노즈 미디어(SheKnows Media) 보고서에 따르면, 94%의 응답자는 광고에서 여성을 섹스 심벌로 묘사하는 것에 상처를 입는다고 생각하며, 64%의 응답자는 지난해 광고에 젠더(gender), 인종 및 성적 성향들이 일반적으로 좀 더 포함되었다고 생각했다. 59%의 여성은 그들이 지지하는 브랜드들을 좋아하며, 소셜 미디어를 통해 그 브랜드들을 팔로우 하는 것으로 나타났다. 46%의 여성 응답자는 브랜드 광고에서 여성들을 그들이 싫어하는 방식으로 묘사하게 되면, 그 브랜드 구매를 중지했다고 밝혔다(Pérez & Gutierrez, 2017). 그렇다면 펨버타이징이 광고 및 브랜드 태도에 있어 여성 타깃들에게 어떠한 영향을 미칠까.

Åkestam, Rosengren과 Dahlen(2017)의 연구결과에 따르면, 펨버타이징 광고는 기존 전형적인 여성으로 나오는 광고에 비해 여성 타깃들에게 있어 더 높은 광고 태도 및 브랜드 태도를 일으키는 것으로 나타났다. 인쇄 매체 및 디지털 매체 구분 없이, 그리고 제품 구분에 상관없이 같은 결과가 나온 것은 마케터들에게 큰 시사점을 준다. 또 다른 연구도 펨버타이징 광고는 광고 태도, 브랜드 태도, 구매의도 및 브랜드와의 감정적인 연결 고리에 긍정적인 효과가 있다는 결과를 보고했다. 여성을 타깃으로 하는 브랜드들은 펨버타이징 전략을 지렛대 삼아 타깃들에게 브랜드 충성도 제고 및 궁극적으로 브랜드 자산 구축을 꾀할 수 있다.

미국 디지털 미디어 회사인 쉬노즈 미디어(SheKnows Media)의 설문결과에 따르면, 71% 응답자는 기업들이 여성 및 소녀들을 위한 긍정적인 메시지를 전달하기 위한 광고들에 책임을 져야 한다고 했으며, 45% 응답자는 여성 우호적인 인쇄광고 및 TV광고를 공유한 적이 있다고 대답했으며, 52% 응답자는 기업과 광고가 여성을 광고에서 표현하는 방식이 좋아서 광고하는 브랜드를 구입한 적이 있다고 밝혔다(SheKnows Living Editors, 2014). 이러한 설문조사 결과뿐만 아니라 학계에서 이루어진 연구 결과들도 펨버타이징의 효과를 재확인해 주고 있다. 펨버타이징은 기존 전통광고와 비교해서 더 우호적인 광고태도 및 브랜드 태도를 형성하는 것으로 알려졌다(Åkestam et al., 2017). 그 외에도 Drake(2017) 역시 펨버타이징이 광고태도, 브랜드 태도, 소비자들의 구매의도 및 브랜드와의 정서적 유대관계에 긍정적인 영향을 미친다는 것을 밝혔다. 하지만 최근 Kapoor와 Munjal(2019)의 연구결과에 따르면, 펨버타이징은 긍정적인 광고태도 및 브랜드태도 형성에는 도움이 되지만, 직접적인 소비자들의 구매의도에까지는 영향을 주지 않는다는 결과를 발표했다.

펨버타이징의 효과를 폭넓게 보면, 소비자 행동주의(consumer activism)적 차원에서 해석될 수 있다. 소비자들은 그들의 가치를 공유하고 있는 기업들을 지지하고, 그 기업들이 생산하는 브랜드를 소비하는 경향을 가지고 있다. PRNewswire(2019)가 420명의 미국 소비자의 설문결과를 바탕으로 분석한 자료에 따르면, 75%의 응답자는 그들이 동의하는 이슈를 지지하는 회사의 브랜드를 구매할 것이라고 했으며, 71%의 응답자들은 기업들의 사회적 목소리를 내는 것은 중요하다고 밝혔다. 특히 70%의 X세대와 54%의 밀레니얼 세대들은 그들이 동의하지 않는 이슈를 지지하는 기업들이 생산하는 브랜드는 구입하지 않을 것이라고 밝혔다.

// 국내 및 해외 펨버타이징 캠페인 사례

국내 광고산업에서도 젠더 감수성에 대한 관심과 더불어 펨버타이징에 대한 관심이 높아지고 있다. 위스퍼 코리아가 2016년 리우올림픽에서 금메달을 딴 김소희 태권도 국가대표를 인터뷰하는 영상을 광고에 활용했던 것이 대표적인 사례다(김민지, 2019). 광고에는 힘든 운동을 즐겁게 소화해 내는 김소희 선수에게 "어떻게 그렇게 운동을 하니. 나는 못할 것 같아."라고 말한다. 김소희 선수는 "난 그냥 즐기는 거야. 너도 할 수 있어. 너도 한번 해 봐. 가능해."라고 당당하게 말한다. 이러한 광고 속 카피를 통해 여성도 남성과 다르지 않으며, 도전의식을 고취시키고 있다. 2019년 1월, 나이키 코리아가 집행한 "너라는 위대함을 믿어" 캠페인은 방송인 박나래, 가수 청하, 골프선수 박성현 등 치열하게 움직이는 여성의 모습을 보여 주면서, 가수 보아의 내레이션으로 "너 스스로를 믿을 때 네가 어디까지 갈지는 아무도 상상할 수 없거든. 넌 너만이 만들 수 있는 최고의 작품이야."라는 메시지를 전달했다(현소은, 2019). 나이키의 "너라는 위대함을 믿어" 캠페인은 유튜브에서 천만 이상의 조회수를 기록하는 성과를 달성하기도 했다. 위스퍼 코리아와 나이키 코리아가 집행한 국내 펨버타이징 광고 캠페인은 페미니즘과 젠더 감수성이 높아진 국내의 사회적 분위기를 반영하는 것이라 생각된다.

[그림 6-5] 나이키 '너라는 위대함을 믿어' 캠페인

*출처: https://www.insight.co.kr/news/208225

해외에서는 더욱 다양한 메시지를 담은 펨퍼타이징 캠페인들이 집행되었다. '여자아이처럼(Like a girl)' 캠페인은 P&G 기업 제품 브랜드인 Always에서 시작한 캠페인으로 여자들, 특히 소녀들과 관련하여 '여자다움'이라는 의미에 대해 다시 생각해 보게 만드는 캠페인으로써 성 고정관념이 깊숙이 자리 잡은 시대에 사회적 인식의 변화를 촉구하는 캠페인이다. Always 연구에 따르면 72%의 소녀가 사회가 자신이 하고 싶은 또는 되고 싶은 일들을 제한한다고 생각했고, 사춘기에는 소녀의 자신감이 떨어진다(Coscia, 2015). "여자처럼"이라는 단어에 담겨 있는 부정적인 이미지나 고착화된 이미지를 오히려 긍정적이고 받아들이기 좋게 만드는 것에서부터 시작하여, 여자들에게 제한이 있는 사회의 시선을 극복하는 노력이 필요하다는 것을 연구결과를 통해 밝혀냈다. P&G는 '여자아이처럼' 캠페인 이후, 사춘기 소녀의 실패에 대해 오히려 발판 삼고 더 잘 해낼 수 있다는 영상을 통해 타깃 소비자와 브랜드 간의 공감대 형성을 제고하기 위

해 '멈추지 말고 계속해(Keep Going)' 캠페인과 교육에서의 성평등 메시지를 담은 '우리는 평등을 봅니다(#We see equal)'라는 소셜 캠페인을 집행했다.

[그림 6-6] P&G '여자아이처럼' 캠페인

* 출처: https://beloved-brands.com/always-like-a-girl/

유니레버(Unilever) 도브(Dove)는 2004년 2월부터 한 달간 10개국의 18세에서 64세까지의 3,200명 여성을 대상으로 설문조사를 실시하였다. 그 결과 여성 10명 중 1명 꼴로 기존 광고에서 제시하는 미의 기준이 비현실적이라고 대답했다. 또 화장품 광고에 그들 자신과 몸매가 비슷한 여성이 등장하는 경우 기분이 좋아진다고 대답했다. 그리고 8~13세 소녀들 가운데 97%가 늙은 여자는 아름다울 수 없다고 답했고, 73%의 미인은 날씬해야 한다는 견해를 보였다(Bahadur, 2014). 조사 결과, 여성들이 미에 대해 어떻게 인식하고 있는지, 그들의 모습을 어떻게 정의하는지에 대한 놀라운 결과를 보여주었다. 40% 이상의 여성들은 자신들을 아름답다고 묘사하는 데 심

하게 불편하다고 느꼈으며, 68%의 여성들은 미디어와 광고가 대다
수 여성이 이룰 수 없는 비현실적인 미의 기준을 제시한다고 의견을
밝혔다. 57%의 여성은 오늘날 여성미가 너무나도 편협적으로 정의
되고 있다고 응답했다.

'진정한 아름다움' 캠페인 실행은 통합적 구전 마케팅 전략
(Integrated Word-of-Mouth Marketing Strategy: IWOM)으로 실행되었
다. 도브는 전 실행과정에 있어 완벽한 스토리를 구성했다. 그 과정
에서 선발된 5명의 진짜 여성 모델들은 검은 머리에 빈약한 가슴의
에서(35), 뚱뚱한 몸매의 타바샤(34), 주근깨투성이 레아(22), 회색머
리의 메를린(45) 그리고 95세의 이레나 할머니에 이르기까지 이들은
사회 통념 속에서 완벽하지 못한 외모의 소유자였다. 미인의 기준과
는 거리가 멀었지만 우리 주변 어디에나 있는 '진짜 여자' 모델들이

[그림 6-7] 도브 '진정한 아름다움' 캠페인

* 출처: https://leeannbaugh.com/principles-of-persuasion-a-look-at-doves-real-beauty-campaign/

었다. 리얼 뷰티(Real Beauty) 웹사이트를 통해 여성들이 투표에 참여하고 게시판에 자신의 의견을 게시하는 등 지속적으로 관여하도록 했으며, 다른 여성들과 미에 대한 의견을 나눌 기회를 제공했다. 또한 도브 진화(Dove Evolution)를 제작해 여성에 대한 현대 사회의 이미지 조작 실태를 고발하기도 했다.

'보시(Bossy)'라는 단어는 사회적으로 부정적인 의미를 담고 있으며, 많은 여자아이에게 사회적 제동을 걸고 있는 단어다. 걸스카우트의 설문조사에 따르면 8~17세 사이 여학생들이 친구들에게 '보시하다'는, 흔히 나댄다고 손가락질을 받을 것을 염려해 리더 역할을 기피한다는 결과가 나왔다(Sterbenz, 2014). '보시'라는 단어는 100년도 넘게 여성에게 부정적인 의미로 사용되어 왔으며, 사회적인 의미는 물론 심지어 사전에서도 'Bossy하고 쓸데없이 간섭하는 여자'라는 예문을 싣고 있다. 미 의회에 여성 비중이 19%에 불과하고 포춘 500대 기업 최고경영자(CEO) 가운데 5%만이 여성인 것은 이에 따른 결과이며, 많은 여성이 어린 시절 '보시'라는 표현을 통해 폄하당한 경험이 있다는 사실을 바탕으로 '밴 보시' 캠페인은 제작되었다.

이 캠페인은 여성에게 '보시(우두머리 행세를 하는, 쥐고 흔드는)'라는 단어를 쓰는 것이 여성의 리더십을 저해하고 젊은 여성의 용기를 꺾으므로 쓰지 말자는 캠페인으로, '보시'에 관한 부정적인 의미가 남녀 성에 대한 고정관념에 깊이 뿌리를 두고 있음을 사회적 이슈로 환기시켰다. 남자아이들은 의례 공격적이고 자신감이 넘치며 자기 의견을 드러내는 반면, 여자아이들은 친절하고 남을 보살피고 애정이 많아야 한다는 식이다. 이러한 '보시' 사용을 막기 위해 비욘세, 다이앤 본 퍼스텐버그, 제니퍼 가너, 제인 린치, 콘돌리자 라이스 등이 캠페인 모델로 참여했다. 특히 영상 마지막에 비욘세가 말한 'I'm not bossy. I'm the boss.'는 많은 화제를 낳았다. SNS에서 해시태그 '#banbossy'를 이용해 참여를 높였다.

이 캠페인이 말하고자 하는 것은 단순히 단어를 사용하지 말자는 것이 아니라 여성들에 대한 잘못된 편견에서 벗어나자는 점을 고지시켰다는 것이 캠페인의 큰 메시지라고 볼 수 있다. '밴 보시" 캠페인에 일부 반대 의견이 등장하고 있다. 특히 여성학자들이 대표적으로 반대하고 있는데 이들은 단어 자체를 금지하기보다는 단어 의미를 긍정적으로 바꾸는 게 낫다고 지적한다. 캠페인 자체가 틀린 것은 아니지만 문제는 단어 그 자체가 아니라 언제 어떻게 쓰이느냐라는 것이다. 한마디로, 우리가 살고 있는 이 사회는 아직도 여성을 폄하하는 문화가 언어적 표현으로 남아 있다. P&G의 '여자아이처럼' 이라는 캠페인도 그 단어의 함축적의 의미는 긍정적이기보다는 부정적인 의미가 더 짙다(Petri, 2014).

[그림 6-8] 걸 스카우트 '밴 보시' 캠페인

* 출처: https://calicowrites.com/2014/03/10/ban-bossy/

'내일을 위한 새로운 상상' 캠페인은 이공계 분야의 여성 인재 육성과 역량 강화를 위한 캠페인으로, 지난 2015년부터 진행되었다. 전 세계 여성들이 이공계 분야에서 성별과 상관없이 평등하게 능력을 펼칠 수 있도록 동등한 교육 기회를 제공하기 위해 마련된 캠페인의 궁극적인 취지는 지금까지 사회에 고착화되었던 여성들의 직업적 한계를 깨고 다양한 분야, 다양한 직업, 다양한 역할로 무엇이든 할 수 있는 잠재력과 가능성을 가지고 있다는 것을 일깨워 주는 캠페인으로 평가받는다. 본 캠페인 안에서 여자아이들은 '기후 변화에 대해 연구하고 싶다.' '암을 고치는 사람이 되고 싶다.' 등의 꿈을 이야기하고, 마이크로소프트는 그 꿈을 이루기 위해서는 STEM(Science, Technology, Engineering, Math)을 공부하라는 메시지를 전달한다. 왜냐하면 소녀들의 멋진 꿈에도 불구하고 미국에서는 겨우 6.7%의 여학생만이 대학에서 STEM을 전공하기 때문이다

[그림 6-9] 마이크로소프트의 '#MakeWhatsNext' 내일을 위한 새로운 상상 캠페인
* 출처: https://news.microsoft.com/apac/2018/03/07/microsoft-celebrates-international-womens-day-encouraging-young-women-asia-makewhatsnext/

(Stein, 2017). 막연한 꿈꾸기가 아니라 꿈을 이루기 위해서 배워야 할 것들에 대해 이야기하여 여학생들로 하여금 딱딱하고 따분해 보이는 STEM 과목들을 공부하게 하는 동기를 불러일으킬 수 있다.

로레알의 내부 리서치 조사에 따르면, 독일에서 임원 및 이사회에 속한 남성이 차지하는 비율은 91.4%에 달한다. 여성 임원이 30%에 달하는 기업의 경우, 수익률이 15% 증가하였으며, 여성 임원이 남성 임원들보다 평가에 있어 24% 이상 성과가 뛰어나고, 많은 여성 리더를 고용한 기업들을 20% 이상의 특허권을 출원했다. 한마디로, "더 많은 여성을 고용하라(Hire more women)."라는 메시지를 자사의 브랜드들을 사용해 인포그래픽 형식으로 유머스럽게 소셜미디어를 통해 전달했다(Coffee, 2019).

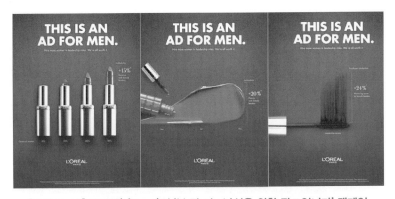

[그림 6-10] 로레알(L'Oreal)의 '본 광고는 남성을 위한 광고입니다' 캠페인

* 출처: https://www.thedrum.com/news/2019/04/08/l-oreal-paris-turns-the-tables-men-with-female-empowerment-campaign

'저를 봐 주세요(Look at me)' 캠페인은 세계 여성의 날(3월 8일)에 맞춰 영국의 옥외 매체사 Ocean, 광고 대행사 WCRS, 방송국 채널 4

그리고 여성인권보호단체인 Women's Aid가 협력해 런던의 카나리 워프(Canary Wharf), 버밍햄 뉴스트리트과 일스트리트, 웨스트필드 런던에서 실시된 인터랙티브 캠페인이다. 잉글랜드와 웨일즈 지역 에서는 매주 두 명의 여성이 가정폭력으로 사망하고 있다. 세계 여 성의 날을 맞아 그들에게 관심과 원조가 필요하다는 것을 소비자들 에게 알리고 싶었던 여성인권 보호단체인 Women's Aid는 인터랙티 브 옥외광고 캠페인을 기획했다(Thu, 2015). '옥외광고에 관심이 없 는 소비자들의 마음을 어떻게 사로잡을까?', 이러한 고민에서 시작 된 '저를 봐 주세요' 캠페인의 내용은 이렇다. 영국의 대형 광장에 위 치한 전광판에 얼굴에 피멍이 든 여성이 있다. 바쁜 출근시간이라 많은 사람이 무심코 지나가기 십상이다.

지나가던 사람들 중 한 명이라도 관심을 갖고 전광판을 바라보면 변화가 시작된다. 상처로 가득한 여성의 얼굴이 치유되기 시작하면 서, 관심을 갖는 사람들이 많아질수록 여성의 얼굴은 더욱 빨리 회 복된다. 관심을 기울이는 것만으로도 가정폭력을 예방할 수 있다는 메시지를 직관적으로 보여 주는 흥미로운 사례라고 할 수 있다. 사 람들의 관심의 정도에 따라 변화하는 옥외광고가 가능하게 된 것은 바로 안면인식 기술 때문이다. 전광판 상단을 자세히 보면 카메라가 설치되어 있다. 안면인식 기술을 이용해 전광판을 바라보는 사람들 의 숫자를 세고, 숫자의 크기에 따라 화면이 변화하는 속도 값을 조 절하여 더 많은 사람이 전광판을 바라볼수록 여성의 얼굴이 더 빠르 게 치유되는 모습을 송출하는 게 가능한 것이다(Simpson, 2016).

[그림 6-11] Women's Aid의 '저를 봐 주세요(Look at me)' 캠페인

* 출처: https://www.adsoftheworld.com/campaigns/look-at-me

// 마치는 글

국내 정치에서는 '성별 갈라치기'가 선거 전략으로 활용되면서 우리 사회 젠더 갈등을 부추겼다는 비판이 나온다. 하지만 광고산업에서는 '젠더 감수성'이라는 키워드는 중요한 화두로서 인식되고 있다. 성차별 광고는 다양한 사회적인 문제점을 일으킬 수 있다. 우선, 성차별 광고는 남성과 여성 사이에 불공평한 대우를 유발할 수 있으며, 이러한 광고는 성별에 대한 편견을 강화시키며, 일반적으로 남성을 강조하거나 여성을 성적 대상화하는 경향이 있다. 이는 사회적으로 성별에 기반한 역할과 기대에 부합하지 않는 것으로 여겨질 수 있다. 성차별 광고는 남성과 여성에 대한 고정된 편견을 강화시

키고, 이로 인해 성별에 따른 역할, 능력, 특성 등에 대한 편견이 굳어지고, 다양성과 개인의 독특한 특징을 무시하는 경향을 만들 수 있다. 성차별 광고는 특정 성별을 향한 비난, 비웃음 또는 대소변명으로 인해 사람들의 자기 존중감을 훼손할 수 있고, 특히 청소년과 어린이에게 이러한 광고가 미치는 영향은 클 수 있다. 또한 성차별 광고는 사회적 영향력을 통해 특정 성별의 권리와 기회를 제한할 수 있다. 성차별 광고는 현대 사회에서는 더 이상 효과적인 마케팅 전략으로 인정받지 않는다. 현대 소비자들은 성 평등과 다양성을 중요시하며, 성차별 광고를 보는 사람들은 해당 브랜드에 대한 부정적인 이미지를 형성할 수 있다. 성차별 광고는 사회적·문화적·경제적으로 성별에 따른 균등한 대우를 추구하는 현대 사회에서는 심각한 문제로 인식되고 있으며, 많은 광고주와 광고기획자들은 성차별 광고를 회피하고 다양성과 포용성을 반영한 광고 전략을 추구하고 있다.

광고에서 젠더 감수성이 중요해지는 이유는 무엇일까? 성별은 인간 사회에서 중요한 차원 중 하나이며, 광고는 사회의 다양성을 반영해야 한다. 젠더 감수성이 있는 광고는 다양한 성별의 소비자들을 포용하고 그들의 다양한 니즈와 가치에 부합하는 제품이나 서비스를 제공할 수 있다. 제품이나 서비스의 마케팅은 일반적으로 특정한 타깃 대상을 가지고 이루어지고 있으며, 젠더 감수성이 있는 광고는 해당 제품이나 서비스를 받아들일 가능성이 높은 성별 그룹을 고려하여 마케팅 전략을 세울 수 있다. 이는 마케팅 예산을 효과적으로 활용하고 타깃 대상과의 관계를 강화할 수 있는 장점을 제공한다고 볼 수 있다. 젠더 감수성이 있는 광고는 소비자들과의 공감과 신뢰를 구축하는 데 도움을 줄 수 있다. 광고가 성별에 대한 편견을 피하고, 소비자들의 실제 경험과 가치를 존중한다면, 소비자들은 더 긍정적인 반응을 보일 가능성이 높으며, 이는 브랜드와의 긍정적인 관계를 형성하고, 장기적인 고객 충성도를 도모하는 데 이바지할 수 있다. 마지막으로, 광고는 사회적 영향력을 가지고 있으며, 그 영향력을 책임 있게 활용해야 한다.

젠더 감수성이 있는 광고는 성차별과 성평등에 대한 사회적 책임을 인식하고, 성별에 따른 공정한 대우와 다양성을 존중하는 메시지를 전달할 수 있다. 이는 브랜드의 이미지와 명성을 향상시키고, 사회적으로 지지받을 수 있는 요소가 될 수 있다. 광고는 '다 함께 사는 건강한 사회'를 만드는 커뮤니케이션 콘텐츠로서 제 역할을 해야 한다. 남녀의 갈등을 조장하거나, 고정된 성 역할을 강화하는 메시지가 아닌, '성평등' 또는 '젠더 감수성'이라는 시대적 요구에 맞게 다양성을 존중하는 메시지를 통해 광고가 가진 사회적 책임을 다해야 한다. 광고가 이러한 사회적 책임을 지는 모습을 보여 줄 때 광고가 가진 사회적 위상도 올라감은 물론 광고에 대한 국민의 부정적인 인식을 개선시킬 수 있을 것이다.

07

광고에서의 혐오 표현과 광고윤리

엄남현(홍익대학교 광고홍보학부 교수)

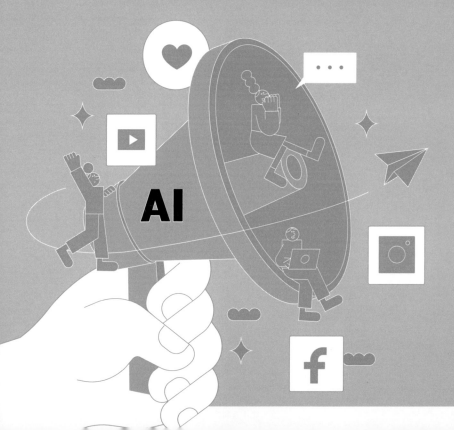

혐오 표현은 사회적으로 심각한 문제를 일으킬 수 있다. 예를 들어, 혐오 표현은 특정 인종, 종교, 성별, 성적 지향, 장애 등 특정 집단을 비하하거나 공격하는 경향이 있다. 이로 인해 해당 집단은 차별과 배타에 직면할 수 있다. 혐오 표현은 건설적인 대화와 이해관계를 파괴할 수 있으며, 서로 다른 의견이나 경험을 공유하고 이해하기 위해서는 상호 존중과 상호 이해가 필요하다. 하지만 혐오 표현은 대화를 공격적이고 적대적인 방향으로 이끌 수 있으며, 이는 대화의 진행을 방해하고 갈등을 조장할 수 있다. 혐오 표현은 희생자에게 정신적인 고통을 줄 수 있다. 광고에서 혐오 표현이 사용되는 사례는 다양하게 나타난다. 일반적으로, 광고에서 혐오 표현은 인종 차별, 성별 차별, 성적 지향 차별 그리고 인종 및 문화적 소수자 차별 등을 다룬다. 혐오 표현 광고는 소비자 반발과 소비 감소를 일으킬 수 있으며, 혐오 표현이 포함된 광고는 소비자들 사이에서 반발을 일으킬 수 있다. 혐오적인 내용이 포함된 광고를 보는 소비자들은 해당 상품이나 브랜드를 지지하지 않고, 구매를 자제하는 경향이 있을 수 있고, 결국 광고주에게 소비자들의 반응으로 인한 손실을 초래할 수 있다. 혐오 표현의 근본적인 해결을 위해서는 무엇보다 문화적 변화와 포용적인 환경 조성이 필요하다. 다양성과 포용성을 존중하는 사회적인 가치를 강조하고, 차별과 혐오를 근절하기 위한 사회적인 운동과 정책을 지속적으로 지원해야 할 것이다.

// 사회적 현상으로서의 '혐오'

'혐오(嫌惡)'의 일상적인 의미는 싫어하고 미워하는 것을 의미하지만, 대체로 거부감이 들거나 가까이 하고 싶지 않다는 생각이 드는 어떠한 것을 말한다. 하지만 오늘날의 사회현상으로서의 '혐오'의 내용들은 개인적인 감성을 넘어서는 사회구조적인 문제로 인식된다. 오늘날의 혐오는 개인의 특수하고 개별적인 감정이 아닌 사회 전반에 퍼져 있는 집단적이고 역사적이고 사회구조적인 문제를 의미한다(홍성수, 2019). 혐오는 쉽게 확산될 수 있고, 많은 사람의 마음속에 자리 잡을 수 있어 집단적인 특성을 지닌다. 또한 세대를 거쳐 전승되기 때문에 역사적인 특성을 지니며, 사회에서 학습되고 이데올로기화된 태도나 인식으로 자리 잡는다는 점에서 사회구조적 특성을 가지고 있다. 혐오는 단순히 어떤 특정 개인을 싫어하는 것이 아니라 어떤 특정한 소수자 집단에 대한 배타적이고 부정적인 태도를 의미한다.

소수민족에 대한 혐오가 학살로 이어진 사례도 있다. 한 예로, 미얀마에서 발생한 로힝야족 학살사건이다. 미얀마는 대표적인 소승불교 국가로 미얀마 국민의 90%가 불교를 믿기 때문에 1948년 영국으로부터 독립한 미얀마 정부는 이슬람교를 믿는 로힝야족을 탄압하기 시작했다. 미얀마 인권단체 '포티파이 라이츠'가 독일 검찰에 2017년 8월 발생한 로힝야족 학살 사건 등의 책임을 물어 미얀마 군부를 고발했다. 5년여 전 미얀마에선 이슬람계 소수민족인 로힝야족을 대상으로 한 끔찍한 대량 학살이 벌어졌다. 공포에 빠진 수십만 명의 로힝야족은 눈앞의 위험을 피해 방글라데시 등 인근 국가로 몸을 피했으며, 이들 중 대다수는 여전히 열악한 난민캠프 등에 머물며 힘겨운 삶을 이어 가고 있다. 이 학살을 주도했던 미얀마 군부는 3년여 뒤인 2021년 2월 1일에는 군사 쿠데타를 일으켜 아웅산 수치 국가고문이 이끄는 합법 정부를 무너뜨렸다(조혜영, 2023).

[그림 7-1] 미얀마 라카인주의 로힝야족 난민들
* 출처: http://newsteacher.chosun.com/site/data/html_dir/2017/09/13/2017091300297.html

혐오가 확산되는 이유는 무엇일까? 아마도 혐오가 확산되는 가장 중요한 이유는 경제적인 원인이라고 볼 수 있다. 현대사회에서는 불평등 구조가 악화되고 고용이 불안정해지면서 개인의 위치가 점점 불안해지고 있으며, 이러한 개인들은 시기심이나 열등감, 불만, 우울, 공포 등의 상태에 쉽게 빠지게 된다. 이러한 상태에 빠진 군중은 사회나 권력자들에게 저항하는 것이 아닌 손쉬운 상대를 골라 책임을 전가하고 희생양을 삼고는 한다. 이러한 형태로 소수자 혐오감이

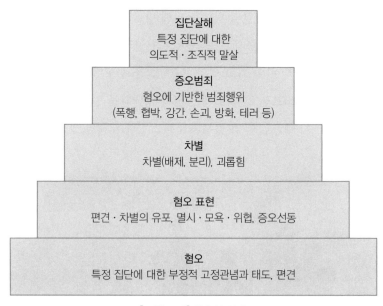

[그림 7-2] 혐오의 단계

* 출처: https://www.adl.org/assets/pdf/education-outreach/Pyramid-of-Hate.pdf

확산된다. 정치적으로 이러한 상황을 이용해 대중을 선동하고, 현혹하여 혐오의 문제를 더욱 극단화시키기도 한다. 편견과 혐오가 혐오 표현으로 표출 되면 이것이 차별행위로 이어지고, 결국 증오범죄 등의 폭력이나 집단살해로 발전하기도 한다. [그림 7-2]에서 보듯이 편견과 혐오는 혐오 표현으로 이어지고, 결국 특정 집단에 대한 의도적이고 조직적인 집단살해로 이어질 수 있다.

미국에서 아시아계에 대한 인종 차별 및 혐오범죄를 연구하는 비영리단체 '아시아·태평양계(AAPI) 증오를 멈춰라'에서 발표한 보고서에 따르면, 코로나19 확산 미국에서 아시아계 주민을 겨냥한 증오 관련 사건은 4천여 건에 달한다. 이 가운데 68.1%는 언어폭력이고, 20.5%가 따돌림, 11.1%가 물리적 폭력이었다. 접수된 사건의 45%

인 1,691건이 아시아계 인구가 많은 캘리포니아에서 발생했고, 뉴욕에서도 14%인 517건이 보고됐다. 사건이 발생한 장소는 '사업장'이 35.4%로 가장 많았고, 길거리(25.3%), 온라인(10.8%), 공원(9.8%), 대중교통(9.2%) 순이었다. 보고서는 센터에 접수된 혐오사건의 수는 실제로 발생한 사건의 일부라며 이것만으로도 아시아계 주민이 얼마나 차별에 취약한지를 보여 준다고 지적했다.

보고서는 코로나19 사태 속에서 아시아계 주민에 대한 폭력 등 혐오범죄가 급증했다는 분석이다. 퓨리서치센터가 미국인 9,654명을 조사한 결과에 따르면 아시아계의 31%가 인종 차별 발언과 농담의 대상이 되었다. 아시아계의 26%는 누군가의 물리적 위협과 공격이 두렵다고 응답했다(국승민, 2021). 이는 미국 내 모든 인종 가운데 가장 높은 수치다. 특히 백인에 비해 3~4배 높은 수준이다. 아시아계

[그림 7-3] 백악관 인근 맥퍼슨 광장에 모인 어린이들이 혐오범죄를 규탄

* 출처: https://www.sisain.co.kr/news/articleView.html?idxno=44261

만의 '피해의식'이나 '오해'가 아니다. 미국인 전체의 39%가 "코로나 19 유행 이후, 사람들이 아시아계에 대해 더 많은 인종 차별 견해를 표명한다."라고 답했다(정의길, 2021). 코로나19를 '중국 바이러스'로 부르며 중국을 발원지로 공격한 트럼프 전 대통령 등 정치인들의 선동적 발언들이 이러한 혐오범죄를 부추겼다는 비난은 피할 수 없다.

국내에서도 중국인과 중국 동포에 대한 혐오 표현이 증가 추세에 있다. 서울대 아시아연구소가 발표한 「아시아 브리프」에는 '2021 한국인의 아시아 인식 설문조사 결과 분석 보고서'가 실렸다. 이 연구소는 2021년 여론조사기관 '한국리서치'와 함께 국내 성인남녀 1,031명을 대상으로 주요국 20개국에 대한 호감도 조사를 진행했다. 조사 결과 한국인이 가장 신뢰하는 국가로 꼽은 나라는 미국(전체 응답자의 71.6%)이었으며, 반면 일본(13.3%), 중국(6.8%)은 각각 19위와 20위를 차지해 한국인들이 가장 불신하는 국가로 선정됐다. 특히 중국은 과거사 문제로 지난 2018년 무역 분쟁까지 빚었던 일본까지 제치고 '한국인의 신뢰도가 가장 낮은 나라'로 꼽혔다(임주형, 2022).

특히 동북공정, 사드 배치에 대응하는 '한한령' 등으로 중국과의 갈등이 꾸준히 이어지면서 국민의 반감도 커진 것이며 중국에 대한 신뢰도, 협력 관계 등 모든 지표가 부정적으로 나타난 것으로 분석된다. 상황이 이렇다 보니 온라인 커뮤니티, 유튜브, 사회관계망서비스(SNS) 등에서는 중국인에 대한 '혐오 발언'도 쉽게 볼 수 있다. "착짱죽짱"이라는 신조어가 국내 누리꾼들 사이에서 유행하기도 했다. "착한 중국인은 죽은 중국인이다."라는 문구를 네 글자로 줄인 말이며, 2020년에는 한 프로게이머가 개인 인터넷 방송 중 "착짱죽짱"이라는 말을 입에 담았다가 중징계를 받기까지 했다. 최영애 인권위 위원장은 2021년에 발표한 성명에서 "중국인과 중국 동포에 대한 혐오 표현을 자제하는 것은 우리 사회가 침묵을 넘어 혐오 문제에 대응할 준비가 되어 있다는 것"이라며 "특정 집단에 대한 차별과 배제가 아니라, 인류애와 연대로 이 시기를 함께 헤쳐 나갈 수 있어야 한다."라고 강조했다.

// 혐오 표현과 사회

혐오 표현은 특정 개인이나 그룹에 대한 증오, 비난, 혐오 등을 표현하는 언어적 표현이나 행동을 의미한다. 이러한 표현은 흔히 인종, 성별, 성적 지향, 종교, 장애 등과 관련하여 사용되며, 혐오 표현은 해당 개인이나 그룹에 대한 차별, 괴롭힘, 격앙, 무시 등을 유발할 수 있으며, 사회적인 문제를 일으킬 수 있다. 혐오 표현은 사회와 깊은 관계를 맺고 있다고 볼 수 있다. 사회는 개인과 집단이 상호작용하고 소통하는 공간이며, 이러한 소통에서 혐오 표현이 사용되면 사회의 일부를 대표하는 특정 집단이나 개인이 상처를 받고 차별받는 결과를 낳을 수 있다. 이러한 혐오 표현은 사회의 일부를 구성하는 다양한 그룹 간의 관계에 영향을 미치며, 사회적인 갈등과 분열을 일으킬 수 있다.

또한 혐오 표현은 사회적인 권력 구조와도 연관이 있다. 특정 집단이나 개인이 혐오 표현을 사용하여 다른 집단이나 개인을 비하하거나 차별하는 경우, 이는 사회적인 권력 불균형을 강화할 수 있다. 예를 들어, 특정 인종이나 성 소수자에 대한 혐오 표현은 이들이 사회적으로 경험하는 차별과 격차를 더욱 심화시킬 수 있다. 사회는 다양성과 포용성을 존중하고 증진하는 것이 중요하며, 혐오 표현은 이러한 다양성과 포용성을 위협하며, 상호 존중과 상호 이해를 훼손 시킬 수 있다. 따라서 사회적으로 혐오 표현을 근절하고, 다양성과 포용성을 증진하는 노력이 필요하다. 이를 위해 교육, 인식 제고, 법 적 대응 등 다양한 방법과 정책이 활용되고 있다.

광고는 사회를 반영하는 거울이라 할 수 있다. 광고에 혐오 표현 이 포함되는 경우, 다양한 사회적 문제점을 발생시킬 수 있다. 우선, 혐오 표현 광고는 차별과 혐오를 조장할 수 있다. 광고는 대중에게 메시지를 전달하고 영향력을 행사하는 매우 강력한 매체이기 때문 에 혐오 표현이 광고에 사용되면 특정 개인이나 그룹을 비하하거나 차별하는 메시지를 전달하는 결과를 초래할 수 있다. 이는 사회적인 갈등을 부추기고, 혐오 문화를 조장할 수 있다. 혐오 표현 광고는 상 품 또는 브랜드 이미지에 손상을 줄 수 있다. 혐오 표현이 광고에 포 함되면 해당 광고를 통해 홍보되는 상품이나 브랜드의 이미지에 해 를 끼칠 수 있다. 혐오 표현은 소비자들에게 부정적인 인상을 심어 주며, 상품이나 브랜드와의 연관성을 부정적으로 연결시킬 수 있다.

혐오 표현 광고는 소비자 반발과 소비 감소를 일으킬 수 있다. 즉, 혐오 표현이 포함된 광고는 소비자들 사이에서 반발을 일으킬 수 있 다. 혐오적인 내용이 포함된 광고를 보는 소비자들은 해당 상품이 나 브랜드를 지지하지 않고, 구매를 자제하는 경향이 있을 수 있다. 이는 광고주에게 소비자들의 반응으로 인한 손실을 초래할 수 있다. 마지막으로, 이러한 혐오 표현 광고는 법적 문제도 발생시킬 수 있 다. 일부 국가에서는 혐오 표현이나 차별적인 광고가 법적으로 금지되는 경우가 있다. 광고에 혐오 표현이 포함되면 광고주는 법적 문제에 직면할 수 있으며, 법적 제재를 받을 수 있다.

예를 들어, 독일의 집수리 용품 전문 체인인 '호른바흐'는 2019년 유튜브에 광고를 올렸다가 '아시아 여성 비하' 논란에 휩싸이는 일이 발생했다. 아시아계 여성이 백인 남성이 입었던 옷 냄새를 맡고 흥분하는 모습을 담은 장면이 문제였다. 독일 DIY 용품 체인인 호른바흐(Hornbach)가 제작해 선보인 이 광고는 한 백인 남성이 정원에서 일하다가 흙과 땀에 젖은 옷을 속옷까지 벗어 상자에 넣는 장면으로 시작한다. 속옷은 진공으로 포장되어 일본 도쿄를 닮은 한 산업 도시의 자판기에서 판매된다. 정장을 입은 한 아시아 여성이 자판기에서 나온 옷을 꺼내 들고 봉투를 열어 그 입구에 코를 대고 숨을 깊이 들어 마신다. 황홀해하는 여성의 모습 위로 '이것이 봄의 냄새'라는 독일어 자막이 나오면서 광고는 끝이 난다.

광고를 본 네티즌들은 호른바흐 광고가 아시아 여성들에 대한 고정관념을 조장하고 있다고 비판했다. 전 세계 소셜미디어 이용자를 대상으로 한 사이버 항의로 번지자 해당 기업은 입장을 밝혔으며, 트위터에 '광고에 화가 나고 아픔을 느낀 사람들이 있다는 것을 심각하게 받아들인다.'라고 올렸다. 이렇듯 광고에 나타난 인종 차별적인 표현은 국제적인 문제로까지 확대될 수 있다. 혐오 표현이 광고에 나타나는 것은 다양한 문제점을 야기할 수 있으며, 다양성과 포용성을 존중하는 광고 캠페인을 통해 소비자들의 긍정적인 반응과 상호작용을 유도하는 것이 바람직하다고 볼 수 있다.

[그림 7-4] 아시아 여성이 백인 남성의 속옷 냄새를 맡고 있는 문제의 광고 장면
* 출처: https://www.hankookilbo.com/News/Read/201904121579076490

/// 광고 및 콘텐츠에 나타난 혐오 표현 사례

광고에서 혐오 표현이 사용되는 사례는 다양하게 나타난다. 일반적으로, 광고에서 혐오 표현은 인종 차별, 성별 차별, 성적 지향 차별, 그리고 인종 및 문화적 소수자 차별 등을 다룬다. 첫째, 인종 차별에 있어 어떤 광고에서는 특정 인종을 비하하거나 인종 차별적인 언어나 이미지를 사용하여 혐오를 조장할 수 있다. 예를 들어, 인종적 스테레오 타입을 이용하여 특정 인종을 조롱하거나 비하하는 광고가 있을 수 있다. 지난 2018년, 글로벌 SPA 브랜드인 H&M은 인종 차별 광고로 여론의 뭇매를 맞았다. 그 이유는 '정글에서 가장 쿨한 원숭이'라는 문구가 적힌 H&M의 후드티를 입은 흑인 아동 모델의 사진이 인종 차별적이라는 비판을 받았기 때문이다.

일부는 악의 없는 실수에 불과하다고 말하기도 했지만, 전반적 여론은 H&M이 신중하지 못했다는 반응이었다. 이에 대해 H&M은 "이 일로 불쾌감을 느끼신 모든 분께 사과합니다."라고 공식 입장을 밝혔지만, 일부 트위터 사용자들은 스웨덴 회사인 H&M의 해당 사진이 "부적절하고 모욕적"이라고 말했다. 이슈가 더욱 불거진 이유는 백인 아동 모델이 입고 있던 후드티의 문구에는 '정글 생존 전문가'라고 적혀 있었기 때문이다. 트위터 등 소셜미디어에서는 두 아동 모델의 사진을 비교하며 왜 문구 내용이 다른지, 모욕적일 것이라는 생각을 안 했는지 이해할 수 없다는 반응이 나왔다.

[그림 7-5] H&M의 인종 차별 문제를 일으킨 후드티 광고
* 출처: https://www.bbc.com/korean/news-43615341

둘째, 성별 차별은 일부 광고에서는 특정 성별을 비하하거나 성별에 기인한 고정관념을 강조하는 혐오적인 메시지를 의미한다. 여성을 성적 대상화하거나 남성에 대한 성적 대립을 조장하는 광고 등이 해당된다. 서울우유가 2021년 12월에 집행한 유튜브 광고 역시 여성을 성적 대상화하여 이슈가 되었다. 서울우유는 여성을 젖소에 비

유한 유기농 우유 광고 영상을 유튜브에 올렸다가 비난을 받았다.
광고 내용을 설명하면 이렇다. '자연 그대로의 깨끗함을 간직한 그
곳에서 우리는 마침내 그들의 모습을 카메라에 담는 걸 성공했다.'
라는 한 남성의 목소리에 이어 흰옷을 입은 여성이 나뭇잎에서 흐
르는 물을 마시는 장면이 나온다. 이후 요가를 하는 여성들의 모습
도 클로즈업된다. 긴 머리의 남성들도 섞여 있긴 하지만 빠르게 스
쳐 지나가 얼굴이 잘 보이진 않는다. 그런데 숨어 있던 카메라를 든
남자의 인기척을 듣고 이들은 갑자기 젖소로 변한다. 영상은 '깨끗
한 물, 유기농 사료, 쾌적한 청정 자연 속 유기농 목장에서 온 순도
100% 서울우유, 유기농 우유'라는 멘트와 우유를 마시는 남자의 모
습으로 끝난다. 광고가 공개된 후 사회적인 문제가 되는 불법촬영을
연상시키는 내용을 소재로 삼고, 여성을 젖소에 비유한 콘텐츠에 비
난의 목소리가 쏟아졌다.

[그림 7–6] 서울우유 '여성 젖소 비유' 광고

* 출처: https://www.bbc.com/korean/news-59545138

셋째, 성적 지향 차별은 성적 지향에 대한 차별을 의미하는 것으로 광고에서는 동성애자, 이성애자 또는 이중성 성정체를 비하하거나 혐오적인 스테레오 타입을 이용하여 차별을 조장하는 경우가 이에 해당한다. 진평연(진정한평등을바라며나쁜차별금지법을반대하는전국연합)은 2021년 11월 송파구청 맞은 편 대우유토피아 빌딩에 설치된 전광판에 차별금지법 제정을 반대하는 내용의 광고물을 실었다. 이들이 제작한 광고물은 총 3개다. 가면을 쓴 성소수자(MTF)가 야릇한 표정을 지으며 여자화장실로 들어가는 장면이 담긴 광고 외에도 '차별금지법 제정 후 청소년 성전환 영국 3,300% 증가, 스웨덴 1,500% 증가. 그래도 찬성하시겠습니까?' '차별금지법은 반대와 비판을 금지합니다. 그래도 찬성하시겠습니까?'라는 문구가 담긴 광고물이 잇달아 대형전광판에 노출됐다.

대형 전광판에 노출된 그림 속 성소수자는 통상 'MTF(Male to Female)'로 표현하는 '트랜스여성'이다. MTF는 생물학적 남성으로 태어났으나 스스로를 여성으로 정체화한 사람을 일컫는다. 반대말은 트랜스남성(FTM)이다. 진평연은 2019년 6월 여장차림으로 숙명여대 캠퍼스를 돌아다니다 붙잡힌 남성의 옷차림을 빗대 해당 그림에 실었다. 다만, 당시 검거된 남성이 MTF라는 증거가 나온 바는 없었다. 차별금지법은 성별·언어·종교·성적지향·용모·직업조건 등 20여 개 차별금지사유를 정하고, 모든 시민이 어떤 사유로든 차별받지 말자는 취지다. 이 법은 그러나 2007년 처음 발의된 이후 14년째 국회 문턱을 넘지 못하고 있다. 문제의 발단은 송파구청이 행정안전부에 해당 광고물의 적절성 여부를 문의한 결과 인권침해 요소가 있다는 통보를 받고 해당 옥외광고물 관리자에게 광고노출

중단요청을 했고, 해당 광고물은 11월 26일부터 게시되지 않았다. 해당 광고를 의뢰한 '진평연'은 11월 27일 성명서를 내고 "송파구청을 상대로 민·형사상 모든 조치를 취할 것"이라고 밝혔다.

[그림 7-7] 진평연이 제작한 옥외광고물

* 출처: https://www.khan.co.kr/national/national-general/article/202111281429001

마지막으로, 인종 및 문화적 소수자 차별은 광고에서는 특정 인종이나 문화적 소수자 그룹을 비하하거나 부조리한 이미지를 이용하여 혐오를 조장하는 광고를 의미하며, 이는 인종, 종교, 국적, 문화적 신념 등에 기반한 차별을 표출하는 광고들이 포함된다. 이러한 혐오 표현을 포함한 광고는 사회적으로 문제가 되며, 이를 인지하고 대처하는 것이 중요하다. 2013년 인도에서 가정폭력에 대한 인지 제고를 위해 제작된 광고는 힌두인들과 페미니스트들에게 비판을 받았다. 인도 세이브더칠드런과 뭄바이에 위치한 광고 대행사 탭루트(Taproot)가 제작한 세편의 광고는 어워드를 받은 우수한 광고로 평가받았지만, 정작 대중에게서는 비난을 피할 수 없었다. 광고에서 힌두 3명의 여신인 두르가(Durga), 사라스와티(Saraswati) 그리고 Lakshmi(락쉬미)를 폭력의 희생자로 묘사했다.

또한 "내일은 어떤 여자도 살려 내지 못할 것 같다. 우리가 기도를
바치는 여자들이라 할지라도 역시(Tomorrow it seems like no woman
shall be spared. Not even the ones we pray, too)."라는 광고 메시지를
내보냈다. 힌두인들은 그들의 여신들을 부적절하게 표현한 것에 대
한 불쾌감을 드러냈으며, 페미니스트들은 '여자들은 사람으로서가
아니라 구원받기 위해 여신으로 여겨져야 했다'는 광고 아이디어에
격분했다.

[그림 7-8] 세이브더칠드런이 제작한 가정폭력 광고

* 출처: https://www.theweek.in/webworld/features/society/controversial-ads-hurt-
religious-sentiments.html

// 혐오 표현의 정의 및 규제 현황

혐오(hate)라는 표현은 우리 사회에서 일상어로 사용되어 왔지만, 차별문제와 관련되어 사회문제로서의 '혐오'라는 용어가 본격적으로 쓰이기 시작한 것은 2013년 즈음으로, 직접적인 계기는 '일간베스트 게시판(일베)'이라는 인터넷 커뮤니티가 화제가 되면서 시작되었다고 볼 수 있다(홍성수, 2019). 일베는 소수자와 약자를 조롱하는 글로 엄청남 숫자의 이용자를 불러 모았으며, 그중에서 5·18 피해자와 유족에 대한 모욕적 게시물로 사회적 비판을 받았다. 이렇게 언론을 통해 본격적으로 '헤이트 스피치(hate speech)', 즉 혐오 표현이라는 개념이 사용되기 시작되었다. 국내 학자들은 혐오 표현을 주로 인종, 민족, 성별, 성적 지향 등을 이유로, 특히 소수자 집단을 멸시, 모욕, 위협하거나 혐오를 조장하는 표현 등을 혐오 표현으로 규정하고 있다. 그리고 국내 인권위의 연구용역 보고서에는 혐오 표현을 "성별, 장애, 종교, 나이, 출신 지역, 인종, 성적지향 등을 이유로 어떤 개인·집단에게 부정적인 관념의 표출, 멸시·모욕·위협, 차별·폭력의 선동 등의 행위를 함으로써 차별을 정당화·조장·강화하는 효과를 갖는 행위"라고 정의 내리고 있다.

유럽평의회(Council of Europe)는 최초의 국제문서인 유럽평의회 각료위원회의 1997년 권고 20호에 기반하여 혐오 표현을 "인종적 증오를 퍼뜨리고 선동하고 고취하고 정당화하는 모든 형태의 표현, 외국인 증오, 반유대주의, 또는 불관용에 근거한 또 다른 형태의 증오"라고 정의하고 있다. 유네스코(UNESCO)는 2015년 '온라인 혐오 표현에 대항하기'라는 문서에서 혐오 표현을 "특정한 사회적·인구학적 집단으로 식별되는 대상에 대한 차별, 적의 폭력의 선동"으로 정의한다. 국제인권단체 아티클19(Article 19)은 혐오 표현을 "차별, 적대감, 폭력을 선동하는 국가적, 인종적, 종교적 증오에 대한 모든 옹호"라고 규정하고 있다. 그리고 국제인권단체인 휴먼 라이츠 워치(Human Rights Watch)는 혐오 표현을 "여성, 민족적이거나 종교적인 단체 또는 다른 차이점을 가진 소수자가 소수집단에 대한 공격적인 표현의 형태"라고 정의 내리고 있다.

혐오 표현은 세 가지 유형으로 나누어 설명된다. 첫 번째는 부정적인 고정관념이나 편견을 조장하는 표현으로, 외국인은 범죄위험이 높다거나 여성은 관리자로 적합하지 않다는 등 특정 개인·집단에게 불리한 고정관념이나 편견을 조장하여 그에 대한 차별을 정당화하거나 더 악화시키는 유형의 혐오 표현이다. 두 번째는 멸시, 모욕, 위협하는 표현으로 욕설이나 비하적 표현 등을 통해 소수자에게 정신적인 고통을 주고 차별을 조장하는 유형의 혐오 표현이다. 마지막으로 세 번째는 차별이나 폭력을 선동하는 표현으로 다수인에게 개인이나 집단에 대한 차별이나 폭력을 선동하여 행동을 촉발시키는 표현이다.

혐오 표현과 관련된 국제인권조약은 1966년 12월 16일 유엔총회에서 채택된 '시민적 및 정치적 권리에 관한 국제규약(자유권 규약)'이다. 자유권 규약은 제2조 제1항에서 "이 규약의 각 당사국은 자국의 영토 내에 있으며, 그 관할권하에 있는 모든 개인에 대하여 인종, 피부색, 성, 언어, 종교, 정치적 또는 기타의 의견, 민족적 또는 사회적 출신, 재산, 출생 또는 기타의 신분 등에 의해 어떠한 종류의 차별도 없이 이 규약에 인정되는 권리들을 존중하고 확보할 것을 약속한다."고 규정하고 있다. 그리고 제20조 제2항에서는 "차별, 적의 또는 폭력의 선동이 될 민족적, 인종적, 또는 종교적 증오의 고취는 법률에 의하여 금지된다."고 하여 차별 및 증오 선동 행위 금지를 규정하고 있다.

국내에서는 현행법상 혐오 표현을 정면으로 제한하는 법률은 없으나 형사규제, 민사규제, 행정규제, 인터넷규제로 나누어 살펴볼 수 있다(윤성옥, 2019). 형사적 규제로는 형법상 명예훼손죄와 모욕죄로 처벌이 가능하다. 명예훼손과 모욕은 목표대상자의 사회적 평가를 저하시키거나 모욕하는 혐오 표현에 해당할 수 있다. 그러나 형법에 따른 명예훼손죄나 모욕죄가 성립하려면 목표대상자가 누구인지 가리킬 것, 즉 피해자의 특정이 요구된다. 따라서 주로 어떤 속성을 기반으로 하는 특정집단이나 구성원들을 대상으로 하는 혐오 표현의 경우 집단 규모가 크므로 피해자가 특정되지 않아 범죄가 성립되지 않을 가능성이 있다. 혐오 표현에 대해 형법상 명예훼손죄와 모욕죄를 일부 적용할 수 있다면 민법상 불법행위로 손해배상 청구가 가능하다. 그 외 여성, 장애인 등에 대한 혐오 표현은 개별법을 적용할 수 있다.

「장애인차별금지 및 권리 구제 등에 관한 법률(장애인차별금지법)」에서는 장애인이 모든 폭력으로부터 자유로울 권리(제1항), 장애를 이유로 집단따돌림, 모욕감이나 비하를 유발하는 언어적 표현이나 행동 금지(제3항) 조항이 마련되어 있다. 그러나 장애인 차별금지법의 괴롭힘 조항을 적용한 국가인권위원회의 실제조정률이 낮아 실효성 측면에서 한계도 보이고 있다. 그 외에 성별, 성적 지향에 근거한 혐오 표현 중 성희롱으로 간주될 가능성이 있는 표현은 「국가 인권위원회법」「여성발전기본법」「남녀고용평등법」적용이 가능하다. 이러한 법률은 여성, 장애인으로 한정되어 있고 개인의 구제나 보호에 초점이 맞춰져 있어 혐오 표현 규제에는 한계가 있다.

「정보통신망 이용촉진 및 정보보호 등에 관한 법률(정보통신망법)」제44조에 따르면 이용자는 사생활 침해 또는 명예훼손 등 타인의 권리를 침해하는 정보의 유통을 금지하고, 정보통신서비스제공자는 그러한 정보가 유통되지 않도록 노력해야 하며, 방송통신위원회는 관련 시책을 마련해야 한다. 제44조의7에서는 유통을 금지하는 불법정보를 나열하고 있는데 명예훼손(제2호), 공포심이나 불안감 유발 정보(제3호), 그 밖에 범죄 목적이나 교사 또는 방조 정보(제9호)를 규정하고 있다. 이러한 규정들이 직접적이지는 않지만 간접적으로 혐오 표현을 규제할 수 있는 근거로 고려해 볼 수 있다.

국내에서도 '혐오 표현' 관련 입법시도가 있었다. 2018년 2월 13일 김부겸 의원이 대표 발의한 '혐오 표현 규제법안'이 대표적이다. 이 법안은 제1조에서 "개인이나 집단에게 정신적·신체적 피해를 주거나 개인 또는 집단 간 갈등을 유발하여 사회적 해악을 야기하고 사회통합을 저해하는 혐오 표현을 규제하고, 혐오 표현으로 인한 피해를 효과적으로 구제함으로써 헌법상의 평등권을 실현하고 인간으로서의 존엄과 가치를 구현함을 목적으로 한다."고 밝히고 있다. 이 외에도, 2020년 6월 29일 장혜영 의원이 대표발의한 '차별금지법안'과 2021년 8월 31일 권인숙 의원이 대표발의한 '평등 및 차별금지에 관한 법률안'이 있다.

미국은 「수정헌법」제1조(종교, 언론 및 출판의 자유와 집회 및 청원의 권리)에서 "연방의회는 국교를 정하거나 또는 자유로운 신앙 행위를 금지하는 법률을 제정할 수 없다. 또한 언론, 출판의 자유나 국민이 평화로이 집회할 수 있는 권리 및 불만 사항의 구제를 위하여 정부에게 청원할 수 있는 권리를 제한하는 법률을 제정할 수 없다."라고 규정하며, 표현의 자유를 다른 기본권보다 우월한 지위로 인정하고 있다. 미국은 혐오 표현을 집단에 의한 명예훼손으로 일정 부분 규제하고 있으나 표현의 자유의 우월적 가치를 인정하고 있기 때문에 혐오 표현의 제안에 대해 엄격하게 심사하고 있다. 미국 정부와 의회는 코로나19로 미국 내 아시아인에 대한 증오 범죄가 빈번하게 발생하고 그 심각성이 사회적 이슈로 떠오르면서 '코로나19 증오범죄 방지법(COVID-19 Hate Crime Act)'을 발의하기도 하였다.

제2차 세계대전의 주범이라 할 수 있는 독일은 그 어느 나라보다 혐오 표현에 대한 강력한 규제법령을 가지고 있다. 독일은 형법으로 혐오 표현을 규제하고 있으며, 1960년에 개정된 형법에 따르면 "특정 인구집단에 대한 혐오를 선동하거나 그들에 대한 폭력적 또는 독단적 조치를 요구하는 행위, 특정 인구집단을 모욕하거나 악의적으로 비방하여 타인의 인간적 존엄성을 침해하는 행위에 대하여 3개월 이상 5년 이하의 징역에 처한다."라고 규정하고 있다. 또한 특정 인구집단 또는 국적, 인종, 종교, 민속의상에 의해 특정될 수 있는 집단에 대한 혐오를 선동하거나 이들에 대한 폭력적 또는 독단적 조치를 요구하거나 또는 이들을 모욕하거나 악의적으로 비방하여 타인의 인간적 존엄성을 침해하는 내용의 문서를 전파하는 행위, 공중에게 전시, 게재, 배포 기타 접근 가능하도록 하는 행위, 만 18세 미만의 자에게 제공, 공급, 또는 접근 가능하도록 하는 행위, 문서 또는 그 사본을 생산, 수집, 공급 또는 저장, 청약, 발표, 추천, 수입 또는 수출하는 행위, 라디오, 언론매체, 또는 전기통신서비스를 통해 전파하는 행위를 한 자에 대하여 3년 이하의 징역 또는 벌금에 처한다고 규정하고 있다.

// 혐오 표현에 대한 규제방안

혐오 표현의 규제방안은 크게 두 가지로 나눠서 볼 수 있다. 우선, 국회에 계류 중인 포괄적 차별금지법을 기본법으로 해 혐오 표현을 규제하는 방법이다. 2020년 6월, 민주당 장혜영 의원 등 10인은 차별금지법안을 발의했으며, 제안 이유를 다음과 같이 밝히고 있다.

「헌법」은 "누구든지 성별·종교 또는 사회적 신분에 의하여 정치적·경제적·사회적·문화적 생활의 모든 영역에 있어서 차별을 받지 아니한다."라고 규정하고 있습니다. 그러나, 많은 영역에서 차별이 여전히 발생하고 있고, 차별 피해가 발생한 경우, 적절한 구제수단이 미비하여 피해자가 제대로 보호받지 못하고 있는 실정입니다. 이에 성별, 장애, 나이, 언어, 출신국가, 출신민족, 인종, 국적, 피부색, 출신지역, 용모 등 신체조건, 혼인여부, 임신 또는 출산, 가족 및 가구의 형태와 상황, 종교, 사상 또는 정치적 의견, 형의 효력이 실효된 전과, 성적 지향, 성별정체성, 학력(學歷), 고용형태, 병력 또는 건강상태, 사회적신분 등을 이유로 한 정치적·경제적·사회적·문화적 생활의 모든 영역에서 합리적인 이유 없는 차별을 금지·예방하고 복합적으로 발생하는 차별을 효과적으로 다룰 수 있는 포괄적이고 실효성 있는 차별금지법을 제정함으로써 정치·경제·사회·문화의 모든 영역에서 평등을 추구하는 헌법 이념을 실현하고, 실효적인 차별구제수단들을 도입하여 차별피해자의 다수인 사회적 약자에 대한 신속하고 실질적인 구제를 도모하고자 합니다.

이 법안은 '차별금지에 관한 기본법이자 현행 「국가인권위원회법」의 차별 분야에 대한 특별법적인 성격에 비추어 이 법에서 금지되는 차별사유를 「국가인권위원회법」상의 차별금지사유를 기본으로 성별, 장애, 나이, 언어, 출신국가, 출신민족, 인종, 국적, 피부색, 출신지역, 용모 등 신체조건, 혼인여부, 임신 또는 출산, 가족 및 가구의 형태와 상황, 종교, 사상 또는 정치적 의견, 형의 효력이 실효된 전과, 성적지향, 성별정체성, 학력(學歷), 고용형태, 병력 또는 건강상태, 사회적신분 등으로 구체화하여 차별의 의미와 판단기준을 명확히 하고자 함'이라고 법안의 목적으로 밝히고 있다. 차별금지법안의 주요내용은 다음과 같이 요약될 수 있다.

합리적인 이유 없이 성별 등을 이유로 고용, 재화·용역 등의 공급이나 이용, 교육기관의 교육 및 직업훈련, 행정서비스 제공이나 이용에서 분리·구별·제한·배제·거부 등 불리하게 대우하는 행위를 차별로 금지하고, 직접차별뿐만 아니라 간접차별, 성별 등을 이유로 특정 개인 및 집단에 대하여 신체적·정신적 고통을 주는 행위 및 차별의 표시·조장 광고 행위를 차별로 금지하며, 차별 관련 정책을 체계적으로 추진하기 위하여 정부는 차별시정기본계획을 5년마다 수립하고, 국가인권위원회는 차별시정기본계획 권고안을 마련하여 차별시정기본계획을 수립하기 1년 전까지 대통령에게 제출하며, 중앙행정기관 등은 세부시행계획을 수립하고 그 이행결과를 공개하도록 한다. 또한, 고용, 재화·용역·교통수단·상업시설·토지·주거시설·의료서비스·문화 등의 공급이나 이용, 교육기관의 교육기회 및 교육내용, 참정권 등 행정서비스 및 수사 재판상의 차별예방을 위한 조치, 성별 등을 이유로 한 차별 금지 등 영역별 차별금지 유형을 구체화하여 적시하며, 차별행위의 피해자는 국가인권위원회에 진정을 제기할 수 있으며, 차별구제의 실효성을 제고하기 위하여 국가인권위원회는 시정권고를 받은 자가 정당한 사유 없이 권고를 이행하지 아니하는 경우 시정명령 및 시정명령 불이행 시 3천만 원 이하의 이행강제금을 부과할 수 있도록 한다.

우리나라에는 이미 특정 범주의 사람을 차별하지 못하게 하는 '개별적' 차별금지법이 있다. 「장애인차별금지 및 권리구제 등에 관한 법률」 「양성평등기본법」과 「남녀고용평등법」 「고용상 연령차별금지 및 고령자고용촉진에 관한 법률」 등이 그 예시다. 그럼에도 '포괄적' 차별금지법이 필요한 이유에 대해 '포괄적 차별금지법은 개별적 차별금지법이 다루지 못하는 복합차별과 차별영역을 포함하기 때문'이라고 한성진 다움(다양성을 향한 지속가능한 움직임) 대표는 설명하고 있다. 또한 '한 가지 사유에 대한 차별금지법만으로는 개인의 복합적인 차별 경험을 온전히 다루지 못한다'며 "차별을 폭넓게 정의하고 복합적일 수밖에 없는 차별 사유를 정의함으로써 우리가 겪을 수 있는 차별을 구체적으로 인지하는 데 포괄적 차별금지법이 기능할 수 있다."라고 피력했다.

하지만 포괄적 차별금지법에 대한 반대 의견도 존재한다. '진평연'은 차별금지법은 사회의 모든 영역을 규율해서 편향적 인권관에 맞게 변화시키려는 의도가 있는바, 표현의 자유, 종교의 자유, 사적 영역의 자율성을 위협한다고 주장한다. 진평연은 '동성 성행위나 외국인 · 난민 유입, 사이비 종교나 주체사상 등에 대해 비판하면 차별에 해당해 제재받게 되고, 이행강제금이나 징벌적 민사소송의 위협에 놓이는 만큼 자유민주사회의 핵심인 표현의 자유가 크게 위축될 것'이라고 경고한다. 특히 종교계에서는 개신교계를 중심으로 종교의 자유 침해를 우려하는 목소리가 크며, 반동성애기독시민연대를 비롯한 시민단체는 국회에서 연 '차별금지법 규탄 및 철회 촉구 기자회견'에서 "해당 법안은 '동성애가 죄'라는 내용을 교회에서 설교하면 처벌하게 돼 있다."라며 반발하기도 했다.

현재 우리나라 실정에 맞고, 가장 효율적이고 빠른 혐오 표현 확산방지를 위한 방법은 네이버, 카카오 등과 같은 인터넷 정보통신사업자들의 자율규제를 활성화하는 것이다. 혐오 표현이 주로 온라인에서 발생하고 확산되는 경향이 있기 때문에 온라인 정보통신사업자의 자율규제를 촉진하는 것이 실효성이 높을 수 있다. 국내 대표포털 사이트 네이버와 다음은 혐오 표현과 비방, 욕설, 모욕성 댓글이 난무하는 상황을 극복하기 위해서 연예뉴스에 댓글쓰는 기능을 폐지하거나, 스포츠 뉴스 댓글을 중단하는 방법으로 자율규제를 실천하고 있다. 인터넷 사업자의 혐오 표현에 대한 자율규제는 네이버와 카카오 등 14개 인터넷 사업자가 회원사로 참여하고 있는 (사)한국인터넷자율정책기구의 심의로도 이뤄지고 있다. (사)한국인터넷자율정책기구 정책규정에 따르면, "연관 검색어 등 자체가 특정 지역, 종교, 사상, 장애, 인종, 출신국가 등을 비하하는 단어를 포함하고 있어 연관검색어 등으로 그러한 단어를 노출시키는 것이 과도한 사회적 갈등을 조장할 우려가 높은 것으로 판단되는 경우 회원사는 이용자의 요청을 받아 요청인의 피해를 구제하기 위해 해당 검색어를 삭제 또는 제외할 수 있다."라고 명시하고 있다.

국내에서는 카카오가 혐오 표현에 대한 자율규제에 선도적으로 나서고 있다. 카카오는 2020년 2월 댓글 신고 기준에 '차별/혐오' 항목을 추가했으며, 2021년 1월 국내 기업 최초로 '증오발언 근절을 위한 카카오의 원칙'을 제시하며 이를 서비스에 적용할 것이라고 발표했다. 그리고 2022년 3월부터는 카카오가 제공하는 어학사전에 서비스 내 표제어 등이 특정 집단에 대해 모욕적이거나 차별·비하적인 표현을 담고 있을 경우 이용자 주의를 표시하는 '차별표현 바로알기 캠페인'도 시작했다. 국내의 자율규제와는 달리, 유럽연합(EU)은 2023년 8월부터 구글·애플·메타 등 19개 대형 온라인 플랫폼에 대한 콘텐츠·사용자 보호관련 규제 「디지털서비스법(DSA)」를 적용한다. EU의 새 법안에 따르면 이들 플랫폼에서는 인종 차별이나 정치적으로 편향된 견해 등에 기초한 광고 노출이 금지되고 인공지능에 의해 만들어진 사진이나 영상은 이용자들이 그 사실을 명확히 알 수 있도록 표시되어야 한다. 허위정보나 혐오 표현의 확대 재생산을 막고 종교 성향이나 테러, 아동 성 학대 등과 관련된 콘텐츠가 유포될 경우 제재한다는 것이다. 플랫폼들은 2023년 8월 25일부터 허위정보나 혐오 콘텐츠 등 EU가 제재하는 내용의 콘텐츠가 발견되면 즉시 삭제해야 하며, 이를 어길 경우 전체 매출의 최대 6%까지 벌금을 물어야 한다.

// 마치는 글

혐오 표현은 사회적으로 심각한 문제를 야기할 수 있다. 예를 들어, 혐오 표현은 특정 인종, 종교, 성별, 성적 지향, 장애 등 특정 집단을 비하하거나 공격하는 경향이 있다. 이로 인해 해당 집단은 차별과 배타에 직면할 수 있다. 혐오 표현은 건설적인 대화와 이해 관계를 파괴할 수 있으며, 서로 다른 의견이나 경험을 공유하고 이해하기 위해서는 상호 존중과 상호 이해가 필요하다. 하지만 혐오 표현은 대화를 공격적이고 적대적인 방향으로 이끌 수 있으며, 이는 대화의 진행을 방해하고 갈등을 조장할 수 있다. 혐오 표현은 희생자에게 정신적인 고통을 줄 수 있다. 비방, 혐오적인 언어, 인신공격 등은 희생자들에게 스트레스, 우울감, 불안감과 같은 부정적인 감정을 유발할 수 있으며, 특히 온라인 공간에서는 익명성과 거리 때문에 혐오 표현이 더욱 증가할 수 있으며, 피해자의 안전과 개인 정보 보호를 위협할 수도 있다. 또한 혐오 표현은 사회적 연대를 저하시킬 수 있다. 혐오와 적대감은 사회의 다양성과 포용성을 위협하며, 갈등과 분열을 조장할 수 있으며, 사회적인 상호작용과 공동체 감각은 혐오 표현으로 인해 약화될 수 있고, 이는 사회적인 화합과 협력을 방해할 수 있다. 이러한 문제들을 해결하기 위해 혐오 표현에 대한 인식과 이해를 높이는 교육과 함께 법적인 조치, 온라인 플랫폼의 적극적인 감시와 대응, 문화적인 변화와 포용적인 환경 조성이 필요하다. 모두가 존중받고 안전한 사회를 구축하기 위해 우리는 혐오 표현에 대해 심각하게 대처해야 할 것이다.

혐오 표현을 예방하기 위해 교육과 인식 활동을 강화하는 것이 중요하다고 볼 수 있다. 다양성과 포용성에 대한 교육 프로그램을 개발하여 사회 구성원들이 혐오 표현의 부작용과 피해를 인식하고 이에 대한 책임을 갖도록 유도할 수 있다. 또한 인터넷 사용자들에게 온라인 예의와 존중을 강조하는 인식 캠페인을 통해 혐오 표현의 문제점을 알리고 대안적인 의사소통 방법을 제시할 수 있을 것이다.

플랫폼과 IT 기업들은 자동화된 필터링, 신고 시스템 강화, 인공지능을 활용한 혐오 표현 탐지 등의 기술적 솔루션을 개발하여 사용자들이 혐오 표현을 쉽게 식별하고 신고할 수 있도록 지원해야 하며, 국제적인 협력을 통해 플랫폼과 국가 간의 정보 공유와 최선의 규제 방안을 모색하는 것도 중요하다. 그리고 혐오 표현의 근본적인 해결을 위해서는 무엇보다 문화적 변화와 포용적인 환경 조성이 필요하다. 다양성과 포용성을 존중하는 사회적인 가치를 강조하고, 차별과 혐오를 근절하기 위한 사회적인 운동과 정책을 지속적으로 지원해야 할 것이다. 이렇듯 혐오 표현 문제의 복잡성을 고려하여 다양한 차원에서 종합적인 노력이 필요하며, 법적, 교육적, 기술적, 문화적인 측면을 모두 고려하여 효과적인 해결 방안을 지속적으로 모색해야 할 것이다. 광고산업은 다양성과 포용성을 존중하고, 인종, 성별, 성적 지향, 문화적 소수자 등 모든 집단에 대한 존중과 동등한 대우를 반영하는 광고를 제작하는 것이 중요하다고 볼 수 있다.

08

인공지능 시대 광고윤리의 새로운 도전: 다크 마케팅과 브랜드 안전

유승철(이화여자대학교 커뮤니케이션·미디어학부 교수)

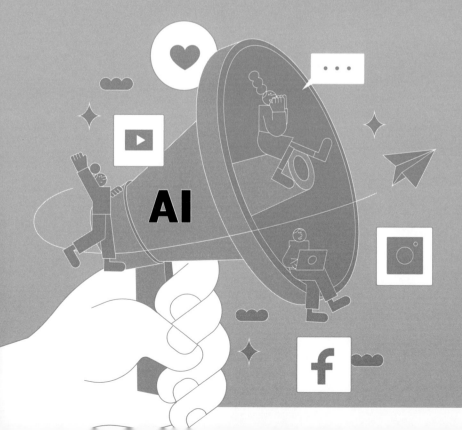

// 들어가는 글

　인공지능(AI)의 도래는 광고를 포함한 거의 모든 산업에 영향을 미치는 전례 없는 변화의 시대를 열었다. 광고에서 AI의 효용은 상당하다. AI는 소비자 행동, 관심사 및 선호도를 분석하여 마케터가 청중을 마이크로 타깃팅할 수 있도록 함으로써 광고 집행의 효율성을 개선하고 낭비를 줄일 수 있다. 또한 개인화된 광고를 가능하게 하여 소비자가 본인의 관심사와 요구에 맞는 콘텐츠에 노출될 수 있도록 한다. AI의 또 다른 중요한 이점인 마케팅 자동화(marketing automation)는 광고의 시작에서 종료까지 이르는 전 과정의 프로세스를 간소화하여 마케터가 보다 전략적이고 창의적인 작업에 집중할 수 있도록 한다. '인간처럼 계산(Computing like Human)'하는 지능을 넘어 '인간처럼 생각(Thinking like Human)'하는 지능을 구현하기 위한 AI의 혁신 속도가 더욱 빨라지고 있다. 2023년 이래 속속 등장하고 있는 생성형 AI 기술(GPT-4나 DALL-E 2, Midjourney Stable Diffusion 등)이 바로 그것이다. 생성형 AI는 고객에게 도달하고 참여하는 방식을 총체적으로 혁신할 수 있을 막대한 잠재력을 지닌다.

　고객 경험 향상을 위해 AI의 놀라운 능력을 활용함으로써 기업은 성장을 주도하고 경쟁에서 더 앞서 나갈 수 있을 것이다. 한편으로 AI, 더 나아가 생성형 AI의 부상은 또한 해결해야 할 또 다른 윤리적 문제들을 야기하고 있음에 주목해야 한다. 기만적인 사용자 경험(UX) 디자인을 포함하는 '다크 마케팅(dark marketing)'과 소비자의 콘텐츠 경험에 해가 되는 '브랜드 안전(brand safety)'이 가장 두드러진 비윤리적 AI 활용의 예다. 구체적으로 교묘한 방법으로 소비자를 속이는 기만적이고 사기적인 광고 마케팅이 우려로 주목받으면서 다크 마케팅에 대한 보다 엄격한 규정과 윤리적 지침의 필요성에 대한 담론이 부상하고 있다. 한편으로, 상당한 광고비를 지급한 디지털 광고가 '부정적인 콘텐츠'와 시간 및 공간적으로 인접해 배치되면서 소비자들은 브랜드에 대해 긍정적 인상을 형성하지 못하고 도리어 브랜드에 대한 부정적인 인상을 지니게 되는 경우가 빈번하다. 디지털 광고 진행 시 부적절한(또는 비윤리적인) 콘텐츠의 부정적 영향이나 손상으로부터 기업의 이미지와 명성을 보호하기 위해 브랜드 안전이 주목받고 있다.

[그림 8-1] 생성형 인공지능으로 제작한 지하철 내 성형외과 옥외광고
* 출처: https://midjourney.com을 활용해 저자가 제작.

앞서 언급한 변화와 우려 가운데 AI의 기능을 긍정적으로 활용하여 기업과 소비자 모두에게 가치를 제공해야 한다. 즉, 기업의 이윤창출과 소비자 권리를 유지하는 것 사이에서 균형을 유지하는 것이 필요하다. 이 장에서는 인공지능 시대 광고산업에서 대표적인 윤리적 문제로 거론되는 '다크 마케팅'과 '브랜드 안전'에 대해 살펴보고 이러한 문제들에 효과적으로 대응하기 위한 전략을 제안하려고 한다.

// 다크 마케팅: 디지털 광고의 새로운 위협

디지털 상거래 중에 소비자는 다양한 형태의 마케팅 속임수, 즉 서비스 이용자 자신의 이익에 반하는 선택을 하도록 조종당하는 경우가 많다. "다크 마케팅(dark marketing)"으로 알려진 이런 마케팅 사기행각은 주로 온라인 웹사이트나 모바일 앱으로 대표되는 디지털 인터페이스(digital interface)를 악용하여 사용자를 기만하는 '다크 패턴(dark pattern)'으로 나타난다. 서비스를 거부하는 것에 대한 죄책감을 유발하는 방식을 활용하는 '컨펌쉐이밍(confirmshaming)'과 사용자가 특정 서비스에 가입하기는 쉽지만 해제하기는 매우 어렵게 만드는 '로치모텔(roach motels)'이 다크 패턴에서 대표적이다. 더 나아가 상품이 광고되는 맥락과 관련 없는 '미끼광고(decoy ad)'를 통해 소비자가 원하지 않는 상거래를 조장하는 다크 마케팅도 늘고 있다.

[그림 8-2] 디지털 미디어를 활용한 미끼광고에 대한 언론보도
* 출처: https://www.dailymotion.com/video/x8jju7p

　　최근 생성형 인공지능을 이용해 실시간으로 제작되는 기만적 광고와 가짜 모델 및 가짜 정보를 이용한 허위광고 역시 다크 마케팅으로 구분할 수 있다. 생성형 인공지능을 활용하면 광고주는 AI 시스템에 의해 즉석에서 생성되는 맞춤형 광고(이미지 또는 비디오)를 생성하여 광고효과를 극대화할 수 있다. 앞에서 언급한 소비자 정보의 불법적 취득이나 사기성 높은 활용, 유소년 및 노인과 같은 인지적 취약계층에 대한 기만적 설득, 부당한 금액에 대한 불법적 과금은 다크 마케팅의 대표적인 문제이며 최근 생성형 인공지능이 보편화되면서 이런 윤리적/법적 문제가 보다 심각해지고 있다.

// 디지털 플랫폼과 다크 마케팅

　　디지털 플랫폼은 현대 소비문화에서 핵심적 역할을 담당한다. 이런 플랫폼들은 공급자와 소비자를 연결하며, 신규 서비스와 제품의 출현을 촉진시키고, 경제 활동을 촉진시키는 데 결정적이다. 한편으로, 디지털 플랫폼의 알고리즘과 운영방식은 복잡하고, 종종 암호화되어 있어, 이들의 실제 동작 방식과 그 영향력에 대한 깊은 이해가 부족하고 정부와 산업의 감시망을 통해 확인하기 힘든 경우가 많다. 이미 시장 선도자인 디지털 플랫폼이 적극적으로 다크 마케팅을 하는 경우는 드물며 주로 사회적 비판이 적은 '다크 패턴(dark pattern)'을 사용한다. '다크 패턴'은 사용자 경험(user experience: UX) 전문가인 해리 브링널(Harry Brignull)이 만든 용어로, 사용자가 의도하지 않은 행동을 하도록 속일 수 있는 웹사이트와 앱의 조작적인 디자인 기술을 말한다. 사전 체크 박스와 숨겨진 요금부터 복잡한 취소 프로세스와 의도적으로 혼란스러운 언어에 이르기까지 그 종류는 다양하다. 다크 패턴의 본질은 사용자의 인지적 편향을 이용하는 데 있다. 예를 들어, 희소성 편향, 즉 가용성이 제한되어 있으면 가치가

[그림 8-3] 승낙을 유도하는 컨펌쉐이밍 광고

* 출처: https://uxbooth.com/articles/ux-dark-patterns-manipulinks-and-confirmshaming/

있어야 한다는 생각은 온라인 예약 시스템에서 '이 가격으로 2개의 객실만 남았습니다.'와 같은 허위 광고로 악용되는 경우가 많다. 이는 허위 정보를 통해 긴박감을 불러일으키고 소비자가 성급한 결정을 내리도록 압력을 가할 수 있다. 문제는 AI가 온라인 경험을 더욱 개인화하고 맞춤화함에 따라 이러한 패턴의 오용 가능성이 기하급수적으로 증가하고 있다는 점이다.

빅테크 기업의 다크 패턴 활용으로 2018년 노르웨이 소비자 위원회(Norwegian Consumer Council)의 보고서에서 언급된 메타(Meta: 구 Facebook) 사례가 유명하다. 페이스북의 설정과 디자인은 본질적으로 조작적이어서 사용자가 개인정보 동의에 있어서 "동의하고 계속하기" 옵션을 선택하도록 유도하는 동시에 개인 정보 보호를 위한 선택을 복잡하고 시간 소모적으로 만들었다. 미국 연방 정부는 2021년 다크 패턴 사용을 금지하려는 소비자 개인 정보 보호 법률을 이미 통과시켰으며, 연방 무역위원회(FTC)는 이 문제에 대한 규제 실행을 숙고하고 있다. 또한 FTC는 다크 패턴을 사용하는 기업들에 대해 법적 조치를 취하고 있으며, 미국 다수의 주(州)들은 이들의 사용을 억제하기 위해 별도의 법률을 제정하고 있다. 이와 같은 문제에 대한 업계의 자발적 대처로 구글(Google)은 2020년에 기만적 방식을 사용하여 소비자가 서비스에 가입하거나 의도하지 않은 상품을 구매하도록 속이는 마케팅을 크롬(Chrome) 브라우저에서 금지하겠다고 발표한 바 있다. 이러한 자정 노력은 광고/마케팅 산업에 긍정적인 신호로 보이지만 보다 일관된 윤리적 기준을 보장하기 위해서는 한두 기업이 아니라 산업 전반을 포괄하는 규정이 필요하다.

[그림 8-4] FTC의 다크 패턴 규제 보도

* 출처: https://www.wgal.com

정부와 산업 분야의 대응이 물론 중요하지만, 미디어 기업도 플랫폼에서 다크 마케팅을 방지하는 데 책임이 있다. 기업들은 각자의 미디어 플랫폼에서 다크 패턴을 제거하고, 고객들에게 더 투명하고 공정한 디지털 환경을 제공해야 한다. 구체적으로 다음과 같은 업계의 공동 노력이 필요하다.

다크 마케팅에 대한 고객 및 직원 교육과 인식 증진

고객들과 직원들 모두에게 다크 마케팅 연관 문제에 대해 교육하고 인식을 증진하는 것이 중요하다. 이를 통해 고객들은 다크 패턴을 피하고, 직원들은 그것들을 더 잘 인식하고 방지할 수 있다.

디지털 플랫폼 투명성 증대

고객들에게 더 명확하게 정보를 제공하고, 숨겨진 비용이나 광고 조건들을 더욱 투명하게 공개해야 한다. 이는 고객들이 더욱 정보를 이해하고 의사결정을 내리는 데 도움이 된다.

소비자 데이터 공유 및 사용에 대한 명확한 규정

고객의 데이터를 어떻게 수집하고 사용하는지에 대한 명확한 규정이 필요하다. 고객들에게 본인의 데이터를 어떻게 관리할 수 있는지에 대한 통제력을 줘야 한다.

// 다크 마케팅에 대한 통합적 대응

다크 패턴은 주로 제품이나 서비스의 속성을 모호하게 하거나 왜곡해서 소비자의 판단을 조작하는 방식으로 운영된다. 반면, 광고사기(ad fraud)는 광고주에게 광고 효과나 서비스에 대해 허위 청구로 부당한 금전적 이득을 취하는 행위를 말한다. 한편, 보이스 피싱(voice phishing)은 '개인정보(private data)를 낚는다(fishing).'라는 의미의 합성어로 금전적 이익을 얻기 위해 전화나 채팅을 통해 소비자를 속이는 방법이다. 광고사기 역시 광고주에게 불법적 광고비 청구를 위해 소비자 광고참여 정보를 조작(예: 소비자의 클릭, 노출, 공유 등)한다는 점에서 소비자 기만이다. 결론적으로, 다크 패턴, 광고사기, 보이스 피싱은 일면 관련이 없어 보이지만 '특정 대상의 정보 비대칭성과 심리적 취약성을 악용하는 교묘한 수법'이라는 면에서 모두 다크 마케팅으로 분류할 수 있다. 즉, 이들 모두는 광고 및 마케팅 영역에서 소비자를 오도하거나 혼란스럽게 하여 비윤리적인 이득을 취하려는 불법적/비윤리적 행위다. 이러한 불법 행위들은 소비자 신뢰를 배신하고 소비자의 구매 결정을 왜곡하기 때문에 소비자는 광고나 마케팅 메시지에 대한 신뢰를 잃게 되고, 결국에는 시

[그림 8-5] 디지털 사기광고 및 가짜 소비자 리뷰 관련 광고

* 출처: https://kmong.com/gig/478959

장의 원활한 기능을 저하시킨다.

다크 마케팅에 대응하기 위해서는 강력한 윤리적 프레임워크와 소비자의 광고 문해력(advertising literacy)을 높이는 것이 필요하다. 이는 소비자에게 다크 마케팅의 개념과 사례에 대해 교육하고 이러한 기만적 조작을 제대로 식별하고 피할 수 있도록 문해력을 기르

는 것을 의미한다. 광고에 대한 강력한 윤리적 프레임워크는 소비자의 신뢰를 구축하고, 공정한 경쟁 환경을 만들어, 기업이 제품이나 서비스의 품질에 초점을 맞출 수 있게 한다. 또한 소비자의 광고 문해력을 높이는 것은 소비자가 다크 마케팅을 인식하고 피할 수 있게 도와주며, 이는 기업이 브랜드 명성과 고객 충성도를 높일 수 있게 한다.

다크 마케팅은 소비자의 신뢰를 떨어트리고 시장경제의 원활한 기능을 저해한다. 이에 대응하기 위한 통합적인 대응 전략이 필요하며, 이를 위해서는 기업, 정부, 소비자 협의체의 공동 노력이 필요하다. 특히 다크 마케팅에 대한 정책적 대응은 소비자-미디어-상거래 관련한 정부 부처의 벽을 넘어 통합적으로 이루어져야 한다. 단순히 개별 다크 마케팅 사건에 대한 대응책을 마련하는 것만으로는 연관된 문제들을 해결할 수 없다. 특히 기존에 발생한 이슈에 대응하는 것뿐만 아니라 잠재적인 문제를 예측할 수 있는 정책 수립이 필요하다. 구체적으로 기만을 목적으로 소비자의 감정과 행동을 조작하는 마케팅을 금지하고, 명확한 옵트아웃(opt-out) 프로세스를 시행하며, 소비자 제공 정보의 완전한 공개를 의무화해야 한다. 또 우수한 광고/마케팅 사례에 대한 포상을 확대함으로써 좋은 광고/마케팅이 사회적으로 인정받는 마케팅 문화를 만들어야 할 것이다.

다크 마케팅에 대한 우려가 커지자 정부는 2023년 7월 온라인 개인 맞춤형 광고에 대한 규제 방안을 발표했다. 그러나 이러한 성급한 규제는 한국인터넷기업협회를 비롯한 인터넷 업계의 우려를 불러일으켰다. 관련 단체들은 새로운 규제방안이 중소 광고 비즈니스에 상당한 위협이 될 수 있으며 잠재적으로 개인화 광고 운영을 중단해야 할 수 있다고 주장했다. 구체적으로, 개인정보보호위원회가 제시한 '온라인 개인맞춤형 광고 행태정보 처리지침'은 이용자가 인터넷 사이트에 접속할 때마다 개인맞춤형 광고에 대한 동의 여부를 반복적으로 선택하도록 요구하고 있으며, 이는 중소 광고회사 및 매체사에 상당한 기술적/경영적 부담이 된다는 논리다.

다크 마케팅에 대응하기 위한 가이드라인/법 제정에 앞서 관련 이해관계자들의 의견수렴을 촉구하고, 변화하는 광고시장에 대한 환경분석과 가이드라인이 경제성장 전반에 미칠 파급효과에 관한 연구가 먼저 이뤄져야 한다. 디지털 마케팅 환경이 계속 진화함에 따라 소비자 보호의 필요성과 혁신 촉진 및 경제성장 간의 균형을 맞추는 것이 중요하다. 특히, 생성형 인공지능을 통해 날로 빠르게 진화하는 다양한 기만적 광고 및 마케팅 행위에 대응할 수 있는 전략이 필요하다. 또한, 실효성 있는 윤리/규제에 대한 기준을 개발하고 유지하는 데 있어 업계 협의체와 미디어/법/광고 전문가들의 참여가 요구된다. 이와 같은 포괄적이고 예방적인 접근 방식을 통해 정부, 업계 및 소비자는 더 윤리적이고 지속가능한 디지털 광고 생태계를 보장할 수 있을 것이다.

// 브랜드 안전과 광고윤리

글로벌 광고시장에서 '브랜드 안전(brand safety)'이 중요 화두로 주목을 끌고 있다. 이미 글로벌 광고주 가운데 P&G와 같이 다수 브랜드를 보유한 대형 광고주는 자체적으로 또는 전문 회사를 고용해서 브랜드 안전을 직접 챙기고 있다. 실제로 2017년 브랜드 안전에 대한 우려 때문에 P&G는 디지털 광고 지출을 무려 1억 4천만 달러나 삭감하기도 했다(AdAge 2017년 2월 보도자료 참고[1]). 흥미롭게도 이런 삭감에도 불구하고 제품 판매는 되레 2% 증가했었다. 2021년 포브스의 한 칼럼(by Dr. Augustine Fou)에 따르면 체이스 은행(Chase)이 광고를 게재하는 400,000개 사이트에서 5,000개 사이트(99% 감소)로 프로그래밍 방식의 도달범위를 줄였을 때 비즈니스 결과에는 변화가 없었으며 우버(Uber)가 더 많은 앱 설치를 유도하기 위해 사용하는 1억 2천만 달러의 디지털 광고 지출을 완전히 중단했을 때도 앱 설치 비율에는 변화가 없었다고 한다.[2] 이런 이유는 디지털 광고가 효과가 없다고 이해하기보다는 광고 집행 프로세스 가운데 심각한 문제가 있기 때문이라고 추론할 수 있다. 삼성이나 LG와 같은 국내 기업도 최근 브랜드 안전에 대한 대책을 강구하고 있다고 한다. 이와 같이 선두 기업들이 브랜드 안전을 나서서 챙기는 것은 그만큼 브랜드 안전이 심각하게 위협받고 있기 때문이다

『마케팅 위크(Marketing Week)』지가 2020년 1월 유럽 IAB를 인용한 보고서에 따르면 유럽 브랜드의 3/4 이상(77%)이 광고에서 '브랜드 안전이 핵심 우선 순위'라고 말했으며 브랜드 안전 문제로부터 보호하기 위해 80% 이상이 일련의 솔루션을 사용하여 광고가 브랜드

1) Age, A. (2017, July 27). P&G slashes digital ads by $140M over brand safety. Sales rise anyway. Ad Age. https://adage.com/article/cmo-strategy/p-g-slashe/309936
2) Fou, A. (2021, January 2). When Big Brands Stopped Spending On Digital Ads, Nothing Happened. Why? Forbes. https://www.forbes.com/sites/augustinefou/2021/01/02/when-big-brands-stopped-spending-on-digital-ads-nothing-happened-why/?sh=6362407a1166

안전 환경에 표시되도록 한다고 한다. 방법론적으로는 브랜드의 약 93.8%는 블랙리스트, 91%는 키워드 타깃팅, 87.8%는 화이트리스트, 83.9%는 검증된 파트너를 사용하고 있었다.[3] 다양한 방법으로 위해 콘텐츠에서 브랜드를 보호하려고 하지만 급속도로 번져 가고 있는 저품질/비윤리적인 콘텐츠에서 브랜드를 보호하기란 쉽지 않다.

// 브랜드 안전 확보의 복잡성

디지털 미디어-광고 환경에서 브랜드가 직면한 위험은 더욱 복잡해지고 있으며 이에 대한 대응도 어려워지고 있다. 위험(危險)을 국립국어원 표준국어대사전에서 찾아보면 "해로움이나 손실이 생길 우려가 있음. 또는 그런 상태"를 의미한다. 웹스터 영어사전에서도 "Freedom from harm or danger"라고 정의하고 있어서 표준국어대사전의 정의와 크게 다르지 않다. 브랜드 안전은 "브랜드의 명성이나 이미지가 악성/부정적 콘텐츠에 의해 '위험'에 처하지 않도록 브랜드를 보호하는 것"이다.

브랜드 안전은 그 복잡성이 상당한데 그 주요 이유 중 하나가 '악성/부정적 콘텐츠에 대한 판별이 점차 모호'해지고 있기 때문이다. 광고시장은 전통적으로 비즈니스모델에서 양면시장(two-sided

3) Marketing Week Reporters & By Marketing Week Reporters. (2020, February 10). Brand safety, trademark infringement, marketing budgets: 5 killer stats to start your week. Marketing Week. https://www.marketingweek.com/brand-safety-trademark-infringement-marketing-budgets-marketing-stats/

market) 모델을 활용해 왔다. 매체는 비교적 저렴한 가격(또는 무료)으로 수용자에게 콘텐츠를 제공하고 매체의 시간/공간을 빌어 광고를 게재함으로써 상당한 수익을 창출하는 방법을 주로 활용한다. 결국 콘텐츠 소비자와 광고주라는 양측에서 이익을 취하는 것이다. 이런 이유로 '시청자를 끄는 콘텐츠(magnetic content)'를 수급하는 것이 매체 존속의 생명줄이라고 해도 과언이 아니다. 매체 입장에서는 시청자의 주목을 가장 극대화할 수 있는 콘텐츠가 시청률/조회수가 높고 또 콘텐츠 시청 인게이지먼트(engagement)가 높기 때문에 자극적이고 때로는 비윤리적인 콘텐츠를 의도적으로 방치하는 경우가 비일비재하다. 광고 조회 수를 높이기 위해 알면서도 위법한 콘텐츠의 노출을 방조했다고 비난받았던 페이스북(현 META)의 최근(2021. 10) 사건은 이미 소셜 미디어 기업의 추한 실체를 드러낸 사례로 유명하다. 구체적으로 내부 고발자에 따르면 페이스북은 청소년에게 미치는 콘텐츠의 유해성을 감추고 허위정보 유포를 알고 있으면서도 통제하지 않았다고 한다.

다른 사례로 엘사게이트(Elsa Gate) 사건이 있다. 미성년자에게 부적절한 주제를 담은 영상이 다수의 어린이 유튜브 채널을 통해 널리 포된 사건과 이를 둘러싼 논란이었다(2016~2017년 동안 발생). 아동이 좋아할 콘텐츠를 음란하게 변형한 이런 콘텐츠에는 유명 캐릭터를 활용했을 뿐 아니라 '교육(education)' '색깔 알아보기(learn colors)' '어린이 동요(nursery rhymes)' 따위의 키워드를 넣어서 콘텐츠 조회수를 강제로 높였다. 앞에서 언급한 사례들이 모두 온라인 광고 노출을 극대화하기 위한 콘텐츠 어뷰징(abusing: 남용, 오용, 학대 등을 뜻하는 abuse에서 파생된 단어)의 일환이다. 과거에는 방송과 지면을 중심으로 미디어의 공공성에 관해 이야기했다면 이제 4대 매체의 영향력을 능가하고 있는 소셜미디어도 또한 매체로서 공공성 기준을 상향해야 할 것이다. 광고주들은 이미 소수의 플랫폼이 지배적인 광고 미디어로 주도하는 소셜미디어 영역에서 그들의 광고가 소셜미디어상의 부적절한 콘텐츠, 증오연설 및 오정보(misinformation)와 함께 노출되는 것에 대해 심각하게 우려하고 있다.

[그림 8-6] 유튜브에서 문제가 된 엘사게이트(Elas Gate) 사건

다음으로 광고 게재에 대한 모니터링의 어려움이다. 디지털 광고의 경우 전통적 매체보다 광고 집행 여부에 대한 추적(tracking)이 더 정밀하다는 환상을 주지만(예: 광고주에게 실시간 디지털 대시보드 제공 등) 실제로 제공하는 정보 자체가 무의미하거나 실제로는 추적이 불가능에 가까울 정도로 복잡해지고 있다는 점을 명심해야 한다. 예컨대, 광고가 인공지능(AI)에 의해 자동 편성되면서 광고가 어떤 콘텐츠에 어떻게 집행될지를 매체 실무자가 결정하는 것이 아니라 AI 자동 편성 시스템에 의해서 배치가 되고 또 AI에 따라 자동 광고효과 리포트가 생성된다. 문제는 이러한 자료들이 정말로 사실을 이야

328 | 08 인공지능 시대 광고윤리의 새로운 도전: 다크 마케팅과 브랜드 안전

기하는지는 좀처럼 알기 힘들다는 점이다. 데이터 생산자가 직접 제공하는 데이터(first party data)는 가진 오용이나 왜곡의 유혹에 빠지기 쉽다. 이런 이유에서 디지털 광고에도 '데이터 인증/검증'이 필요하다는 점에 대한 공감대와 적극적 대응이 세계적으로 확산되고 있다. 중국과 일본을 포함한 아시아 태평양 국가들이 특히 브랜드 안전에 취약한 점을 고려할 때 국내 역시도 이런 부분에 대해 묵과할 수 없다.

다음으로, 소셜미디어 플랫폼을 일종의 개인의 수익화(monetization) 수단으로 활용하는 소셜 크리에이터(social creator 또는 influencer)가 만들고 유통하는 사용자 생성 콘텐츠(User-Generated Content: UGC)는 플랫폼의 통제가 실제 불가능하다는 점이다. 지금, 이 순간에도 생산되고 있을 브랜드 연관 콘텐츠들의 일부는 '브랜드에 대한 비난과 조롱' 등 의도적으로 브랜드의 안전을 해치는 것들이다. 이런 콘텐츠는 조회 수를 높이기 위해 건강한 비판이 아니라 '구체적 근거가 없는 비난'을 통해 시청자들에게 브랜드에 대해 잘못된 인상을 심어 준다.

디지털 미디어 업계는 위에서 언급한 브랜드 안전 관련 문제점을 해결하기 위해 WFA(World Federation of Advertisers: 세계광고주연맹)가 주축이 되어 책임 있는 미디어를 위한 글로벌 연합(Global Alliance for Responsible Media: GARM)을 출범했다. GARM은 온라인에서 유해한 콘텐츠의 가용성과 수익 창출을 줄임으로써 디지털 미디어의 잠재력을 보호하기 위해 마케팅 담당자, 미디어 대행사, 미디어 플랫폼 및 업계 협회를 통합하는 글로벌 업계 최초의 노력이다. 디지털 미디어의 긍정적 잠재력을 보호하기 위한 첫 번째 단계

로 GARM은 플랫폼, 대행사 및 마케팅 담당자에게 온라인에서 안전
하고 유해한 콘텐츠를 정의할 수 있는 프레임워크를 정교화하고 있
다. 2021년 10월 픽사빌리티(Pixability)와 GARM이 공동으로 발간한
보고서에서는 소셜 비디오에서 브랜드 안전에 대한 다섯 가지 이슈
(잘못된 위험 수준, 논란의 여지가 있는 영향 요인, 잘못된 어조 또는 하
위 주제, 브랜드 언급 및 아동용 콘텐츠)를 구체화한 바 있다.

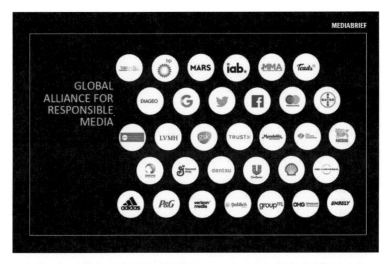

[그림 8-7] GARM에 가입한 대표적인 미디어/광고 관련 기업과 기관

GARM 외에도 매체사 기업 단위에서의 노력도 진행되고 있
다. 2021년, Twitter와 Facebook은 브랜드 안전에 대한 감사를 광
고주들에게 제공하기 위한 자체적으로 감사를 시작했다. 미국
MRC(Media Rating Council) 역시 소셜미디어 플랫폼 및 광고주와 협
력을 통해 브랜드 안전 광고 인증 가이드(Brand Safety Ad Verification
Guidelines)에 대한 고도화를 추진하고 있다. 이렇게 브랜드 안전이

국제적 의제로 발전하면서 이와 관련한 전문 회사들까지 속속 등장하는 중이다.

// 광고가 독이 될 때: 브랜드 안전의 심리학적 근거

광고를 집행하는 것이 브랜드의 성장과 지속성 그리고 가깝게는 매출에도 전혀 도움이 되지 않는 경우가 빈번하게 일어나고 있다는 점에 주목해야 한다. '광고를 집행하는 것 자체가 하지 않은 것보다도 더 못한' 극단적인 상황이 발생하고 있는 것이다. 광고비를 상당히 지불한 디지털 광고가 부정적인 콘텐츠와 함께 배치되면서 소비자들은 브랜드에 대해 긍정적 인상을 형성하지 못하고 되레 부정적인 인상을 지니게 되거나 나아가서는 불매 움직임까지 만들 수 있다. 이런 부분은 심리학에서 부정적 점화효과(negative priming effect)으로 설명할 수 있다. 점화이론은 1980년대 존 바지(John Bargh)라는 예일대학 심리학과 교수에 의해 사회인지심리학의 한 이론으로 구체화되었다. 1996년 실험에 의하면 피험자들이 잠시 동안 노인(elderly person)과 관련된 단어를 가지고 단어놀이(scramble test)를 한 후 실험자와 인사를 하고 걸어갈 때 피험자들은 인식하지 못하지만 통제집단에 비해 통계적으로 유의미하게 느리게 걸어갔다. '무례한(rudeness)'과 관련된 단어들을 가지고 단어놀이를 한 후에는 더 무례한 행동을 많이 했다고 한다. 이처럼 사람은 단순히 특정 의미 자극을 단순하게 접하는 것만으로도 이후 행동에 큰 변화를 나타낸다.

같은 맥락에서 부정적 콘텐츠 노출이 후속 광고에 주는 영향도 상당할 수 있다. 이런 부분은 다수 학술연구들을 통해 수차례 증명된 바 있다. 2020년 IAB(Interactive Advertising Bureau: 쌍방향광고협회)의 조사[4]에 따르면 "광고에서 소비자가 경험한 적대감"은 매출 손실(44.1%), 브랜드 자산 감소(42.4%), 부정적인 홍보(20.3%)가 뒤따랐다. 같은 보고서에 따르면 미국 소비자의 대다수(81%)는 유해 콘텐츠 옆에 브랜드가 표시되는 것을 성가시게 여기고 그들 가운데 62%가 광고가 저질 콘텐츠에 인접하여 표시되는 경우에 브랜드 사용을 중단할 것을 고려한다고 할 정도로 문제는 심각하다. 광고의 감각적 자극수준이 통념적 범위를 넘거나 광고가 반사회적이고 논란의 여지를 담고 있는 선정적 내용으로 그려질 때, 소비자들은 해당 광고에 대해서 비호의적으로 평가하고 광고주에 대해 부정적 반응을 형성한다(박재진, 이정교, 정영권, 2010).

부정적/악성 콘텐츠를 광고 실무자가 주관적으로 판단하기도 힘들지만, 한편으로 AI를 통해 자동 감별할 수 있는지에 대한 기술적 방법론도 매우 까다롭다. 과거에는 브랜드 안전성 보장은 웹사이트 전체나 URL 레벨에서 브랜드가 지정한 특정 타깃팅이나 회피 기준에 맞추어 피해 갈 웹사이트를 블로킹(blocking)하는 차원에서 간편하게 이뤄졌다. 문제는 많은 브랜드 안전 도구의 기본 방법론으로 단순히 키워드 차단에 의존하고 있다는 점이다. 예를 들어, 키워드에 '강간'이나 '성추행'을 포함한 콘텐츠에 광고를 편성하지 않는 방식 등이다. 하지만 소셜 동영상 가운데 다수는 콘텐츠 전체의 긍정/

---

4) https://www.iab.com

부정을 정량화하기 어렵고 또 이것을 컴퓨터가 이해하고 판결하기에는 상당한 판단력을 요구한다. 그렇다고 광고 편성 하나하나 영역 전문가(domain expert)가 매번 수작업으로 판결하는 것도 불가능하다.

앞에서 언급한 어려움도 기술적 혁신과 광고 분야의 연구개발에 따라 점차 보완될 것이라고 생각할 수 있다. 하지만 우리가 지난 10여 년간 활용해 온 맥락형 광고(contextual advertising: 시청자가 보는 삶의 맥락과 유사한 또는 관련성이 높은 브랜드를 편성하는 형식)가 우리 생각보다 불완전하게 발전해 왔음을 일상에서 자주 발견할 수 있다. '멍청한 인공지능 광고'라고 비난을 받을 정도로 맥락광고의 수준은 여전히 처참하다. 예컨대, 유명한 사례로 그룹 슬레이어(Slayer)의 'Raining Blood'라는 노래가 나오는 유튜브 하단에 '피(blood)'라는 의미에 맞춰 생리대 광고가 편성되었던 사례가 유명하다. 국내의 상황은 더 심각하다. 성인만화 광고를 비판하는 칼럼 옆에 성인만화 광고가 붙는 해프닝이나 육류를 줄이라는 건강 칼럼 하단에 육류 광고가 붙는 웃지 못할 광고편성 등 모니터 요원이 하루에도 수십 건의 유사 사례를 찾을 수 있는 정도다.

광고 캠페인이 정량지표에 맞춘-성과 중심적(performance driven)인 현행 마케팅 성과지표에서 보다 '브랜드 안전을 포함하는 지표'를 더해 광고 캠페인이 평가될 수 있도록 성과지표의 전반적 재정비가 필요하다(Johnson, Voorhees, & Khodakarami, 2023). 광고를 단순히 판촉 도구로 보기보다는 광고를 특정 문화의 발현이자 문화 콘텐츠로 평가해야 한다. 또 브랜드를 장기적으로 성공시키는 데 이바지할 마케팅 파트너로 간주해야 한다는 의미다. 이런 노력이 종국

에는 광고산업을 살찌우고 나아가서는 광고의 윤리적 기준을 높일
수 있음을 명심해야 한다.

// 다크 마케팅 방지와 브랜드 안전 보장을 위한 노력

브랜드 안전은 다크 마케팅의 일종인 광고사기(ad fraud)와 매우
밀접하게 연관되어 있다. 광고사기는 광고 집행에 관련한 다양한 사
이버 범죄행위(cybercrime)라고 광의적으로 정의할 수가 있는데, 브
랜드 안전을 해치는 이유도 결국 고의성을 지닌 광고사기에서 출발
하기 때문이다(Richet, 2022). 이런 맥락에서 미국 MRC를 비롯한 해
외 미디어 데이터 인-검증 기관들이 모두 '브랜드 안전 관련 기준'들
을 마련하고 있다.

2018년 기준 총 35억 달러에 육박하는 세계 전체 광고사기에 의
한 경제손실 규모(Statista, 2020)가 점차 증가하는 가운데 이제 광고
주가 직접 피부로 느낄 정도로 그 심각성은 현재 상당하며 더 심각
해질 것이 자명하다(2019년 이마케터의 추정에 따르면 2023년 100억
달러 수준). 이런 오염된 광고시장은 프로그래매틱(programmatic) 광
고 집행이 늘어 가는 요즘 광고주에게 큰 위협으로 작용하기도 한
다. 매체사에 광고사기로 인한 피해 과실에 대한 책임조차 묻기 힘
들게 되었다. 2021년 기준(KT그룹 나스미디어 제공자료)으로 약 12조
6,000억 원에 육박하는 국내 광고비에서 약 반(49%)에 육박하는 디
지털 광고의 혈액이 되고 있는 광고-미디어 데이터의 신뢰성에 대

해서 제대로 이해하는 광고주가 드물 정도로 현재 국내 광고주의 미디어-광고 데이터 리터러시는 취약하다. 이와 같은 무지(無知)와 플랫폼이 제공하는 1차 데이터(platform first party data)에 대한 맹신이 광고주가 광고사기에 속절없이 당하는 주요 이유다.

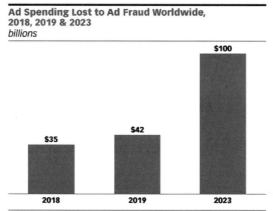

[그림 8-8] 세계 광고사기의 규모 추정

* 출처: eMarketer.

　그렇다면 어떻게 다크 마케팅에 대항해 브랜드 안전을 보장할 수 있을까? 우선 브랜드 안전 위해 행위를 광고사기이자 사이버 범죄로 분류하고 광고사기에 대한 강력한 법적 규제가 필요하다. 광고주의 광고비를 갈취하는 것은 결국 소비자의 주머니를 털어 가는 것과 다르지 않음을 인지하고 그 연장선에서 대응해야 한다. 광고사기는 소비자 대상의 사기(예컨대, 보이스피싱)와는 다르게 정책 입안자들이 그 심각성을 경시하는 경향이 있다. 그 이유는 피상적으로 보면 광고사기에 의한 피해가 우선적으로 광고주에 귀결되기 때문이다. 하지만 광고사기의 피해자는 결과적으로 제품 가격 상승을 통해 제품이나 서비스를 구매하는 최종 소비자가 된다. 광고사기는 엄연한 범죄다. 2021년 기준 720만 5천 명에 육박하는 국내 소상공인이 디지털 광고에 절대적으로 의존하고 있는 국내 현실을 고려하면 직접적으로 사기를 당하는 인구도 상당하다고 간주할 수 있다.

다음으로 대형 광고주를 중심으로 집단적 영향력을 발휘하는 것이다. 광고주가 시간과 인력적 제한 때문에 디지털 플랫폼에 광고를 신속하게 집행하고 그 성과를 믿고 구매하는 것은 실제 매우 위험함을 인지해야 한다. 우리가 믿고 있는 디지털 매체 환경은 상당히 오염돼 있음을 지각하고 미디어 환경을 보다 정화할 수 있도록 광고주 단체 공동의 움직임이 요구된다. 한편으로 소비자 단체를 주축으로 한 디지털 미디어 환경에 대한 정화 요청도 필요하다. 어린이와 노약자에게 무차별적으로 노출되는 음란, 사기 그리고 사행성 광고들이 줄 부정적 영향은 연구되지 않았지만, 상당할 것이며 그 피해는 우리 사회에 부정적 영향으로 전가될 것이다.

마지막으로 브랜드 안전에 관련한 산-학-연을 중심으로 한 연구개발이 필요하다. 앞서 이야기한 것처럼 콘텐츠의 내용을 자동 판별하는 것은 고도화된 인공지능의 개입을 요구한다. 각 문화권의 광고 콘텐츠에 적합한 인공지능을 활용하려면 단순히 해외 유명 회사의 솔루션을 구매하거나 임대하는 차원에서 끝낼 수 없다. 각 국가의 언어적 문화적 특성이 크게 다르고 이에 적합한 인공지능의 개발 및 수정보완이 지속적으로 요구되기 때문이다. 또 앞서 이야기한 규제를 가능하게 하려면 관련한 광고 정책/법 연구가 병행되어야 한다.

특히 콘텐츠로서 광고가 '표현의 자유(freedom of speech)'를 보장받음으로써 규제가 자유에 대한 침해로 오인될 수 있다는 점에서 광고 규제는 복잡성이 크다.

　다음으로 규제와 프라이버시 간에 마찰도 큰 이슈다. 실례로 광고사기에 대한 대응을 위해 2017년 P&G는 ANA(Association of National Advertisers: 미국광고주협회)의 지원으로 디지털 매체사들에게 표준의 확립과 제3자에 의한 감사를 요구한 바 있다. 그러나 거대 디지털 미디어 회사들은 이용자의 프라이버시 보호를 이유로 들어 이 요청에 따르지 않았다. 담장이 쳐진 정원'의 의미로 '월드 가든(walled garden)'이라고 불리는 초국적 플랫폼 사업자들은 폐쇄성을 무기로 각종 접근을 차단하고 있다. 또 광고편성에 따른 문제 발생 시 책임 귀인에서도 그 책임을 AI에 돌릴 수 있을지에 대한 문제는 최근 '자율주행차의 AI가 유발하는 사고 문제'와 유사한 맥락에서 논란거리로 불거질 수 있다.

// 소비자와 브랜드 모두 안전한 미디어 세상 만들기

　'브랜드가 안전한 세상'이 상업 문화가 건강한 세상이다. 건강한 상업 문화는 자본주의 사회에서 사회를 선한 방향으로 이끄는 양질의 콘텐츠를 만들어 낼 동력이 된다. 향후에는 단순히 브랜드의 안전에 대한 보장을 넘어서 광고주는 개별 브랜드의 목표에 맞는 최적의 콘텐츠를 결정할 수 있을 정도로 발전해야 한다. 구체적으로 콘

텐츠의 감정, 어조, 창의적인 메시지 및 기타 자격 요건을 기반으로
브랜드 커뮤니케이션 성과를 극대화할 콘텐츠를 선별할 수 있어야
할 것이다.

브랜드 안전에 대한 위협은 현대 디지털 자본주의 사회에서 일종
의 '썩은 피' 역할을 한다. 골수에서 만들어진 피가 세균에 오염되면
서 썩은 피가 몸 전체를 계속 돌고 돌아 장기와 기관들을 상하게 하
는 '패혈증(敗血症, 영어: sepsis)'처럼 브랜드 안전에 해가 되는 콘텐
츠들은 광고산업을 넘어 사회 윤리를 오염시킨다. 브랜드 안전에 대
한 문제는 광고면을 판매하는 매체사와 광고면을 구매하는 광고주
사이에 신뢰를 위협하며 광고주 입장에서는 브랜드 안전 보장을 위
해 추가적인 비용을 지출해야 한다. 종국에는 미디어/콘텐츠 산업
의 발전에 영향이 없는 '예산낭비'가 발생하며 브랜드뿐 아니라 미디
어 산업에 장기적으로 부정적인 영향을 주게 된다. 마치 악의 연쇄
고리처럼 위해성 콘텐츠의 범람은 브랜드 안전을 위협하는 것을 넘
어서 콘텐츠 시장의 경쟁구조 속에서 강화되면서 더 많은 부정적 콘
텐츠를 만들어 내게 된다.

브랜드 안전이라는 문제가 국경과 시간의 벽이 없는 디지털 환경
에서 이뤄지기 때문에 국내의 규제로는 부족하다. 전 세계 광고비
의 50%를 차지하고 있는 미국 그리고 그 다음으로 세계 광고 시장을
선도하고 있는 중국과 일본과 같은 선두 국가와의 정책적 협력이 필
수적이다. 글로벌 선두 국가와의 협업을 통해 막대한 힘을 지닌 초
국적 플랫폼에 대응하고 글로벌 광고주들의 연합전선을 통해 광고
산업을 전체를 더 안전하게 만들 수 있도록 산업단위의 국제 협력도
필수적이다.

소비자와 브랜드가 모두 안전한 미디어 환경을 만드는 것이 짧은 시간 동안에 이뤄질 것으로 생각하진 않는다. 하지만 여기서 중요한 문제는 우리가 본 사안이 복잡성과 어려움 때문에 노력을 게을리했을 경우, 브랜드 안전을 위협하는 다양한 다크 마케팅은 암세포처럼 빠르게 복제 성장하며 정교화되면서 우리가 대응할 수 없는 수준으로 진화에 진화를 거듭할 것이라는 점이다. 이를 명심하고 진지하게 또 신속하게 브랜드 안전을 위협하는 범죄에 대응해야 할 것이다.

// 마치는 글

AI 기술이 광고산업과 융합함에 따라 광고윤리의 개념과 실무 적용방안도 고도화될 것이다. 광고주는 윤리적 지침 및 규정에 따라 광고 실무 관행을 지속적으로 재평가하고 재조정해야 한다. AI의 이점을 광고 실무에 잘 활용할 뿐만 아니라 소비자의 권리를 존중하고 윤리적 행동을 중시하며 브랜드 안전을 우선시하는 광고 생태계를 구축하기 위해 노력해야 한다. AI 기반 광고의 진정한 성공은 AI의 기능을 활용하는 것뿐만 아니라 책임감 있게 활용하는 데 있다. 광고의 미래는 책임 있는 혁신에 달려 있기 때문이다.

09

생성형 인공지능 시대에 필요한 광고윤리를 위한 특별토론

진행: 정현영(한국광고총연합회 팀장)
토론자: 유승철 교수, 엄남현 교수, 상윤모 교수, 양승광 박사

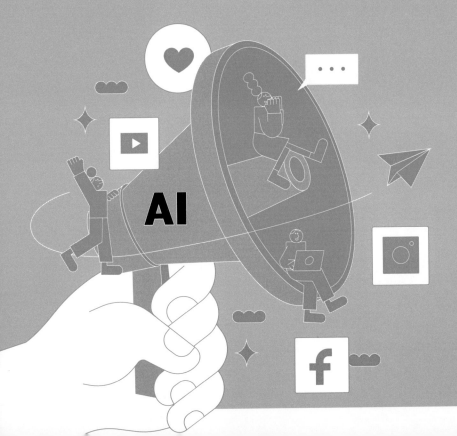

바야흐로 생성형 인공지능 시대가 도래했다. 기술 발전은 광고산업의 영역을 확장하고 또 규모 면에서도 성장을 가져왔다. 미디어는 복잡·다양해졌고, 광고산업에 포함되지 못한 광고의 새로운 유형들도 등장했다. 광고가 소비자들과 만날 수 있는 접점이 셀 수 없을 정도로 많아졌다. 기술은 이러한 접점들을 사람이 일일이 파악하지 않아도, 자동으로 데이터를 수집하고 분석하고 대응하게 해 준다. 광고 제작에 있어서도 기술은 시간과 예산을 줄여 준다. 이렇게 무수한 장점을 뒤로하고, 새로운 문제점도 등장하고 있다. 기술을 앞세워 허구와 실제를 구분하지 못하게 하는 다크 마케팅(dark marketing)이 대표적이다. 이는 윤리적인 문제를 넘어서 사기성과 같은 불법성을 띤다. 이 책은 인공지능 시대를 맞아 광고윤리는 어떻게 변화하고 무엇을 준비해야 하는가에 대해 다양한 주제로 접근해 이슈와 쟁점을 풀어놓았다. 그리고 이러한 시대를 광고윤리에 대해서 광고업에 종사하는 다양한 주체들이 법적 규제를 지키는 것은 차치하고서라도 스스로 자율적인 원칙을 세우고, 지켜 나가며 바람직한 모습의 광고계를 이끌기를 바란다. 나아가 이 책을 시작으로 한국광고총연합회가 1984년에 제정한 광고윤리강령을 40년의 변화한 시대 상황을 반영하여, 2024년에 보완하여 개정할 수 있기를 기대한다. 이런 바람으로 필진들과 '생성형 인공지능 시대의 광고윤리 필요성'에 대한 주제로 토론하는 시간을 가졌다. 이 장에서는 토론회에서 나온 발언을 정리하여 담았다.

국내에서는 최근 신문윤리위원회에서 신문광고윤리실천 요
강을 개정한 사례가 있는데, 이 외에는 광고단체나 광고주협회 등이
1970~1980년대에 광고윤리강령을 제정한 뒤로 그대로 머무르고 있습
니다. 그동안 광고시장이 이렇게나 성장하고 변모하는 데 반해 광고윤리
강령(원칙)은 수정, 보완되지 않아 왔다고 보시는지요?

유승철 교수: 2003년, 광고의 양적 성장이 최고치를 달성한 뒤, 질
적 성장이 이뤄지지 않았기 때문이라고 봅니다. 광고의 질적 성장이
이뤄지지 않은 이유는 다음과 같은 두 가지 때문입니다.

첫째, 경제적 문제입니다. 한국 경제는 발전과 성장이 함께 이뤄
졌습니다. 삼성, LG와 같은 국내 대기업들이 세계화되면서 광고 또
한 양적으로 성장하고, 자연스러운 글로벌화가 이뤄졌지만 이후
IMF가 터지면서 한국 경제가 긴축으로 변했고, 광고는 질적 성장으
로 이어지지 못했습니다. 이런 문제로 광고 관련 연구에 적절한 투
자가 이뤄지지 못했고 광고윤리도 그중 하나입니다.

둘째, 광고를 진흥시키고 질적으로 발전시키기 위한 정책적 토대
가 상당히 취약합니다. 현재 광고 관련 종합적 정책을 입안할 수 있
는 정책 컨트롤타워가 부재합니다. 광고와 관련된 정책 시행 기관은
과기정통부, 방송통신위원회, 행정안전부 등 기타 부서들로 나뉘어
있습니다. 광고 심의는 전적으로 자율이며, 의료기기협회, 대한의사
협회 등 수많은 협회가 각자 다른 기준으로 광고를 심의하고 있습니
다. 즉, 광고 관련 정책을 총괄할 수 있는 광고진흥단체 또는 광고심
의단체가 없습니다.

엄남현 교수: 현재 컨트롤타워가 부재하는 것은 정부에서 광고를 중요치 않게 여겼기 때문이라고 생각합니다. 그 결과, 광고윤리가 수정, 보완되지 않았다고 봅니다. 이제부터라도 광고사업뿐만 아니라 관련 단체에서도 윤리의 필요성에 대해 적극적으로 목소리를 내야 한다고 생각합니다.

상윤모 교수: 윤리강령이 계속 수정 및 보완되지 않는 이유는 어쩌면 윤리강령이라는 것이 자주 바뀌면 오히려 더 문제가 될 수 있기 때문이라고 생각합니다. 윤리강령은 어린이 보호, 법령 준수, 인권 존중 등 큰 틀에서 방향성을 제시하고 있습니다. 윤리강령 아래 심의 규정이 기술적 · 사회적 변화와 다양한 니즈를 반영하는 구체적 사안입니다. 따라서 심의 규정이 필요에 따라 적절한 때에 개정된다면, 윤리강령이 자주 개정되지 않는 것은 큰 문제가 아니라고 생각합니다. 인터넷신문윤리위원회의 경우 최근 광고 심의 규정에 대한 개정작업을 진행했으며, 이사회의 승인을 거쳐 내년 1월에 심의 규정이 업데이트될 예정입니다. 이런 식으로 심의 규정이 적절한 시기에 개정되면 된다고 생각합니다.

양승광 박사: 1984년에 제정된 광고윤리강령이 왜 수정되어야 하는지에 대해 생각해 봤습니다. 현재의 광고윤리강령 중 폐기되어야 할 내용은 없다고 봅니다. 광고 심의 규정 또한 광고를 '상거래에 쓰이는 것'이라고 한정한다면, 더 추가하거나 보완할 것도 별로 없습니다. 그렇다면 지금 이대로 괜찮은 걸까요? 이 문제는 윤리와 광고를 어떻게 정의하느냐에 따라 달라진다고 봅니다. 광고를 '상거래'

로 한정한다면 앞서 말했듯이 변경할 필요가 없습니다. 그러나 광고를 우리가 가장 많이 보는 콘텐츠로서, 사회적 영향력과 책임이 있다고 생각한다면 달라집니다. 여기에 '윤리'를 지켜야 하는 것이 아닌 '선한 것' '옳은 것' '이상적인 것'으로 본다면 광고 규정 또한 사회적 책임을 다하기 위해 수정하고 보완되어야 할 것 같습니다.

유승철 교수: 광고윤리강령은 다음과 같은 두 가지로 수정될 필요가 있을 것 같습니다. 먼저, 세칙에 대한 구체화가 중요하다고 생각합니다. ICC가 만든 광고윤리강령의 경우, 주요 강령에 대해 세칙이 사례로 붙습니다. 그러나 국내의 경우 추상적인 절대선에 대해서 이야기할 뿐, 사례는 존재하지 않습니다. 두 번째로, 새롭게 나오는 신유형 광고 등 기존의 강령으로 설명되지 않는 광고가 너무 많습니다. 예를 들어, 버추얼 인플루언서(virtual influencer), 스폰서드 콘텐츠(sponsored contents), AI가 합성한 합성물의 초상권 문제 등 과거 강령으로는 설명되지 않는 문제가 생겨 버렸습니다. 이와 같은 부분은 재검토가 필요하다고 생각합니다.

AI가 등장함으로써 광고윤리가 쟁점이 되는 사안들은 무엇일까요?

양승광 박사: 생성형 AI를 활용한 광고 제작의 경우, 저작권 침해를 확인하기 위한 검증이 매우 어렵습니다. 사실 광고 제작에 AI를 활용한다고 해도 문제가 되지 않지만, 문제는 AI의 창작물은 근거를 밝히지 않는다는 점입니다. 그러하기에 AI의 창작물이 기존 저작권

을 침해하는지 알기가 너무 어렵고, 그 침해 책임은 전적으로 광고주와 광고 제작사가 떠안게 됩니다. 물론 AI를 통해 기존의 저작물과 AI의 창작물이 실질적 유사성이 있는가에 대한 여부를 검토하면 좀 용이할 수 있을 것이지만, AI를 통한 창작·검증·수정이 계속되면, 과연 이 형태가 AI를 활용하지 않은 창작에 비해 더 수월할 것인가라는 의문이 듭니다.

상윤모 교수: 제가 담당한 챕터는 상업적 표현으로서의 광고 표현의 자유에 대해 살펴보면서 딥페이크와 같은 새로운 기술이 등장함에 따라 광고 표현의 자유 그리고 광고윤리 차원에서 어떤 문제가 제기되는지 살펴보았습니다. 다른 챕터의 경우, 기사형 광고 이슈를 살펴보았습니다. 생성형 인공지능 시대에 가짜 뉴스뿐만 아니라 딥페이크 기술을 이용한 광고가 쉽게 그리고 빨리 제작될 수 있는 만큼 이러한 기술이 현재 기사형 광고 이슈와 결합하면 더 큰 법적·윤리적 문제를 낳을 수 있습니다. 특히 기사형 광고의 경우 랜딩 페이지와 연결되어 소비자를 기만하고 현혹하는 것이 문제가 되는데, 이러한 부분에 인공지능이 이용될 경우 더욱 큰 혼란을 가져올 수 있다고 생각합니다. 이러한 이슈는 저널리즘 차원에서도 상당히 문제가 된다고 생각합니다.

엄남현 교수: 광고윤리적 측면에서 두 가지를 생각해 봤습니다. 먼저, AI의 무작위 개인정보 수집입니다. AI는 소비자의 동의 없이 무작위로 개인정보를 수집할 수 있다는 문제가 있습니다. 다음으로, 가짜 정보의 문제가 있습니다. 문헌 연구할 때 참고 문헌을 AI에게

질문하면 10개 중 3~4개 정도의 오류가 있었습니다. 따라서 AI를 통해서 광고를 만들 때 가짜 정보로 광고가 제작될 수 있는데, 만일 이 광고가 소비자들에게 진짜로 느껴진다면 더 큰 문제로 번질 수 있습니다.

유승철 교수: AI를 통해 무차별적으로 생성되는 불법, 자극적 콘텐츠를 문제점으로 들 수 있습니다. 이미 온라인상의 성형수술 광고의 모델은 사람이 아닌 인공지능이 만들어 낸 딥페이크 인물입니다. 이는 초상권, 저작권 문제를 넘어 젠더 이슈, 사회적 고정관념(stereotype) 등 사회문화적으로 부정적 영향을 줄 수 있습니다.

미국의 경우, 인공지능이 만들어 낸 콘텐츠 광고에 디지털 워터마크 삽입을 의무화하고, 구글이나 오픈 AI 등이 이러한 규제에 참여도 한다고 합니다. 국내에서는 아직 이런 움직임이 없는데 이런 규제가 앞으로 필요할까요? 아니면 AI 시대, 자율규제와 법적 규제 어느 쪽에 더 중심 무게를 둬야 할지 말씀 부탁드립니다.

엄남현 교수: 자율규제와 법적 규제가 동시에 함께 가야 한다고 생각합니다. 현재 네이버나 카카오의 경우, 광고 표현 중 혐오 표현, 젠더에 대한 편향된 견해 등이 있으면 자율적으로 규제하고 있습니다. 이처럼 디지털 플랫폼 기업들에게 더 그들이 소비자에게 미치는 영향력을 인지시켜 최대한 자율규제를 유도하는 것이 필요합니다. 동시에 EU나 미국처럼 워터마크를 통해 AI 콘텐츠임을 알려 줄 필요가

있습니다. 이는 소비자 권리 차원에서 필요한 조치라고 생각됩니다.

양승광 박사: 광고윤리와 법규를 지키기만 한다면, 광고 창작의 수단이 무엇이냐는 간섭할 필요가 없다고 생각합니다. 즉, 상업광고에서 창작 수단이 AI인가 아닌가를 아는 건 필수적이지 않습니다. 저작권과 부당광고 등의 규정을 지키기만 하면 됩니다. 따라서 법적 규제를 도입하기보다 자율규제로부터 시작하는 것이 바람직하다고 봅니다. 기술의 진보에 따라 규제 내용은 계속 변할 수 있기 때문입니다.

문제점은 AI를 통해 역사적 허구를 광고로 만들어 내보낼 경우, 성인과 달리 어린이 소비자들은 그것을 진짜라고 인식할 가능성이 크다는 것입니다. 물론 어린이 소비자를 보호하기 위한 규제는 존재하지만, 기술이 발달하면서 지금의 규제는 어린이 소비자를 보호하기에는 현저히 부족해 보입니다. 만약 이 점까지 고려한다면 워터마크와 같은 규제를 시행하는 것도 괜찮은 방안이라고 보입니다.

상윤모 교수: 자율규제만으로는 한계가 있다고 생각합니다. 따라서 법적 규제가 어떤 식으로든 필요하며 상호보완적으로 운영될 필요가 있습니다. 기사형 광고의 경우 국내 3~4곳(한국광고자율심의기구, 한국신문윤리위원회, 인터넷신문윤리위원회 등)의 자율규제기구가 운영되고 있지만, 규제의 실효성에 다소 의문이 제기되고 있습니다. 경고나 주의 처분이 내려져도 이에 대한 이행률이 그렇게 높지 않다는 문제가 있습니다. 신문법에 있던 기사형 광고에 대한 과태료 부과 조항은 삭제되었으며, 표시광고법에는 이에 대한 일반적인 제

재가 없는 상태입니다. 이행률을 실질적으로 확보할 방법은 법적 규제밖에 없기에, 어떤 식으로든 보완되어야 한다고 생각합니다. 적어도 기사형 광고에만 한정해 보더라도 자율규제만으로는 부족하다고 생각합니다.

엄남현 교수: 산업계에서 자발적으로 통제하고, 자정의 목소리를 높여 가는 것도 필요합니다. 광고대행사의 경우, 젠더 감수성 관련 문제 있는 광고를 제작할 때 소비자가 항의하거나 신문 기사화가 되는 경우가 있습니다. 이와 같은 인식을 통해 산업계에 자율통제를 유도할 수 있다고 봅니다.

유승철 교수: 자율규제는 시장이 성숙했을 때 이뤄진다고 생각합니다. 현재 국내 시장 현황은 미성숙하여 법적 조치가 필요하다고 생각합니다. 한국의 경우 언론사가 등록제이고 정말 많은데, 이들의 주요 수입원은 배너광고입니다. 그 결과 선정적, 문제가 있는 비윤리적 광고들이 상당히 많습니다. 언론사의 트래픽을 검증하는 위원회도 있지만, 이들의 정보 또한 믿기 어렵습니다. 제3자가 검증하지 않고 언론사가 스스로 보고한 자체 정보이기 때문입니다. 이 같은 환경에서는 강력하지 않더라도 어떤 법적 조치는 필요해 보입니다.

딥페이크 같은 경우, 해외와 달리 국내에서는 아직 상업광고 활용 사례가 많지 않습니다. 그러나 이런 기술적인 발전으로 인해 그려 낸 크리에이티브의 우수성에 대한 찬사와 광고윤리 측면에서 비난받는 아이러니가 발생하는 경우, 이를 업계에선 어떻게 바라봐야 할까요?

상윤모 교수: 이 이슈는 법적 측면뿐만 아니라 광고윤리 차원에서도 중요한 이슈입니다. 폭스바겐이 자사의 광고 속에 고인이 된 브라질 유명 여가수를 딥페이크 기술로 재현하여, 딸과 같이 등장하는 광고를 만들었습니다. 문제는 폭스바겐이 브라질 독재 정부의 노동 탄압에 협조적인 태도였던 것과 반대로, 사망한 여가수는 과거 브라질 정부의 노동 탄압에 반대 목소리를 꾸준히 낸 사람입니다. 광고 제작 전 유족으로부터 동의를 얻어 법적인 논란은 피했지만, 고인의 명예를 훼손했다는 윤리적 논란을 야기했습니다.

개인적으로는 앞으로 광고 제작을 포함한 창의성이 돋보이는 분야에서 인공지능이 더 많이 사용될 것으로 생각합니다. 이미 인공지능이 가장 늦게 도입될 것이라고 여겨졌던 예술적인 부분에서 인공지능이 많이 사용되고 있기에 이를 막을 수 없습니다. 따라서 인공지능을 어떻게 효율적으로 사용할 것인가를 고민해야 하고, 사후 윤리적·법적 문제가 발생할 때 이를 어떻게 규율하고 피해를 구제할지 고민하는 것이 중요하다고 생각합니다.

> 🖥️ 광고 심의 규정에 있어, 유튜브 같은 글로벌 매체(플랫폼)가 사각지대에 있는 탓에 문제로 지적되고 있습니다. 특히 디지털 환경은 국경이 없기 때문에 광고윤리 문제로 인해 브랜드나 제품에 타격을 받거나 국가이미지에도 손상이 가는 등 글로벌적인 쟁점이 될 수 있습니다. 그래서 국내 규제로는 부족해 보이는데, 광고산업을 안전하게 만들기 위해서 어떤 노력이 필요할까요?

유승철 교수: 한국이 글로벌 연합체와 연합하여 할 수 있는 일을 찾아보는 방법을 제안합니다. 현재 유럽은 강한 규제이고, 미국은 자율규제를 채택하고 있습니다. 그러나 한국은 규제에 대한 방향성이 없는 상태입니다. 이번 개인정보위원회에서 법안을 추진하는 방향은 강한 규제이지만, 이 법안은 유튜브나 넷플릭스를 강제할 수 없고, 결국 소상공인에게 영향을 미쳐 산업에도 큰 영향을 미칠 수 있습니다. 따라서 한국이 규제 차원에서 목소리를 내더라도, 실천적 차원에서 가능할지에는 의문이 듭니다. 따라서 GARM(Global Alliance of Responsibility of Media)과 같이 메타, 구글도 가입된 글로벌 연합체와의 협업을 통해 해결해 볼 수 있다고 생각합니다. 문제는 한국 광고산업이 연합이나 협업을 위해 필요한 기본적 토대가 부족하다는 점입니다. 일례로 한국은 아직 디지털 광고 사전이 없습니다. 세계 7위임에도 용어사전(glossary)이 없어서 IAB가 출간한 사전을 번역도 하지 않고 그대로 사용하고 있습니다. 이와 같은 토대 부분을 총연합회를 포함한 기관들이 갖출 수 있도록 노력하는 게 중요합니다. 올해는 애드아시아(AdAsia)도 서울에서 개최되니, 이를 전기로 맞이해서 시작해도 좋을 것 같습니다.

엄남현 교수: 한국에 들어와 있는 외국계 기업에 자율규제를 강력하게 할 수 있는 무언가가 필요합니다. 최근 기사에서 미국 정부가 어린이 보호 차원에서 메타, 유튜브 등의 콘텐츠를 강력하게 제한한다고 발표했던 것 같습니다. 그러나 국내에는 규제가 없고, 그 결과 빅플랫폼이 자유롭게 자기들의 놀이터로 쓰고 있다는 생각이 듭니다.

유승철 교수: 한국 디지털 광고비 60%가 유튜브와 메타의 광고비입니다. 그 상황에서 규제를 아무것도 안 하는 것은 정말로 글로벌 기업에 대해서 방관하는 것과 다르지 않다고 생각됩니다. 특히 가장 큰 문제점은 지역 광고와 소상공인 광고 대부분이 유튜브와 페이스북으로 편중되어 있다는 점입니다. 정부 지자체의 평가 사업에도 소셜 미디어 성과 정도가 포함되어 있기 때문에 정부 지자체도 소셜 미디어 광고 성과에 혈안이 되어 있습니다.

기술 발전은 광고윤리 문제를 넘어 불법성을 드러내기도 합니다. 예를 들면 다크 마케팅(다크 패턴) 같은 건데, 실제와 허구를 구분하기 힘들다는 점을 악용해 비윤리적인 이득을 취하는 형태입니다. 이에 대해서 유럽은 디지털 서비스법을 시행하고 있는데, 국내에서는 광고윤리적 차원에서 어떤 대응이 필요할까요?

양승광 박사: 기본적으로 통합적 접근이 필요하다는 데 동의합니다. 여기에는 법률적 대응 역시 들어가지만, 그 실효성에는 한계가 있습니다. 법률 집행을 위해서는 행정력이 수반돼야 하며, 여기에

투여되는 행정 에너지의 크기에 따라 실효 정도가 달라집니다. 통합적 대응에서 가장 강조하고 싶은 것은 광고 리터러시 교육입니다. 제일 확실한 건 소비자의 광고 문해력을 높이는 것입니다. 광고물은 일상에서 가장 많이 접하는 창작물입니다. 글의 종류에 굳이 꿰맞추자면 설명문으로 포장한 논설문이라고 할 수도 있습니다. 대단히 독특한 형식입니다. 의무교육 과정 국어 과목에 광고 리터러시를 포함할 수 있으면 좋을 것입니다.

유승철 교수: 저는 강한 규제로 가야 한다고 생각합니다. 페이스북과 같은 규모 있는 기업도 소비자를 속이고 있습니다. 컨펌 쉐이밍(confirm shaming)이라고 해서, 안 누르면 바보 같은 느낌이 들도록 해서 결국 누르게 만들어 소비자의 트래픽을 모으고 있습니다. 아마존 쇼핑몰도 35불짜리 제품을 보다가 시간이 지나 다시 돌아가면 45불이 되는 현상이 허다합니다. 국내 기업도 마찬가지입니다. 영수증 리뷰도 크몽과 같은 아르바이트 중개 앱을 통해 하나당 3~4천원씩 받고 하는 가짜 리뷰입니다. 아마 사기를 당했는데, 당한지를 모르고 사는 사람들이 정말 많을 것이라고 생각합니다. 강한 규제로 가지 않으면 시장 전체가 악화될 수 있으며, 피해자 또한 증가할 것입니다.

엄남현 교수: 우리나라의 규제를 잘 따를 수 있도록 높은 벌금 부과가 필요하다고 생각합니다. EU의 경우 구글, 유튜브와 같은 빅플랫폼 기업이 법을 위반할 시, 과도한 벌금을 부과합니다. 이에 유럽에서는 큰 잘못을 일으키지 않습니다. 그래서 우리나라의 규제를 잘

따를 수 있을 수준의 벌금이 필요하다고 생각합니다.

> 여러 가지 피해 사례를 보더라도, 달라진 광고 환경에 따른 광고윤리 교육이 필요해 보입니다. 광고윤리 교육의 대상이나 내용이 어떠하면 좋을까요?

엄남현 교수: 먼저, 매체 변화에 따른 눈높이 교육이 필요합니다. 우리나라 광고 교육은 시대에 맞지 않습니다. 현재 우리나라 광고 교육은 초등학생 대상이며, 5~6학년 책의 간단한 챕터를 통해 진행됩니다. 예시로 나오는 광고는 TV의 광고, 그것도 코바코 공익광고 한 편, 신문 광고 등 기존의 레거시 미디어를 보여 주고 있습니다. 문제는 우리나라 초등학교, 중학교, 고등학교 학생들이 신문도, TV도 보지 않는다는 것입니다. 이와 달리 캐나다, 미국의 온라인 광고 교육의 사이트를 들어가면 버추얼 인플루언서에 대한 광고 교육이 이뤄지고 있습니다. 국내 또한 분발해야 합니다.

다음으로, 광고를 객관적으로 바라볼 수 있도록 교육해야 합니다. 국내에서 광고를 바라보는 시각이 매우 비판적입니다. 국어 시간의 교재들은 대부분 "광고를 조심해야 해, 허위와 과장 광고가 많아"라는 태도를 보이고 있습니다. 미국이나 캐나다의 경우는 "광고는 ~한 개념에서 ~한 것을 전달해. 하지만 허위광고가 있으므로 그런 건 우리가 설득지식을 높여서 잘 봐야 해."라고 가르칩니다. 이와 달리 우리나라는 광고에 과장과 허위가 있다는 전제를 하고 있어서 오히려 편견을 심어 준다고 생각합니다.

마지막으로, 광고 교육이 제대로 이뤄지도록 노력해야 합니다. 광고 리터러시 교육은 미디어 리터러시 교육의 일부로, 강사들이 관심이 없거나 시간이 없으면 생략되는 경우가 많습니다. 중요하지 않은 주제라고 생각되기 때문입니다. 하지만 생성형 인공지능 시대에 광고가 세분화되고 있습니다. 광고를 분별력 있게 판단할 수 없다면 사기를 당할 수 있습니다. 나아가, 현재 초등학생 대상으로만 되어 있는 광고 교육을 초·중·고로 체계화하여 교육이 이뤄져야 합니다. 광고를 가지고 하는 리터러시 교육과 광고를 목적으로 하는 교육이 동시에 이뤄져야 합니다. 디지털 시대에 맞는 광고 리터리시 교재 및 교육자 양성 또한 절실합니다.

유승철 교수: 교육은 두 가지 방향으로 진행돼야 합니다. 먼저, 다크 패턴이나 광고 사기에 대한 교육이 이뤄져야 합니다. 초등학생들은 사기 광고 여부에 대한 인지조차 없습니다. 따라서 이에 대한 교육이 필요합니다. 또 다른 방향은 광고의 긍정성을 교육하는 것입니다. 이를 위해 광고를 경제 및 문화 교육의 일종으로 하여 분량을 늘렸으면 좋겠습니다. 현재 아이들이 보는 광고책은 광고를 모두 부정적으로 보고 있어서, 어린이를 위한 새로운 광고책도 출판됐으면 좋겠습니다.

앞으로 AI 기술이 일상생활 곳곳에 활용되는 시대를 살아갈 텐데요. (개인적으로) 광고가 지녀야 할 가장 중요한 광고윤리의 기본 원칙은 무엇이라 생각하는지요?

상윤모 교수: 저는 투명성이라고 생각합니다. 광고라는 사실을 소비자가 알 수 있다면, 기사형 광고가 포함되는 네이티브 광고 또한 긍정적일 수 있습니다. 실제로 해외의 경우 기사형 광고를 네이티브 광고에 포함하며, 무조건 부정적 시각으로 바라보지는 않습니다. 오히려 일정한 조건만 충족된다면 장려하는 것을 볼 수 있습니다. 무엇보다 소비자들이 광고와 편집 콘텐츠를 명확하게 구분할 수 있도록 광고가 제작되는 것이 중요합니다. 이를 위해서는 자율 규제와 정부 규제가 효율적으로 이루어질 필요가 있습니다.

양승광 박사: 저는 신뢰성이라고 생각합니다. 소셜 미디어를 사용하다 광고를 접하면, 광고 속 댓글이 사실인지, 평점을 믿어도 되는지 고민하다 결국 구매하지 않게 되는 경우가 있습니다. 본래 광고는 정보 전달을 통해 소비와 구매가 빨리 이뤄지도록 하여 개인의 삶을 풍요롭게 하는 것입니다. 그러나 신뢰할 수 없다 보니 오히려 본래 기능인 '소비 촉진'을 저해하고 있습니다.

엄남현 교수: 저는 사회적 책임이라고 생각합니다. 광고가 사회의 거울이라는 말이 있듯이, 광고는 사회적 책임을 갖고 소비자와 대면해야 합니다.

유승철 교수: 저는 건전성이라고 생각합니다. 옛날 광고와 현재 광고를 비교해 보면, 현재 광고의 품질이 현저히 떨어졌다는 사실을 발견할 수 있습니다. 과거에는 CF 1편당 3.5억 정도였지만, 요즘 프로덕션에 물어보면 CF 하나에 1억에서 찍어 주는 사람도 생겼고, 5천만 원에 찍어 주는 사람도 생겼습니다. 이건 비단 한국만의 문제는 아닙니다. 세계적으로 디지털화가 되면서 광고 수준이 떨어지고, 건전성 또한 떨어졌습니다. 광고는 문화적 가치를 포함하고 있기에, 광고의 품질 하락은 곧 문화적 건전성의 하락을 의미합니다. 인공지능의 영향으로 광고 시안을 가져오는 속도도 빨라지고, 원가도 더 저렴해지는 등 더욱 문제가 커질 것입니다. 따라서 광고 연합체들이 광고인의 복지를 신경 써야 합니다. 적정한 시급도 정해 줘야 하고, 타임라인도 정해야 하고, 단가체계도 역시 흔들면 안 된다고 생각합니다.

🤖 기술 발달에 따라 광고 형태와 종류가 복잡·다양해지고 있고, 변화 또한 급격하게 일어나고 있어 광고윤리의 구체적 내용을 적시에 담아내기가 쉽지 않아 보입니다. 그럼에도 불구하고 광고주, 광고회사(대행사, 제작사), 매체사, 소비자, 나아가 국가에 이르기까지 광고윤리의 발전을 위해서 노력해야 할 부분(역할, 인식 등)들을 각각의 주체 입장에서 충언하신다면요?

유승철 교수: 광고주는 좋은 광고뿐만 아니라 좋은 광고 제작자의 공로도 인정해야 합니다. 올해 광고주협회에서 처음으로 '올해의 마케터상'을 제정했습니다. 이같이 광고를 만든 사람이 칭찬받는 구조

를 만드는 게 중요한 것 같습니다. 좋은 광고가 좋은 돈을 받고, 제대로 제작될 수 있는 환경을 만드는 흐름을 잡아 줘야 합니다.

다음으로, 광고주 리터러시가 필요합니다. 광고주들이 무식해지고 있습니다. 광고주들은 광고 교육을 받지 않은 채로 직장 생활을 시작하여 CTR(click through rate)도 계산하지 못하는 상황입니다. 그 결과 광고주가 다크 마케팅과 같은 사기를 당하고 있다고 생각합니다. 광고주 매뉴얼조차 없어서 옥외광고를 어떻게 집행하는지 모르는 광고주도 있습니다. 이런 상황에서 AI 도입으로 제작도 자동화된다면 더 무지한 광고주가 생길 수 있습니다.

엄남현 교수: 저는 소비자가 노력해야 할 부분 세 가지를 고민했습니다. 먼저, 적극적인 피드백을 제공해야 합니다. 다양한 소셜채널을 통해 적극적으로 목소리를 내는, 게이트키퍼의 역할을 보여 줘야 합니다. 두 번째로, 소비자들도 다양성과 포용성을 지지해야 합니다. 마지막으로, 소비자는 자기 판단력, 광고 문해력을 스스로 향상시켜 자신을 지켜야 합니다.

양승광 박사: 매체사 역시 광고산업의 한 플레이어라는 인식이 필요합니다. 역할은 그다음에 고민할 일입니다. 매체사의 가장 큰 수입이 광고이지만, 매체사는 스스로 광고산업에 속해 있다고 인식하지 않습니다. 백화점에서 제품을 판매하는 점포의 이미지는 결국 백화점으로 전이되는 것처럼, 매체사에서 파는 광고 이미지는 결국 매체사로 전이됩니다. 매체사 또한 광고산업의 구성조직 중 하나로 인식되어야 합니다. 이것이 광고윤리 발전의 시발점이 될 것입니다.

상윤모 교수: 정부는 이제 태도를 변화해야 합니다. 규제가 필요한 곳에서는 적극적으로 역할을 다해야 합니다. 방송 광고의 경우, 다른 매체에 비해 상당히 강한 규제가 들어가고 있습니다. 그러나 OTT 광고의 경우, 자율규제를 취하고 있습니다. 이는 형평성의 문제를 제기합니다. 국내와 국외 사업자 간 규제의 형평성 문제도 제기됩니다. 사실 이 '형평성의 문제'는 오랫동안 정부 및 의회에서 논의한 사항이지만, 진도가 나가지 않고 있습니다. 해외의 경우 인공지능 기술을 이용하여 제작된 정치광고의 경우 이를 밝히도록 하는 법안이 생겼고, 딥페이크 규제에 대해서도 활발히 논의 중입니다. 이처럼 새로운 기술적 변화에 대응해야 하는 시기에 우리 정부도 적극적인 역할을 담당해야 한다고 생각합니다.

유승철 교수: 광고대행사의 경우, 협의체를 구축할 필요가 있습니다. 현재 국내 대행사 중 독립광고대행사의 경우 종합광고대행사 수준의 규모를 갖춘 기업이 드뭅니다. 그 결과, 규모의 경제로 성장하지 못하고, 광고윤리와 관련한 연합체 또한 없는 상황입니다. 협의 관계를 통해 광고인들끼리 일종의 실무 윤리 규율을 만들어야 합니다. 예를 들어, 단가경쟁을 저단가로 하지 않는 것이 있습니다. 또한 광고산업 종사 인력에 관련한 노동 문제도 고민해야 합니다. 인공지능 확산에 따라 노동윤리가 더 필요할 것이기 때문입니다.

엄남현 교수: 광고대행사가 할 일에 대해 덧붙이면, 광고윤리 차원에서도 사내 교육을 강화해야 합니다. 젠더 감수성, 남녀 고정관념 등 윤리적 차원에서 체계적인 사내 교육이 필요하다고 생각합니다.

🖥 이번 책 집필을 계기로 광고가 어떤 역할을 하기를 원하는지요?

엄남현 교수: 광고가 사회를 건강하게 만드는 데 도움되는 역할을 했으면 합니다. 생성형 AI의 발전으로 정보와 콘텐츠가 폭발적으로 늘어날 가능성이 있으며, 이런 상황에서 광고는 사용자에게 유용한 정보와 불필요한 정보를 필터링하는 중요한 역할을 할 수 있습니다. 또한 생성형 AI를 활용한 광고는 진짜와 가짜의 경계를 모호하게 만들 수 있으며, AI가 생성한 광고 콘텐츠와 실제 콘텐츠를 구분하기 어려운 상황에서 광고는 사회적으로 진실성과 투명성을 유지하는 역할에 직면하게 됩니다. 그 결과, AI와 기술에 대한 사회적인 인식과 교육의 중요성이 강조될 것입니다. 광고는 이러한 기술의 가능성과 한계를 소비자에게 전달하는 채널로 작용할 수 있다고 생각합니다.

상윤모 교수: 일반적으로 광고는 '사회를 비추는 거울'이라고 이야기됩니다. 광고가 사회를 비추는 거울 역할을 함에 있어서 투명성, 신뢰성, 다양성 등 기존 광고윤리에 기대되었던 핵심적 가치들이 생성형 AI의 시대에도 여전히 유지되고 시대 변화를 반영하여 발전할 수 있기를 바랍니다.

양승광 박사: 아까 다른 질문에서도 답했지만, 미디어의 확산으로 소비자가 가장 많이 접하는 글과 이미지가 광고입니다. 사회에서 가장 많이 노출된다는 것은 사회에서 해야 할 역할도 많다는 의미입니다. 광고는 사회를 확 바꾸기도 합니다. 예를 들어, 알바몬 광고는 대

한민국 사회의 노동 현실을 한 단계 끌어올렸습니다. 숱한 근로감독과 캠페인으로도 쉽지 않던 최저임금 준수를 15초 광고 한 편이 바꿔버린 것입니다. 윤리가 지켜야 할 것으로도, 추구해야 할 것으로도 쓰입니다. 사회적 이상을 달성하는 데 광고가 큰 동력이 됐으면 합니다.

유승철 교수: 광고는 경제의 혈액이며 문화를 만드는 동인입니다. 콘텐츠 산업의 드라이버로서 광고의 역할을 인정하고 진흥해야 합니다.

 다음은 1984년도에 한국광고총연합회(구 한국광고단체연합회)에서 제정한 광고윤리강령입니다. 1984년에 제정하고 이후에 한 번도 개정되지 못했는데요. 다음 항목에서 시대상황을 반영해서 수정, 보완되어야 할 조항과 그 내용은 무엇이라고 생각하시나요?

1. 광고의 목표는 대중의 복지와 편익을 우선하는데 두어야 한다.
2. 광고 활동은 사회 도의와 규범 및 양속에서 벗어나서는 안 되며, 사회 대중의 신뢰를 얻을 수 있어야 한다.
3. 광고 표현은 진실하여야 하며 허위나 과대한 표현으로 소비자를 현혹시키지 않아야 한다.
4. 광고 내용은 타를 중상하거나 비방해서는 안 되며 또한 모방이나 표절이어서도 안된다.
5. 광고 거래는 공정하고도 자유로운 거래를 원칙으로 하며 광고 발전을 저해하는 거래 수단을 지양한다.
6. 광고의 책임을 광고주, 광고매체, 광고대행사 등 모든 관계자가 이를 공동으로 진다.
7. 구체적인 활동 기준은 ICC(국제상업회의소) 광고활동 기준강령에 준하기로 한다.

상윤모 교수: 저는 전체적으로 크게 변경될 부분은 없다고 생각합니다. 다만, 일부 표현들은 일반적으로 사용되는 용어로 수정되면 좋을 것 같습니다. 추가하면 좋을 부분을 제시한다면, 딥페이크와 같은 기술들을 고려하여 디지털 기술을 이용하여 제작된 광고의 경우 타인의 권리를 침해하여 제작되거나(예: 저작권, 초상권 등) 소비자를 기만하거나 현혹하는 방식으로 제작되어서는 안 된다는 부분이 추가되면 좋을 것 같습니다. 아울러 어린이 및 청소년과 관련된 특별한 보호 부분도 추가되면 좋을 것 같습니다.

양승광 박사: 이제 광고가 진실성을 넘어 가치성을 지녔으면 합니다. 구체적으로는 광고가 이 사회가 가진 역사성과 민주주의 가치를 발전시키는 데 기여했으면 하는 바람이 있습니다. 문장을 만들자면 '광고 내용은 역사적 사실을 왜곡하지 않아야 한다.' '광고는 민주주의의 발전에 기여하여야 한다.' 정도를 생각해 볼 수 있습니다.

유승철 교수: 대중 대신 소비자 등으로 한정하거나, 복지와 편익을 구체화해서 제시(조작적 정의 필요)하면 좋을 것 같습니다. 2항과 4항의 경우는 두 개로 분리하면 좋겠습니다. 규범/양속과 신뢰, 중상/비방과 모방/표절로요. 5항과 6항은 모호함을 구체적으로 제시하는 게 필요할 것 같습니다. 광고 발전을 저해하는 거래 수단 같은 부분이나 공동으로 법적 책임을 어떻게 질지 모호합니다. 윤리보다는 법적 문제로 귀결될 수 있습니다. 7항의 경우는 강령에 들어가기 부적합하다고 보입니다. 별지에 넣는 방법 등을 검토해 보면 좋겠습니다.

참고문헌

제1장 참고문헌

Davison, W. P. (1983). The third-person effect in communication. *Public Opinion Quarterly*, 47(1), 1-15.

Ford, J., Jain, V., Wadhwani, K., & Gupta, D. G. (2023). AI advertising: An overview and guidelines. *Journal of Business Research*, 166, 114-124.

Holm, N. (2023). *Advertising and consumer society: A critical introduction*. Taylor & Francis.

Loken, B., & John, D. R. (2023). *When do bad things happen to good brands? Understanding internal and external sources of brand dilution*. In Brands and Brand Management (pp. 233-270). Psychology Press.

PwC. (2019). *2019-2023 Entertainment & Media 산업 전망*. Pricewater houseCoopers. https://www.pwc.com/kr/ko/publications/ research-insights/samilpwc_entertainment-and-media-outlook- perspectives-2019-2023_kr.pdf

Rossiter, J. R., & Percy, L. (1987). *Advertising and promotion management*. McGraw-Hill Book Company.

Zinkhan, G. M. (1994). Advertising ethics: emerging methods and trends. *Journal of Advertising*, 23(3), 1-4.

농림축산식품부. (2020). 식품산업 정보분석http://www.krei.re.kr/foodInfo/

selectBbsNttView.do?key=744&bbsNo=504&nttNo=131677&searchCtg
ry=&searchCnd=all&searchKrwd=&pageIndex=1&integrDeptCode=

유승철. (2016). 네이티브 광고. CommunicationBooks.

전혜영, 강승미 유승철. (2023). 성형광고의 매체별 메시지 전략 분석을 통한
국내 성형광고의 문제점 및 향후 개선 방향에 관한 연구: 지하철 광고 및
병원 홈페이지 내용분석을 중심으로. 의료경영학연구, 17(1), 1-13.

정원규(2002). 현대사회와 윤리개념의 분화: 사회윤리와 개인윤리. 철학연구,
59, 253-272.

조병량(2012). 광고의 윤리와 법과 규제. 나남.

중앙일보(1992. 4. 2). 한국적인 「법과 윤리」/최종고(시평)

제2장 참고문헌

Brenkert, G. (2008). *Marketing Ethics*. Blackwell.

O'Barr, Willam M. (2007), Ethics and Advertising, *Advertising & Society
Review*. 8(3), doi number: 10.1353/asr.2007.0045

Pojman, L. P., & Fieser, J. (2022). 윤리학: 옳고 그름의 발견(개정판)(류지한,
조현아, 김상돈 옮김). 울력.

Sumner, W. G. (1905). *Falkways*. Ginn&Co.

강미영(2021). 인플루언서의 뒷광고에 대한 처벌 및 제재 가능성. 법학연구,
25, 115-145.

김광협(2010). 케이블TV 어린이광고 규제 연구. 사회과학연구, 21(4), 69-90.

김두진(2017). 부당한 표시 · 광고 행위의 위법성 판단기준. 소비자문제연구,
48(3), 157-186.

김병희(2018). 플랫폼에 최적화된 광고… 신뢰 · 투명성 잡아야 성공. 신문과
방송, 578, 98-103.

김병희, 이희복, 성윤택, 양승광(2021). 광고산업의 지속 성장을 위한 건전성
확보 방안 연구. 한국방송광고진흥공사

김선호, 김위근(2015), 소비자는 네이티브 광고를 어떻게 받아들이나?, 미디어
이슈, 1(8), 1-10.

김종승(2018). 기업윤리의 이론적 기초와 발전과정에 관한 연구. **상사법연구,** 37(3), 369-419.

남경태(2018). 광고 관련 윤리적 쟁점들에 대한 국내 소비자들의 인식. **지역과 커뮤니케이션,** 22(4), 70-100.

대외경제정책연구원(2021). 남아공, 일처다부제 입안 계획에 보수층 반발. https://www.emerics.org:446/newsBriefDetail.es?brdctsNo=317537 &mid=a10100000000&&search_option=&search_keyword=&search_ year=&search_month=&search_tagkeyword=&systemcode=05&searc h_region=&currentPage=2&pageCnt=10

박수영(2003). 부당한 표시 · 광고행위의 성립요건과 유형. **기업법연구,** 13, 271-307.

양승광(2022). 중소광고산업 육성방안 연구(이슈리포트 제10호). 한국방송광고진흥공사. 1-113.

양승광(2023). 광고산업 진흥법안의 목적 및 정의규정에 관한 검토. **문화미디어엔터테인트법,** 17(3), 139-159.

오아름(2023). 성추행범이 지은 집 '더 팰리스73' 비싸도 괜찮아?. 파이낸셜투데이(2023.06.18.) http://www.ftoday.co.kr/news/articleView. html?idxno=304208

윤강열(2019). 주석 민법-민법총칙(윤강열 집필부분: 제110조). 한국사법행정학회. 로앤비[전자자료].

윤민혁(2016). '각그랜저'부터 'IG'까지... 그랜저 30년 광고 역사 짚어보니, 조선비즈(2016.11.23.).https://biz.chosun.com/site/data/html_ dir/2016/11/23/2016112300978.html

이선희(2017). 거짓 · 과장의 표시 · 광고에 있어서 부당성 판단. **성균관법학,** 29(1), 147-174.

이제구(1990). 광고의 윤리성에 관한 의식구조: 소비자와 생산자를 중심으로. 한양대학교석사논문.

이종영(2002). 광고의 윤리. 마케팅, 36(11), 34-39.

이준웅(2017). 디지털 뉴스 시대의 언론 윤리. 커뮤니케이션 이론, 13(3), 86-128.

이호영(2015). **소비자보호법**(제3판). 홍문사.

이희옥(2018). 네이티브 광고와 소비자보호에 관한 법적 연구. 법학연구, 21(2), 101-128.

정어지루(1996). 광고윤리론. 형설출판사

정원준(2014). 표시 · 광고행위의 부당성 판단기준. 법학논총, 38(4), 381-414.

조병량(2012). 광고의 윤리와 법과 규제. 나남.

조성국(2009). 부당한 표시 · 광고의 규제에 관한 연구. 법학논문집, 33(1), 171-194.

추정완(2019). 광고윤리의 현황과 과제. 윤리연구, 124, 109-133.

한선민(2016). 광고윤리의 기초와 성격. 마케팅, 50(8), 40-48.

참고 판결

대법원 1990. 2. 9. 선고 89누6860 판결

대법원 1993. 8. 13. 선고 92다52665 판결

대법원 1994. 10. 11. 선고 94므932 판결

대법원 1995. 7. 28. 선고 95다19515, 19522 판결

대법원 1998. 11. 27. 선고 96누5643 판결

대법원 2001. 5. 29. 선고 99다55601, 55618 판결

대법원 2005. 2. 18. 선고 2003두8203 판결

대법원 2008. 11. 27. 선고 2008다56118 판결

대법원 2010. 7. 22. 선고 2007다59066 판결

대법원 2013. 9. 26. 선고 2011두7632 판결

대법원 2014. 1. 29. 선고 2011다107627 판결

대법원 2014. 12. 24. 선고 2014두11977 판결

대법원 2014. 3. 27. 선고 2013다212066 판결

대법원 2015. 9. 10. 선고 2014다56355, 56362 판결

대법원 2018. 1. 25. 선고, 2015 다210231 판결

대법원 2018. 7. 12. 선고 2017두60109 판결

대법원 2019. 10. 17. 선고 2019두31815 판결

대법원 2020. 7. 23. 선고 2020다220607 판결

대법원 2021. 3. 11. 선고 2019두60646 판결

대법원 2022. 4. 28. 선고 2019두36001 판결
서울고등법원 2020. 2. 6. 선고 2019나2031649 판결

제3장 참고문헌

Goldstein, P. (1996). *Copyright*. Little Brown and Company.

김용섭(2012). 퍼블리시티권의 보호범위에 관한 연구. 한양법학, 39, 549-576.

김윤명(2016). 인공지능에 의한 저작물 이용 및 창작에 관한 법적 검토와 시사점. 법제연구, 51, 191-239.

김정완(2017). 저작권법상 패러디의 보호. 법학논총, 37(3), 123-161.

김현경(2018). 인공지능 창작물에 대한 법적 취급 차별화 방안 검토. 법학연구, 29(2), 119-162.

법무부(2022). 인격표지영리권('퍼블리시티권') 신설을 위한「민법」일부개정법률안 입법예고. 법무부 보도자료(2022.12,26).

심동섭(2006). 개정 저작권법 해설. 계간저작권. 2006(겨울). 47-65

오승종(2021). 저작권법(제5판). 박영사.

이영록(2003). 퍼블리시티권에 관한 연구Ⅰ. 저작권심의조정위원회.

이지원(2017). 우리나라에서의 퍼블리시티권 형성과 침해구제에 관한 연구. 법학연구, 53, 61-83.

정원준(2019). 인공지능 창작물의 보호에 관한 법적 쟁점과 정책적 과제. 정보통신방송정책, 31(6), 1-27.

정재훈(1998). 패러디광고와 저작권 침해. 광고연구, 39, 9-29.

정재훈(1998). 퍼블리시티권의 제한. 창작과 권리, 10, 89-133.

조성광・신내경(2014). 광고와 지식재산권법. 커뮤니케이션북스.

조연하(2020). 인공지능 창작물의 저작권 쟁점. 언론과법, 19(3), 71-113.

조연하(2023). 인공지능 창작과 저작권. 박영사.

채제우(2023). LG유플러스, 업계 최초 생성형 AI로 만든 광고 공개. 조선일보 (2023.7.4.) https://www.chosun.com/economy/tech_it/2023/07/04/EYGY725OFVDT7EPLHESHU2JCIQ/

최연희(1990). 캐릭터 보호에 관한 연구. 이화여자대학교 석사학위 논문.

한국저작권위원회, 저작권 상식(웹문서) https://www.copyright.or.kr/
　　education/educlass/learning/common-sense/view.do?brdctsno=1310
　　4&brdclasscode=&nationcode=&searchText=&servicecode=12&search
　　Target=ALL&brdctsstatecod
한위수(1996). 퍼블리서티권의 침해와 민사책임(하). 인권과 정의, 243, 109-
　　127.

참고 판결

〈국내 판결〉
대법원 1995. 11. 14. 선고 94도2238 판결
대법원 1996. 7. 30. 선고 95다29130 판결
대법원 1998. 7. 10. 선고 97다34839 판결
대법원 2001. 5. 8. 선고 98다43366 판결
대법원 2001. 6. 29 선고 99다23246 판결
대법원 2005. 1. 27. 선고 2002도965 판결
대법원 2009. 11. 16. 선고 2008다77405 판결
대법원 2010. 12. 23. 선고 2008다44542 판결
대법원 2010. 2. 11. 선고 2007다63409 판결
대법원 2011. 2. 10. 선고 2009도201 판결
대법원 2014. 7. 24. 선고 2013다8984 판결
대법원 2020. 4. 29. 선고 2019도9601 판결
서울고등법원 1994. 4. 6. 선고 93구25075 판결
서울고등법원 1997. 9. 24. 선고 97나15236 판결
서울고등법원 1998. 7. 7. 선고 97나15229 판결
서울고등법원 2006. 11. 14. 선고 2006라503 결정
서울고등법원 2007. 8. 22. 선고 2006나72392 판결
서울고등법원 2010. 1. 14. 선고 2009나4116 판결
서울고등법원 2010. 3. 18. 선고 2009나74658 판결
서울고등법원 2015. 1. 30. 선고 2014나2006129 판결
서울고등법원 2017. 3. 30. 선고 2016나208713 판결

서울동부지방법원 2004. 2. 12. 선고 2002가합3370 판결
서울동부지방법원 2006. 12. 21. 2006가합6780 판결
서울민사지방법원 1990. 9. 20. 선고 89가합62247 판결
서울민사지방법원 1994. 6. 1. 선고 94카합3724 판결
서울중앙지방법원 2007. 1. 19. 선고 2006가단250396 판결
서울중앙지방법원 2007. 11. 28. 선고 2007가합2393 판결
서울중앙지방법원 2007. 6. 21. 선고 2007가합16095 판결
서울중앙지방법원 2007. 9. 12. 선고 2006가단208142 판결
서울중앙지방법원 2014. 3. 27. 선고 2013가합527718 판결
서울중앙지방법원 2019. 7. 26. 선고 2018노3426 판결
서울지방법원 2001. 11. 1. 선고 2001카합1837 결정

〈미국 판결〉

Campbell v. Acuff-Rose Music, Inc., 114 S. Ct. 1164, 1171 (1994)
Midler v. Ford Motor Co. , 849 F.2d 460 (9th Cir. 1988)
Motschenbacher v. R. J. Reynolds Tobacco Co., 498 F.2d 821(9th Cir. 1974).
Vanna White v. Samsung Electronics America, Inc., 971 F.2d 1395 (9th Cir. 1992).

제4장 참고문헌

Baker, E. (1978). Scope of the First Amendment freedom of speech. *UCLA Law Review, 25*(5), 964-1040.

Balkin, J. (2004). Digital speech and democratic culture: A theory of freedom of expression for the information society. *New York University Law Review, 79*(1), 1-55.

Balkin, J. (2016). Cultural democracy and the First Amendment. *Northwestern University Law Review, 110*(5), 1053-1095.

Bartz, D., & Hu, K. (2023, July 22). OpenAI, Google, others pledge to watermark AI content for safety, White House says. *Reuters.* Retrieved from https://www.reuters.com/technology/openai-google-others-pledge-watermark-ai-content-safety-white-house-2023-07-21/

Blasi, V. (1977). The checking value in First Amendment theory. *American Bar Foundation Research Journal*, *2*(3), 521-649.

Blasi, V. (1985). The pathological perspective and the First Amendment. *Columbia Law Review*, *85*(3), 449-514.

Cameron, N. (2022, November 29). "딥페이크, 10년 안으로 광고 및 미디어에서 널리 사용될 것." *ITWORLD*. Retrieved from https://www.itworld.co.kr/tags/11482/%EC%9D%B8%EA%B3%B5%EC%A7%80%EB%8A%A5/266667

Citron, D. K., & Chesney, R. (2019). Deep fakes: A looming challenge for privacy, democracy, and national security. *California Law Review*, *107*(6), 1753-1820.

Coffee, P. (2022, October 25). 'Deepfakes' of celebrities have begun appearing in ads, with or without their permission. *The Wall Street Journal*. Retrieved from https://www.wsj.com/articles/deepfakes-of-celebrities-have-begun-appearing-in-ads-with-or-without-their-permission-11666692003

Derico, B., & Clayton, J. (2022, October 2). Bruce Willis denies selling rights to his face. *BBC*. Retrieved from https://www.bbc.com/news/technology-63106024

Gower, K. K. (2013). Regulating advertising. In W. W. Hopkins (Ed.), *Communication and the law* (pp. 161-173).

Hsu, T., & Thompson, S. A. (2023, February 8). Disinformation researchers raise alarms about A.I. chatbot. *New York Times*. Retrieved from https://www.nytimes.com/2023/02/08/technology/ai-chatbots-disinformation.html

Landymore, F. (2022, October 26). Companies are deepfaking celebs into ads without their permission. Retrieved from https://futurism.com/the-byte/companies-are-deepfaking-celebs-into-ads-without-their-permission

Mahadevan, A. (2023, February 3). This newspaper doesn't exist: How ChatGPT can launch fake news sites in minutes. *Poynter Center*. Retrieved from https://www.poynter.org/fact-checking/2023/chatgpt-build-fake-news-organization-website/

Marcelo, P. (2023, May 24). Fact focus: Fake image of Pentagon explosion briefly sends jitters through stock market. AP News. https://apnews.com/article/pentagon-explosion-misinformation-stock-market-ai-96f534c790872fde67012ee81b5ed6a4

Middleton, K. R., & Lee, W. E. (2009). *The law of public communication, 2009 update* (7th ed). Boston: Allyn and Bacon.

Phillips, T. (2023, July 14). AI resurrection of Brazilian singer for car ad sparks joy and ethical worries. *The Guardian*. Retrieved from https://www.theguardian.com/world/2023/jul/14/brazil-singer-elis-regina-artificial-intelligence-volkswagen

Post, R. (2000). The constitutional status of commercial speech. *UCLA Law Review, 48*(1), 1-57.

Redish, M. H. (2017). Commercial speech and the values of free expression. *Cato Institute Policy Analysis, 813*, 1-14.

Sang, Y. (2016). Toward cultural democracy: Digital first sale doctrine and copyright. *Communication Law and Policy, 21*(2), 221-249.

Sivathanu, B., Pillai, R. & Metri, B. (2023). Customers' online shopping intention by watching AI-based deepfake advertisements. *International Journal of Retail & Distribution Management, 51*(1), 124-145.

권형둔(2015). 방송광고규제의 헌법적 원리와 정당성. 언론과 법, 14(3), 241-269.

김동원(2021, 5월 31일). 방통위 추진 'AI기반 추천서비스 기본원칙'에 업계 · 소비자 반응 엇갈려. Ai타임스. https://www.aitimes.com/news/articleView.html?idxno=138778

문재완 외(2017). 표현의 자유와 그 제한. 미디어와 법. 커뮤니케이션북스.

박서연(2022, 5월 5일). "기사형 광고, 언론자유 문제 아냐…'표시광고법'으로 엄중 처벌" 미디어오늘. https://www.mediatoday.co.kr/news/

articleView.html?idxno=303863

윤성욱(2016). 방송광고 표현의 보호와 규제의 법리: 헌법재판소 결정문 분석을 중심으로. 미디어 경제와 문화, 14(2), 44-85.

이윤정(2023, 4월 25일). EU, 'AI로 작성' 의무 표기 등 생성형 AI 규제안 연내 도입 검토. 경향신문. https://m.khan.co.kr/world/world-general/article/202304251539011#c2b

이재명(2019). 상영등급분류제도의 헌법적 검토. 중앙법학, 21(4), 7-46.

이재진(2003). 한국 언론윤리법제의 현실과 쟁점. 한양대학교 출판부.

이재진(2022). 디지털 미디어의 진화와 언론과 표현의 자유. 네이버 열린연단 강의원고. https://openlectures.naver.com/contents?contentsId=143776&rid=2964

임수근(2022, 11월 26일). "누군가 내 얼굴을 훔친다"…유명인 도용 딥페이크 광고 논란. YTN. https://www.ytn.co.kr/_ln/0104_20221126 2223512714

임효준(2016). 상업광고 제한 입법에 대한 헌법재판소의 완화된 심사기준: 헌법재판소 결정의 동향 및 비판적 검토. 헌법재판연구, 3(2), 225-255.

임효준(2019). 검열금지의 법적 성격에 대한 재검토. 언론과 법, 18(2), 71-116.

장민선(2018). 인공지능(AI) 시대의 법적 쟁점에 관한 연구. 한국법제연구원.

장철준(2011). 상업적 표현 보호론에 관한 소고: 미국의 개인주의적 자유주의 이론을 중심으로. 경원법학, 4(1), 87-105.

조소영(2017). 광고규제에 대한 헌법적 검토: 상업광고에 대한 논의를 중심으로. 공법학연구, 18(3), 225-251.

조재영(2022). 한국광고 심의총람. 한국광고총연합회.

제5장 참고문헌

Asquith, K., & Fraser, E. M. (2020). A critical analysis of attempts to regulate native advertising and influencer marketing. *International Journal of Communication*, 14, 5729-5749.

Bakshi, A. (2015). Why and how to regulate native advertising in online news publications. *Journal of Media Law and Ethics*, 4(3/4), 4-47.

Carlson, M. (2015). When news sites go native: Redefining the advertising-editorial divide in response to native advertising. *Journalism*, 16(7), 849-865.

Clementi, A. (2019, March 5). The native advertising market will be worth over $400bn by 2025-report. *MobileMarketing*. Retrieved from https://mobilemarketingmagazine.com/the-native-advertising-market-will-be-worth-over-400bn-by-2025-report

Ferrer-Conill, R., Knudsen, E., Lauerer, C., & Barnoy, A. (2021). The visual boundaries of journalism: Native advertising and the convergence of editorial and commercial content. *Digital Journalism*, 9(7), 929-951.

Goldenfein, J. (2014). Beyond free speech: The thin layer of regulation on native advertising. *The Conversation*. Retrieved from https://theconversation.com/beyond-free-speech-the-thin-layer-of-regulation-on-native-advertising-27125

Gower, K. K. (2013). Regulating advertising. In W. W. Hopkins (Ed.), *Communication and the law* (pp. 161-173).

Hardy, J., Kubicka, H., MacRury, I., Gómez, P. N., Pérez, C. R. (2023). Online advertising regulation: Policy Briefing. Retrieved from https://www.arts.ac.uk/__data/assets/pdf_file/0039/398892/Online-Advertising-Regulation_Policy-Briefing.pdf

Interactive Advertising Bureau (2013). The native advertising playbook, Retrieved from https://www.iab.com/wp-content/uploads/2015/06/IAB-Native-Advertising-Playbook2.pdf

Johnson, T. (2017, December 21). FCC fines Sinclair Broadcast Group $13.4 million for running sponsored content as news. *Variety*, https://variety.com/2017/politics/news/sinclair-fcc-fine-sponsor-violation-1202647175/

Online Advertising Programme (2023, July 25). Consultation outcome: Online advertising programme consultation. Retrieved from https://

www.gov.uk/government/consultations/online-advertising-programme-consultation/online-advertising-programme-consultation#fig7

Schoenstein, G. W. (2023, July 20). Seize the opportunity: Embrace self-regulation to harness the full potential of AI. Forbes. Retrieved from https://www.forbes.com/sites/forbescommunicationscouncil/2023/07/20/seize-the-opportunity-embrace-self-regulation-to-harness-the-full-potential-of-ai/?sh=4e2188e82505

김강민(2022, 5월 3일). '기사형 광고' 의심사례 수천 건... 연합뉴스 사태 이후에도 안 변해. 뉴스타파. https://v.daum.net/v/20220503145501277

박서연(2023, 5월 22일). 정부여당 압박 속 포털 뉴스제휴평가위 운영 잠정 중단. 미디어오늘. http://www.mediatoday.co.kr/news/articleView.html?idxno=310249

손봉현(2019). 온라인 허위 · 과장광고 근절을 위한 자율규제의 실효성 강화방안. KISO 저널 제34호. https://journal.kiso.or.kr/?p=9400

안순태, 윤소영(2019). 온라인 네이티브 광고의 광고 표식에 대한 분석: 광고 표식의 위치, 현저성, 명료성을 중심으로. 한국광고홍보학보. 21(1), 5-31.

이강석(2022). 기사형광고심의사업 현황. 한국광고자율심의기구 '2022 기사형 광고 자율심의기준 토론회. 프레스센터 외신기자클럽.

이재진(2013). 미디어 윤리. 커뮤니케이션북스.

정철운(2021, 12월 24일). '기사형 광고퇴출' 연합뉴스, 포털에서 다시 본다. 미디어오늘. http://www.mediatoday.co.kr/news/articleView.html?idxno=301388

조재영(2022). 한국광고 심의총람. 한국광고총연합회.

최광민(2022, 2월 7일). 코그넷나인, 국내 최초 롯데카드 '인공지능 광고심의 자동화' 시스템 구축. 인공지능 신문. https://www.aitimes.kr/news/articleView.html?idxno=24178

최세정, 문장호(2017). 한국형 네이티브 광고 모형 개발. 한국언론진흥재단.

최진호, 이형민, 이정기(2022). 기사형 광고 현황과 개선방안 연구. 한국언론진흥재단.

홍문기(2017). 네이티브 광고 유형이 신문 독자의 태도에 미치는 영향. 커뮤니
케이션학연구, 25권 1호, 183-214.

제6장 참고문헌

Åkestam, N., Rosengren, S., & Dahlen, M. (2017). Advertising "like a girl":
Toward a better understanding of "femvertising" and its effects.
Psychology & Marketing, 34(8), 795-806.

Bahadur, N. (2014). Dove 'real beauty' campaign turns 10: How a brand
tried to change the conversation about female beauty. *The Huffington
Post*, 30-37.

Becker-Herby, E. (2016). *The Rise of Femvertising: Authentically Reaching
Female Consumers*. University of Minnesota.

Ciambrello, R. (2014). How ads that empower women are boosting sales
and bettering the industry. Retrieved from http://www.adweek.
com/news/advertising-branding/how-ads-empower-women-are-
boosting-sales-and-bettering-industry-160539.

Coffee, P. (2019). L'Oreal's Bold New Ad Campaign Has a Message for Men:
Hire More Women. https://www.adweek.com.

Coscia, A. (2015). Changing the meaning of words to make girls to proud
to be girls. Retrieved from https://www.marketingsociety.com/sites/
default/files/thelibrary/P&G%20Always%20like%20a%20girl_0.pdf

Drake, V. E. (2017). The impact of female empowerment in
advertising(femvertising). *Journal of Research in Marketing, 7*(3), 593-
599.

Kabeer, N. (2005). Gender equality and women's empowerment: A critical
analysis of the third millennium development goal 1. *Gender &
development, 13*(1), 13-24.

Kapoor, D., & Munjal, A. (2019). Self-consciousness and emotions driving
femvertising: A path analysis of women's attitude towards femvertising,

forwarding intention and purchase intention. *Journal of Marketing Communications, 25*(2), 137-157.

Pérez, M. P. R., & Gutiérrez, M. (2017). Femvertising: female empowering strategies in recent spanish commercials. *Investigaciones feministas, 8*(2), 337-351.

Petri, A. (2014). Don't 'ban bossy,'Sheryl Sandberg. Tell us what to do next. The Washington Post.

SheKnows Living Editors (2014). SheKnows unveils results of its Femvertising survey. Retrieved in September 23, 2019 from https://www.sheknows.com/living/articles/1056821/sheknows-unveils-results-of-its-femvertising-survey-infographic.

Simpson, J. (2016). How Women's Aid used digital OOH ads to make 327m people stop & look. https://econsultancy.com.

Stein, L. (2017). Microsoft's new 'Make what's next' ad shows girls how to pursue STEM careers. https://adage.com.

Sterbenz, C. (2014). Sheryl Sandberg is right-Women are called 'bossy' more than men. Business Insider.

Thu, R. (2015). Women's Aid Combats Domestic Violence with Shocking Interactive Screen. https://lbbonline.com.

김민지(2019). 광고는 페미니즘을 싣고. 이데일리.

김서현(2020). '웅앵웅' 쓰면 과격한 페미니스트?··· 페미니즘 열풍이 두려운 남성들. 여성신문.

김용철(2018). '김치녀' '한남충' 같은 성별 혐오표현 알지만 쓰는 사람은 10명 중 1명. 파이낸셜뉴스

이정애(2020). 한국, 성평등 수준 108위 ··· 전세계 성별격차 해소에 99.5년 걸린다. 한겨레신문.

이정현(2018). 성인 80.7% "남혐·여혐 심각".. 여성·젊은 층일수록 체감. 연합뉴스.

하민지(2020). 국내 광고 속 성차별, 여성 모델은 애 보고 집안일만 한다. AP뉴스.

현소은(2019). 광고 속 여성이 달라졌다. 한겨레신문.

제7장 참고문헌

Anderson, C. (2006). *The long tail: Why the future of business is selling less of more*. Hachette Books.

Jenkins, H. (2006). *Convergence culture:Where old and new media collide*. NYU Press.

McLuhan, M., & McLuhan, M. A. (1994). *Understanding media: The extensions of man*. MIT press.

국승민(2021). 미국 내 아시안 혐오, 한국 내 중국인 혐오. 시사인.

윤성옥 (2019). 혐오표현 규제와 법적 쟁점에 관한 연구. 미디어와 인격권. 5(2), 57-94.

임주형 (2022). "착한 짱X는 죽은 짱X죠"…도 넘은 중국인 혐오, 문제 없나. 아시아경제.

정의길(2021). 코로나19 이후 '아시안 혐오범죄' 급증…1년간 약 4천건. 한겨레.

조혜영(2023). '로힝야족 학살' 미얀마 군부, 왜 독일 검찰에 고발됐나. 한겨레.

최진석(2022). 카카오가 혐오표현에 대처하는 방법. 한국경제.

홍성수(2019). 혐호(hate)에 어떻게 대응할 것인가? - 혐오에 관한 법과 정책. 충남대학교 헌법연구, 30(2), 191-228.

제8장 참고문헌

Johnson, R. W., Voorhees, C., & Khodakarami, F. (2023). Is Your Brand Protected?: Assessing Brand Safety Risks In Digital Campaigns. *Journal of Advertising Research*.

Richet, J. L. (2022). How cybercriminal communities grow and change: An investigation of ad-fraud communities. *Technological Forecasting and Social Change*, 174, 121282.

박재진, 이정교, 정영권(2010). 인터넷 광고에 대한 불쾌감 형성요인: 척도개발 및 타당성 검증을 중심으로. 미디어 경제와 문화, 8(3), 169-203.

저자 소개

유승철(Seung-Chul Yoo) 교수는 현재 이화여자 대학교 '커뮤니케이션·미디어학부' 교수로 '미디어 공학 & 창업 트랙' 주임교수다. 미국 텍사스대학교 오스틴(Univ. of Texas at Austin)에서 광고학 (advertising) 전공으로 석사 및 박사 학위를 취득했다.  유학 전에는 (주)제일기획에서 다년간 미디어 및 광고 실무를 담당했으며, 학위 취득 후 로욜라대학교(Loyola University Chicago)에서 디지털/인터랙티브 미디어(Digital/Interactive Media) 담당 교수로 재직했다. 한국광고학회, 한국광고홍보학회, 한국헬스커뮤니케이션학회, 한국PR학회에서 기획이사 및 연구이사로 봉사하고 있다. 기업 브랜딩, 디지털 의료 서비스 혁신, 디지털 실감영상 등 뉴미디어 기술을 활용한 전략 커뮤니케이션이 주요 연구 및 교육 분야다. 유승철 교수는 미디어 산업발전에 이바지한 공적을 인정받아 2021년 12월 문화체육관광부장관 표창을 수상했다.

상윤모(Yoonmo Sang) 교수는 현재 성신여자대학교 미디어커뮤니케이션학과 교수다. 미국 텍사스 대학교 오스틴(Univ. of Texas at Austin)에서 미디어학 전공으로 박사학위를 취득했다. 미국 하워드 대학교(Howard University) 교수, 호주 캔버라대학교(University of Canberra) 교수를 거쳐 현재 성신  여자대학교에 재직 중이다. 저서로는 『Media Law in South Korea』(공저, Kluwer Law International, 2021), 『디지털 뉴스 소비자』(공저, 커뮤니케이션북스, 2020)가 있다. 디지털 미디어 이용자 및 미디어법 관련 다수의 SSCI급 논문을 발표하였으며, 현재 Digital Journalism, Social Media + Society, Communication Law and Policy, 미디어와 인격권 등 국내외 주요 저널의 편집위원으로 활동 중이다.

엄남현(Um Namhyun) 교수는 미국 위스콘신대
학교(University of Wisconsin-Madison) 커뮤니
케이션학과 조교수를 거쳐, 현재 홍익대학교 광
고홍보학부에 재직 중이다. 미국 텍사스대학
교 오스틴(Univ. of Texas at Austin)에서 광고학
(Advertising) 전공으로 박사학위를 취득했으며, 유
명인 광고, LGBT광고, 펨버타이징, 정치광고 및 광고 리터러시 관련 연구
활동을 하고 있다. (주)제일기획에서 광고 AE로 삼성그룹광고, 삼성전자홍
보, 풀무원, 월드건설, 성균관대학교, KTF 브랜드 광고 등을 담당했다. 저
서로는 『디지털 시대의 광고 리터러시』(공저, 서울경제경영, 2022), 『광
고학개론』(공저, 이프레스, 2019), 『반갑다, 광고와 PR』(공저, 서울경제경
영, 2019), 『트리플 미디어 마케팅과 광고기획』(공저, 중앙북스, 2016) 등
이 있다.

양승광(Yang, Seunggwang) 박사는 현재 한국방
송광고진흥공사(KOBACO)에 재직 중으로, 18년간
전파료, 수수료, 결합판매, 시청점유율, 광고 교육,
OTT 등 방송광고와 관련한 다양한 업무를 수행했
다. 성균관대학교에서 법학으로 학·석·박사 학
위를 취득했으며, 세부 전공은 사회경제법이다. 사
회경제법이라는 전공 덕에 관심 분야 역시 넓게 펼
쳐져 있다. 저서로는 『저는 육아휴직 없는 맞벌이 엄마입니다』(씽크스마
트, 2021), 『우리의 시간은 공평할까』(씽크스마트, 2020)가 있다. 광고를
포함하여 노동, 사회보장, 장애 등 다양한 분야의 논문을 발표하고 있으며,
글로벌 광고교육 진흥에 기여한 공로로 방송통신위원장 표창을 수상했다.

인공지능 시대의 광고윤리
Advertising Ethics in the Age of Artificial Intelligence

2023년 10월 20일 1판 1쇄 인쇄
2023년 10월 30일 1판 1쇄 발행

기   획 • (사)한국광고총연합회
지은이 • 유승철 · 상윤모 · 엄남현 · 양승광
펴낸이 • 김진환
펴낸곳 • **학지사비즈**

　　　　04031 서울특별시 마포구 양화로 15길 20 마인드월드빌딩
대표전화 • 02-330-5114　　팩스 • 02-324-2345
등록번호 • 제313-2006-000265호

홈페이지 • http://www.hakjisa.co.kr
인스타그램 • https://www.instagram.com/hakjisabook

ISBN 979-11-982113-6-1　93320

정가 19,000원

이 책은 한국언론진흥재단의 정부광고 수수료를 지원받아 제작되었습니다.

출판미디어기업 **학지사**

간호보건의학출판 **학지사메디컬** www.hakjisamd.co.kr
심리검사연구소 **인싸이트** www.inpsyt.co.kr
학술논문서비스 **뉴논문** www.newnonmun.com
교육연수원 **카운피아** www.counpia.com